总序

教育实验是一项细致而长久的工程，需要通过一代人去影响另一代人，不能急于求成，不能故步自封，一定要学会等待，一定要耐得住寂寞。

新教育实验更不例外。

中国教育有许多弊端，但仅仅是怒目金刚式的斥责和鞭挞，虽然痛快却无济于事。对于中国教育而言，最需要的是行动与建设，只有行动与建设，才是真正深刻而富有颠覆性的批判与重构。

新教育实验就是寓重构于行动之中，寓批判于建设之中。

新教育要做的，就是给教师和学生一种幸福完整的教育生活，一个开阔无垠的精神视野，让他们对人的内心的复杂性有更为深切的体验，不但要了解生命的伟大和宇宙的博大，而且要感受生活的丰富与人性的丰厚。

从2000年《我的教育理想》的出版，新教育思想悄然萌芽，到2014年《新教育文库》的第三版重订，此时此刻的中国大地上，2000多所学校的200多万新教育师生，正走在新教育的路上。

以追寻理想的执着精神、深入现场的田野精神、共同生活的合作精神、悲天悯人的公益精神，埋首耕耘，成就我们的人生、我们的教育、我们的民族。这就是新教育精神的本质内涵。

新教育追求高度，但永远不会高高在上；新教育培养卓越的教师，更关注普通的教师；新教育不是一个精英俱乐部，而是一个宽容开放的团队。新教育始终敞开胸怀，永远等待、拥抱理想主义者。真实的新教育，永远在田野中，在千千万万默默无闻的普通老师的教室里。

新教育人，就是这样一群有着共同梦想、遵守共同标准的志同道合者。彼此为对方的生命祝福，彼此珍惜生命中偶然的相遇，彼此郑重作出承诺，共同创造一间又一间完美的教室，共同书写一篇又一篇生命的传奇。

新教育不求无懈可击的理论体系，而是强调行动起来，在实践中思考，在实践中提升，在实践中成长。帮孩子成为自己，让我们成为自己，一个完整的幸福的自己。我们不是人类文明的创始者，但人类文明可以通过教育的伟大理想穿越时空，通过我们今天的行动变为现实。

当然，我们也知道，只有对新教育的认识从“概念”向“信念”推进，由“理想”转向“思想”引领，激发出人们深沉的情感、执着的意志，从精神世界的积淀表现为主体的自觉行动时，新教育实验才可能真正成为人生力量和教育智慧的策源地。

新教育文库，正是总结、梳理、传播新教育人的所行所思所得的一种努力。无论是经验还是教训，这一路跋涉的足迹，将成为指向明天的路标。在这套文库中，不同书系有着不同定位：我们希望用“通识书系”积淀下新教育的根本书籍，用“蒲公英书系”及时总结一线教育经验，用“萤火虫书系”全力搭建家校沟通的平台……我们并不准备用一部部书籍堆砌功名的城堡，但我们盼望这一部部心血凝成、行动书写的图书，能够成为一块块砖石，铺就一条通往彼岸的桥梁。

那么，新教育的彼岸是什么模样？

我想，彼岸是一群又一群长大的孩子，从他们身上能清晰地看到：政治是有理想的，财富是有汗水的，科学是有人性的，享乐是有道德的。

亲爱的新教育同仁，我们正在这条通往彼岸的船上。让我们同心同行，过一种幸福完整的教育生活。

行动，就有收获。

坚持，才有奇迹。

朱永新

2014年3月12日于北京滴石斋

目录

001 第一章 激情演绎新教育理想
002 一、新教育实验的缘起
003 二、新教育的五大核心理念
007 三、新教育“六大行动”的探索与实践
011 四、新教育“十大领域”构想与实验操作原则

017 第二章 新教育实验的理论与实践
019 一、梦想与反思：新教育实验的缘起
021 二、人本与行动：新教育实验的理念
024 三、探索与前进：新教育实验在行动

029 第三章 成就、问题与对策
——新教育实验的回眸与展望
030 一、成绩来自行动与坚守
033 二、新教育实验的八大问题与反思
035 三、对新教育实验的三点意见
036 四、我们的对策与期待

039 **第四章　过一种幸福完整的教育生活**

——新教育实验的回顾与展望

040 一、回顾“十五”期间新教育实验走过的历程

044 二、新教育实验的发展构想

049 三、新教育在“十一五”的行动创新

055 **第五章　共读·共写·共同生活**

056 一、共读共写才有真正的共同生活

058 二、过一种幸福完整的教育生活的必由之路

060 三、共读共写共同生活与文化认同

061 四、共读共写共同生活与共同价值

065 五、共读共写共同生活与美好家庭

068 六、共读共写共同生活与校园文化建设

071 七、共读共写共同生活的理论基础

076 八、共读共写共同生活需要身体力行

077 **第六章　知识、生活与生命的共鸣**

——新教育理想课堂的三重境界

079 一、新教育实验为什么关注课堂
080 二、课堂研究的“四种话语”
083 三、理想课堂第一重境界：落实有效教学框架——为课堂奠定一个坚实的基础
097 四、理想课堂第二重境界：发掘知识这一伟大事物内在的魅力
103 五、理想课堂的第三重境界：知识、社会生活与师生生命的深刻共鸣
107 六、新教育的理想课堂永远在路上

109 **第七章 书写教师的生命传奇**
113 一、沉沦与救赎：重申教师职业之天命
115 二、生命叙事与元语言
117 三、生命叙事的体裁与风格
119 四、职业认同：重建信任
122 五、危机与遭遇：迎接挑战
124 六、专业阅读、专业写作、专业发展共同体
129 七、生命叙事的诗、思、史

131 八、像孔子一样做教师

135 九、结语（海门宣言）

137 **第八章　文化为学校立魂**

138 一、文化与学校文化的界说

143 二、学校文化建设的误区

145 三、新教育学校文化的使命

148 四、新教育学校文化的表征

170 五、新教育学校文化建设中校长的角色

175 六、结语（桥西宣言）

179 **第九章　活出中国文化的根本精神**

180 一、迷失了精神的中国人

183 二、显现与遮蔽：文化中的真理问题

185 三、中国文化的根本精神

194 四、文化中已经存在的“他者”

196 五、新教育的文化使命

202 六、结语（东胜宣言）

205 **第十章　缔造完美教室**

206 一、缔造完美教室的意义

210 二、完美教室的文化构建

217 三、完美教室与道德图谱

225 四、完美教室的课程建设

231 五、完美教室的生命叙事

239 六、结语（临淄宣言）

241 **第十一章　研发卓越课程**

242 一、课程与卓越课程的概念界定

251 二、新教育卓越课程的目标追求

255 三、新教育卓越课程的理论基础

258 四、新教育卓越课程的体系构架

268 五、一线教师如何研发卓越课程

274 六、结语（萧山宣言）

276 **附录　新教育实验用书**

280 **后记**

第一章

激情演绎新教育理想

一、新教育实验的缘起

新教育实验的缘起与一个故事有很大的关系。

前些年我读到过一本书，叫《管理大师》，这个故事的主人公是管理大师德鲁克。讲的是德鲁克父子有一次去看望一个行将辞世的管理大师熊彼特，熊氏说了这样的话："到了我这个年龄，我知道仅仅有理论，想靠理论来流芳百世是不够的，除非他能够改变他人的生活。"① 这句话在我的心中像扔了一颗原子弹。过去我一直陶醉于我的科研，我的书，我的文章。现在我知道，这些东西如果不能影响生活，那它就是一文不值的。所以我就去找寻一条影响生活、影响教育的路径。

2000 年我出了一本书，叫作《我的教育理想》，之前我已经出了十几本书，但是没有哪一本书像这本书一样受老师的欢迎，现在这本书已经是第八次重印，许多的老师都能背诵里面的片段，许多教育局长也能背诵里面的许多的内容，我十分地感动。但是也同样有另外的声音，仅仅有理想是不够的，理想应该为现实，否则与我刚才讲到的也没有太大的差别。这本书出来后，更坚定了我要用实践改变教育的决心。

---

① ［美］杰克·贝蒂著，吴勇等译：《管理大师德鲁克》，上海：上海交通大学出版社，1999 年，第 153 页。

2002年的时候，我们创办了一个教育在线网，没有想到，本来是一个个人网站，现在已成为中国最大的教育论坛网站，总访问量已经超过了100万，即发表的帖子数已经超过100万，注册会员已经超过5万人。他们认为这是现在中国最大的一个教师成长学院，一大批年轻的教师在里面成长起来，最近一期《人民教育》杂志上面的三个封面人物都是我们“新教育实验”的老师，这似乎让我找到了改变教育现状的一个媒体、一个平台。

也是2002年，我出版了一本《新教育之梦》，书中讲了我对当前教育的一些看法，和十个教育理想。这本书出来之后也得到了质疑，说朱老师对自己更没有信心了，以前是理想，现在是梦。有人在《光明日报》上写了一篇文章叫作《飘扬的乌托邦》，用这个书名来评价我的这本书，因此当年我就想不能再等了。

2002年9月我们的第一所实验学校——昆山玉峰小学，开学了。本来我们也没有期望能够快速发展的，我们还经常与李镇西、袁卫星等老师一起讨论，先在几所学校做小规模的实验，可没有想到会有如此快的发展。当时昆山玉峰小学的挂牌仪式是网络直播的，第二天就有许多校长说他们也要加入。2002年9月开始，很多学校加盟了新教育实验，所以我们这个报告会虽然是开题，但是我们的实验其实在两年前就全面启动了。

2003年7月我们在昆山玉峰实验小学（有人比作新教育的“井冈山”）举行了一个研讨会，来自全国的400个学校的代表和众多媒体参加了这次会议，现在有来自全国200多个学校、21个省市的老师加入了这个实验的大军。千千万万的老师正在实验中。

二、新教育的五大核心理念

我们为什么要这样做？我觉得，是因为有四个梦想：一是改变中国学生的生存状态。现在的孩子太苦了，全世界任何职业、任何人中你会发现我们中国的学生是最苦最累的。因此我们想能不能让孩子快乐一点，快乐地成长？二是引领教师的成长。现在不仅孩子苦，我们老师也苦。在网上我时常会看到老师们的苦恼、老师们的困惑、老师们的无奈。我们现在的教育是教他们如何写论文，没有教他们如何生活，没有教他们踏踏实实地行走的方式。所以我们想能不能让教师活得更轻松一点，活得更有价值一些？三是重塑中国教育的人文精神。有人对我说，你的人文意识太浓，科技意识不强。我说不是如此。我觉得中国的发展就是缺少以人为本，而科技发展的灵魂就是以人为本。我们现在的教育是不把孩子当人的教育，我们的教育是目中无人的教育，那么我们要改变这样的一个现状。四是改变“苏州学派”的状况。说这句话的时候，我掂量了半天，其实我已经酝酿了很久了，我怕人说我狂妄，但是，教育理论如果没有学派、没有思潮、没有争鸣、没有批评，是不可能有发展的。现在的“苏州学派”，区域不仅仅是苏州的，是因为它起源苏州，就如西方的维也纳学派可能是起源于维也纳，但它的影响并不仅限于苏州。因此我们的实验虽然发源于苏州，第一个学校也在苏州，学生也是在苏州成长起来的，但我希望我们的实验能够走出苏州，走向全国，甚至走向世界。这就是我们的四个梦想。

学过教育史的人都知道，一位英国教育家在英国创办了世界上第一所新教育学校，在欧洲引起了非常大的反响，比利时、意大利、德国、法国等许多地方都在学习这一所学校。现在的张家港高级中学，某种程度上也在学习这一所学校。后来新教育传到美国，与美国的教改结合，许多美国的教育改革都是基于此，比如杜威的学校。我国的陶行知、蔡元培、黄炎培、毛泽东等都对新教育有各自的表述。陶行知以新教育为题的文章就有两篇，陈鹤琴也有专门的论述。当然，我们新教育也受新基础教育和新课程改革的影响。我一直认为，现在中国的教育是三驾马车，首先是新课程改革，是“大哥大”，是教育部自上而下推进的，它强调的是为了每个孩子的发展；其次是新基础教育，由叶澜老师创办，是“大姐大”；新教育实验，是“小弟弟”。他们的一些先进理念给我们很大的启发，当然我们还得益于一些学者，比如李吉林先生，他们都对这个实验有很多的贡献。

不止一次有人问我，你这个新教育实验新在哪里，说实话，我一直也没有好好概括，我只知道怎么做。苏州市教育局的袁卫星老师写了一篇文章，我觉得这篇文章大致把我的意思讲出来了。他说一些理念渐渐被人遗忘而又被人再次提起的时候，它即是新的；当一些理念只被人说，而现在有人去做的时候，那么它就是新的；当一些理念由模糊走向清晰，由贫乏走向丰富的时候，它就是新的；当一些理念由旧时的背景运用到现在的背景去继承、去创新的时候，它就是新的。我认为这几点为我们的新教育做了说明。

我们知道，新教育有一些核心理念和观念，核心理念是“为了人的一切，为了一切的人”，包括人的发展。学生发展的前提有很多，但是我们还是提一切人的发展，譬如说教师，没有教师的发展就永远没有孩子的发展，新教育实验的切入点首先是从教师开始；还有“父母”（我不太喜欢用“家长”这一个概念），我们开设了一家“莫愁新父母学校”，我想说：没有父母的发展就没有孩子的发展，因此把教育的失败完全归于学校这是不正确的。

昨天张家港市的一位领导与我讲了一件刚发生在他邻居家的事。那家的父母找了人到家里打麻将，一直打到半夜12点，孩子说：“你们不能再打了，你们如果再打麻将，我就不学习了，我去看电视了。”一直到两点，那孩子还在看电视，父母很生气地说：“你怎么还在看电视?”孩子一句话也没说，把门一关，出走了。

你说，像这样的父母，孩子怎么能得到发展呢？所以我们的新教育应该把家庭、学校、社会、社区联动起来，否则不可能取得真正的效果。所以说我们的教育是“为了一切的人，为了人的一切”。智力、体能……我们不知道孩子最适合在哪个领域内发展，要给他各种尝试的机会、各种努力的空间，只有这样，他才能够有更好的发展。不能仅仅把我们的目标定位在分数、定位在考试，因此我们说是“为了人的一切”。

我们的目标追求：追寻理想，超越自我。尽管我们不能达到真正理想教育的境界，但是我们必须不断追求这样的境界，追求这样的理想。它可能只是我们心中的桃花源，但是如果连这个桃花源都没有，那就更可悲。超越自我，即今天超越昨天，明天超越今天。我们的价值取向：只要行动，就有收获。不要坐而论道，不要争论不休。做起来。我们很多的学校都认为，只要你做就能得到。在我们的实验学校也证明了这一条的正确——只要你做，就能成功。

我们有五个主要的观点；

一、无限地相信每一个学生、每一个老师。在农村的学校，找一本书都难，但是那里的老师、学生还在如饥似渴地学习，找书来读，他们也取得了成绩。在中国，像张家港高级中学这样条件的学校还是比较少的，我们有的是很多条件很差的农村学校，如果没有这些农村学校的发展，我们的教育是没有发展的。不过，即使像张家港这样的学校，还是要挖掘学生的潜力，看是不是真正地激活了它们。我出过一本书，叫作《享受教育》，我在书中提出了九条教育定律。其中有一条就是“说你行你就行”。马克思就说过：“一个搬运工和一个哲学家的区别远远小于一只家犬与一只猎犬的区别。”这一期《人民教育》杂志的一篇文章就报道了我们的新教育实验，说人与人的差别最主要的还是在业余的时间，在于你有没有信心。

二、教给孩子一生有用的东西。教育到底是为什么，我们现在的教育就是为了某年某月的某一天——小升初、中考、高考，以成绩论英雄。一张试卷就把所有的孩子、学校区分得清清楚楚、明明白白。我们应该知道，每一个孩子到我们学校的时候起点都是不一样的。我们的教育是能不能让他们在自己原有的基础上有所提高，更重要的是，能不能真正给他们一生有用的东西。

三、重视成功的状态，倡导成功的体验。我们希望我们的实验学校的校长、老师们能够有好的态度。态度决定一切，态度决定一个人能够达到的高度。你有什么样的状态，你就有什么样的业绩。我总是说死人与活人的差别就在一口气，活人与活人的差别就在精神。有精神你就有希望，没精神你就一事无成。不要看那些优秀的教师，好像离你很遥远，我认为区别就在两个字——精神。

四、强调个性发展，注重特色教育。有特色你才能区别于他人，有特色你才能做得更优秀。

五、让师生与人类崇高精神对话。我们认为，教育的真正价值在于让人类生活得更美好，让人类更理性、更有智慧，让人类更加和谐地相处，让人类走向崇高。现代教育已经沦落为工具，沦落为经济的工具，沦落为军事的工具，沦落为政治的工具，教育的使命我们倒是淡忘了。现在的社会，战争、人为的灾难，我认为都与教育有着千丝万缕的关系。

三、新教育“六大行动”的探索与实践

第三个部分我要讲的是“探索与实践，新教育实验在行动”，即“六大行动”。我们新教育实验的学校都有展板，都在围绕着六大行动开展实验。

第一个行动是“营造书香校园”。营造书香校园已经成为新教育实验的非常重要的一个品牌。我认为这是整个实验的灵魂。读书是给一个人、一个学校打上底色，否则你这个人是没有品位、没有气质的。你书读了多少，你的精神才能走多远；你书读了多少，你的人格才能有多丰富。因此在一定程度上讲，一个民族也好，一个个体也罢，与读书是有很大的关系的。为此，我们推出了书香校园的营造计划，并将每年的 9 月 25 日定为新教育实验学校的读书节。我们明天要去的常州武进湖堂桥中心小学有一个读书馆，24 小时开放。他们学校的许多的学生在晚上做完作业后还到学校去借书拿回家读。所以书香校园的建设也为校园的发展起了非常重要的作用。我们出版了一套“新世界教育文库”，希望学校能够组织学生看其中一部分书，小学生能够背上一本《中华经典诵读本》。我希望，实验学校的孩子在最初的阶段能够把中华传统文化的根基打扎实。在中学，我希望学校送给学生一本《英文名篇诵读本》，把书里面的诗歌、散文、名人名言、演讲等最精华的东西给学生。孩子们如果能够在基础教育阶段打下这两个基础那将会受益无穷。如果还能够读 100 本名著，我认为那将给他们的人生打下更好的精神底色。

第二个行动是“师生共写随笔”。我认为对于教师而言，“写作”带动的是阅读，带动的是思考、是实践。阅读滋养底气，思考带来灵气，实践造就名气。对学生来说，则是记录成长的履痕，反思自己的实践，倾诉自己的秘密。在网络这个交流平台上，有300多名老师是我们新教育实践的专栏作家，是我们新教育在线的专栏作家。他们每天在网上与大家交流。这次我们的江阴环南路小学，以前的教导主任、现在的校长对我说，他们参加新教育实验后，以前学生看了作业就讨厌，现在不讨厌了，以前写作文像挤牙膏一样地挤出来，现在从心灵中流淌出来。最近他们出了一本书，我给他们写了一个序言《写作——让人生更加美丽》。事实上，为什么“写”重要，因为为了写得精彩，你必须活得精彩。否则你就没有什么可写。我知道在座的许多人是在写作中成长起来的，是在写作中辉煌起来的。《中国教育报》曾专门报道过我们“教育写作”的一些情况。

第三个行动是“聆听窗外的声音”。聆听窗外的声音是十分重要的。我们现在的教育给学生的是“一元的世界”，是一个经过老师过滤的世界，是一个虚假的世界。那么我们通过聆听窗外的声音，把各种各样的人请进来，孩子的视野就能够拓宽。如果我们的孩子在学校期间能够真正听满100场报告，我相信他们的心灵会更加充实，他们的视野会更加开阔，他们创意和创造的激情会更加得到提升。比如在我们苏州，我跟校长们说过，苏州有那么多的外企，为什么不把企业里的佼佼者请到学校来给孩子讲讲？他们是怎样由一个学徒走向CEO的，怎样由一个小作坊成长为世界500强的。每一个故事可能会影响孩子的一生。这样的教育我认为是给孩子一个多元的世界。

第四个行动是“熟练应用双语”。有许多学校认为是熟练应用英语，有的学校就说我们目前还不能做。其实不是的，事实是让你能够说话。英国的一个语言学家发出警告：人类的语言能力正在退化。美国肯尼索州立大学教育学院的校长万毅平先生送给我一本书《闯入美国管理高层》，讲述了他在美国短短几年，为什么能够做得如此辉煌、如此优秀。他给我们讲了他的故事，其中有一条我认为最有意思的，也是跟我们的新教育实验非常有关的，是他对人的讲话能力非常重视。他说：“对于一个想在西方主流社会站稳脚跟的华人来说，口头表达能力就显得尤其重要。因为西方喜欢口若悬河、巧舌如簧的雄辩家，不喜欢表达能力差的内秀的人。”事实上中美教育的差异，已有很多人在不同的方面去总结了。最近北京社科院上官木子有一篇文章发表在《南方周末》，大家可以去看。中西教育的差别到底是什么？他认为中国的基础教育重视的是数理能力，美国的基础教育重视的是表达能力、沟通能力。一个善于表达、善于沟通的人，他具有征服人的能力。因此无论你是学界领袖、商界领袖、政界领袖，你要做任何事情都要沟通。所以，在我们的新教育学校，我们要求能够给学生一次公开演讲的机会，在全班、在全年级去讲。这个实验我们的实验学校一直没有好好地做，因此在今天我特地要多说几句，我希望我们的实验学校都能够这么做。这个实验不要有什么外在的基础就可以做，在班级说，在全年级说。我们很多的学校有“国旗下的讲话”，有人说“朱老师你能不能给我们编一本《国旗下的讲话》，我们校长没话说”，我说不要你自己说，让孩子们说。他为了讲得精彩，他必须研究得精彩。并不是往讲台上一站，他就会说话了。为了讲得精彩，他必须读书，必须思考，必须研究。看起来是说，其实是他必须学会倾听别人的意见，怎样沟通、表达自己的意见，所以说第四大行动，我们的实验学校要继续强化。我相信一个孩子从一年级开始，一直训练到高中毕业，这个孩子肯定是与众不同的，肯定是能力强的受人欢迎的人。当然，之所以提双语，主要是在有些学校条件允许的情况下可以说英语。现在我们的英文教育更多的是注重语法，而忽视孩子的表达，没有机会讲，课堂上与课后都没有。因此要把说话的权利还给孩子，孩子没有话语权，没有说话的欲望，不仅仅是教育的悲哀，也是社会的悲哀。当孩子都不说话的时候，这样的一个社会不可能是一个民主的社会，不可能是一个健康的社会。所以我们希望，我们的孩子在很小的时候就能表达自己的思想，表达自己的观点，真实地、自由地、自如地表达自己的观点。

第五个行动是“建立数码社区”。建立数码社区，我们的一些学校已经启动，而且做得相当好。但与我们所设想的还有一些距离。我们设想，就是要整合学校内外的网络资源，建设学习型的网络社区，让师生进行网络学习交流，在操作和实践中培养学生的信息应用能力。现在我们很多家长为孩子上网而头疼、苦恼，一个很重要的原因就是孩子们实际上并没有去获得怎样进行网络交往的本领。如果说关于网络交往的本领学校里面能够教给孩子，他能够知道怎样去抵制诱惑，知道怎样去快速获取信息，知道怎样应用网络进行学习，那个时候的网络就成为他非常有用的工具，而不是成为他堕入深渊的原因。所以我们觉得最关键的是要建设一个健康的校园网络。这次我们的课题组有关老师也来了，他会详细给大家介绍我们这个数码社区怎么建。我们会在明天上午给大家详细地介绍我们的子课题的一些工作设想，所以也希望实验学校一定要参加，否则你不知道这个实验怎么样去开展、进行。今后，我们“新教育在线”也将进一步完善网络信息资源，为大家提供一个更好的交流平台。

最后一个行动是“创建特色学校”。事实上参加我们实验的学校都非常努力，都形成了一些鲜明的个性和特色。不仅仅是学校，我认为所有的老师、所有的孩子都应该有自己的个性和特色。所以说我到实验学校，大家都知道我最喜欢问的一句话就是：“你的老师有什么特色？有什么特长？有什么个性？有什么风格？”我还会问那些孩子：“你最得意的是什么？”很多孩子说他没什么得意的，那说明我们这个教育还没有成功。每一个孩子都应该找到自己生活在这个辉煌世界上的理由。当一个人能够找到这个理由的时候，他就会非常自信，他就会非常充实，他就会非常精彩。所以说我们也应该让我们的学校能够找到立足于这个世界的理由，希望我们的实验学校能够根据自己的校情，不断地去努力。

四、新教育“十大领域”构想与实验操作原则

这次我们吴江教育局的沈局长也专门来了，他刚刚参加了一个全国特色教育论坛，他也会把对特色教育的一些想法跟大家进行交流。希望我们几百所实验学校今后每个学校都有不同的特色，都具有鲜明的个性。虽然要经过若干年的努力，但是必须有这样非常明确的追求，追求卓越，追求个性，我觉得这是我们每个学校应该努力去做的。有个性，有特色，你才能与众不同。我说应试教育只有一个赢家，而在我们的社会需要我们的学校、我们的每一个孩子最后都是赢家。

新教育实验还有十大领域，十大领域就是我们在《新教育之梦》里面讲的十大领域。我们已经开始启动其中的一部分项目，比如说“理想的德育”。最近我们网络上活跃着一位叫张万祥的老师，他是天津的特级教师，专门教德育的，他在网络上带了13个徒弟。我已经把这个任务交给他，希望他来研究新班主任的课题。也就是说我们到底怎样才能够做好一个班主任，怎样成为一个受孩子非常欢迎的班主任，能够有一些操作性的东西，能够让我们的年轻老师一看就知道我们应该怎么做。同时我们还将在学科领域开展“学科革命”。

有很多人都批评我说：“朱老师你对别的学科想得太少，尤其是对我们理科想得太少!”我说不是如此。第一我说“六大行动”绝不是听说读写，绝不是文科的事情，这一点大家也很清楚。像这次《人民教育》封面上的三个人物，两个是数学老师，数学老师他们同样写随笔写得很精彩，关键你要写自己的生活，你要写自己的喜怒哀乐，写自己的校园故事。

那么同时更重要的，读书也不是只读文科的书、读人文的书，自然科学的书、科学家的传记都是我们读书的范围。而且我认为理科教师目前最缺的不是理科知识，而是人文精神。这是中国理科改革的一个非常重要的问题。

现在我们有一批专家已经在打造我们的新语文，包括韩军老师过去

做的“新语文”，韩军现在已经正式加盟我们的新教育实验，在推动新语文的工作。我们还有一批专家，苏州大学的教授和另外一批中小学一线的老师，他们在新语文的教学建设上已经全面启动。那么新历史、新公民、新科学我们接下来做，当然这个时间可能是漫长的，但是我们有这样的目标，不断地一个一个去努力、去做。

新教育实验的操作模式我简单说一下。

第一，我们行动的原则就是坚持实验的公益性，申明我们的实验是公益的。所以刚才大家说你这么一个会议只收这么一点钱，还要管大家吃饭，还要发书发材料。那么我就说所有的会议我们都不赚一分钱，所有的会议不允许赚一分钱。我们实验的牌子都是送的。我们要求跟实验学校一起坚持它的公益性，所以如果今后有人假冒新教育的名义去盈利、去收费，你们要及时地向我举报，我个人承诺我们绝对不收一分钱。

第二，坚持实验的真实性。我们坚持这个实验一定要是真实的，如果发现我们的实验学校弄虚作假，那么对不起，牌子我马上收回。我不需要假的材料，不需要假的事实来说明我们的实验你做得很优秀、你做得如何辉煌。我们希望每一个故事、每一个材料都是真实的。做了没有效果，你就讲没有效果，这没有关系。不是因为你做了没有效果这个新教育实验就失败了；也不是因为你做得很优秀，新教育实验就成功了，因为说不定你还有其他的成功要素，关键我们希望就是真实的。

第三，我们希望这个实验能够普及。今天张家港一次性有 43 所学校挂牌。一开始我们的总课题组的管理人员有意见，说：“朱老师，怎么一下挂那么多?”我说张家港是一个特例。一般我们要工作满六个月以后才可以挂牌。就是你学校必须扎扎实实做了，在网络上我看到你做得很成功，我才给你挂牌，但张家港还没有。有些学校做得很优秀，就是有个别的学校还没有全面地启动，但是我们希望挂了牌以后能够全面启动。黄局长之后会有个精彩的发言，他会承诺怎样去推进张家港的新教育实验，所以我们会加强监督和检查，但是我们希望让更多的学校受益，因此凡是申请的学校，我们没有理由不同意，对不对？因为学校申请了，全体老师都同意，因此今后张家港可能是实验学校最多的一个实验区，所以请我们课题管理组的主任也能理解。

也许你会说：“好像这个不大正常，你们怎么有几百个实验学校？”我觉得没有关系，大家去做。因为实验不是目的，科研不是目的，我们的实验、科研的目的就是让大家能够做得更好，能够走得更远，能够行动起来，行动才是我们的目的。我们希望有更多的学校加入，所以这次我们对个别省的，过去这个省没有实验学校的，我们也会破格优先批准。所以请我们有关这些学校也要注意。因为很多学校在你们前面已经做了好久了，可我们这次都没给它挂牌，为的就是希望你成为一个种子，在你这个省能够生根、开花、结果，能够示范、能够推广。我们希望你成为一个示范、一个种子，能够更好地在全国去推广。

我们的管理原则第一是自愿参加和行政推动相结合。也就是说学校必须是自愿的，然后我们欢迎政府的行政推动。我一开始是主张完全的民间道路，但是后来很多人跟我讲，在中国要做一件事情，没有行政的支持是很难的，因此这次张家港，包括我们的江阴实验区，已有八个实验区。实验区在全面地启动，我们希望实验区的教育主管部门要切实地承担起指导、检查、督促、推广的作用。第二是网络交流和资源共享的原则。就是说我们实验的一个重要的管理平台是网络。所以说很多人担心，这个实验这么多学校管得过来吗？包括中央教科所的同志也可能会问我，你管得过来吗？我说没问题，网络在管理，一星期、一个月你的实验在网络上没有影子还可以，如果连续两个月、三个月没有，那我就要摘牌了。因为牌子不是学校买的，是我们送的，所以说牌子我们随时可以收回。

今天先跟大家说明，我今天发的牌子，发的时候你兴高采烈，成为新教育实验的一员，但是收回的时候你就比较难看了，收回的时候你就麻烦了。我们不仅仅要有成功的典型，我们也要有一些收回牌子的案例，让大家加强自我约束的机制。

作为资源共享，今后我们会有很多资源共享的举措，比如说“聆听窗外的声音”，我们就把这个任务交给高校长，我说张家港好的报告你一定要刻成光盘，一定要形成文字，然后发到网上，让我们的实验学校共享。特别是条件比较好的一些学校，一定要承担起帮助西部地区、帮助贫困学校的职责。

这次我请了一些朋友来资助，当然也包括我一些个人的讲课收入等等，一起成立了一个 20 万的基金，向我们的贫困学校和薄弱学校开放。在他们实验有困难的时候、读书有困难的时候我们承诺给一些支持。但这个只是杯水车薪，如果更多的学校加盟以后，我们也希望全社会能够进一步地关注，能够进一步地支持。特别希望条件相对好一点的学校能够主动地加盟我们这个队伍，比如说为我们的西部地区、贫困地区学校送一点书，组织我们的孩子跟他们的孩子"手拉手"，组织我们的教师和他们的教师结对子，等等。像今天常州武进湖堂桥小学就带了四个新疆的老师参加这个会议，我说没问题，凡是西部地区的贫困学校的，以后参加这样的活动，只要我们手里还有一点钱，我们给予最大的支持和帮助。

第三，项目带动和典型引入。我们希望通过这个项目能够带动学校的成长。同时我们希望有一批典型。事实上每一次的报道都在推出一批典型。可能有一些典型，我们情况还了解得不太深入、不太具体，在某一个方面做得比较优秀，另外一方面比较差一些，没有关系。我希望我们的校领导、我们的老师能够原谅这些人。因为他们在这个方面已经做了很多工作，人无完人，学校也没有非常完美的学校，人的缺点跟人的优点总是同步的。所以我们希望能够看到更多的优点，用更多的积极的态度去发现。

最近我看了一篇文章，很受启发。讲述的是北京的一位母亲，她的孩子生下来就患有疾病，好像是孤独症，目前还没有找到治疗的办法。这位母亲为孩子写了 19 本日记，都是记录的与老师的交流内容。她讲了一句话，我觉得很精彩。她说我们的孩子尽管有 99% 的缺点和不足，只有 1% 的优点，我们也要把这个 1% 的优点放大到 99 倍去看它，否则我们就活得太累了，活得太沉重了，我们要用人生的喜剧去导演人生的悲剧，我们要让自己的生活更有智慧。我觉得这个母亲讲得很精彩。所以我希望我们的学校、我们所有的老师也应该用这样一种心态去对待我们的每一个孩子。至于我们的管理，我们提倡自我管理和严格的监督相结合。最后我引用参加实验的一位老师讲的一句话作为我们的结语，他说："我们在行动中得到感悟，我们在感悟的阳光下携手向前，我们有理由期待着新教育实验走向辉煌。参加新教育实验澎湃的是激情，涌动的是理想，激起的是热情，付出的是生命，发展的是智慧，收获的是每一个生命！"

谢谢各位！

（2004 年 4 月于江苏张家港，第二届新教育年度研讨会）

第二章

新教育实验的理论与实践

对“新教育”一词大家并不陌生。在西方教育发展史中，从 20 世纪初到 50 年代，占据了主导地位的便是新教育思想，其代表人物有被称为“新教育之父”的英国教育家雷迪，以及巴德利、怀德海、沛西·能等，此外还有德国教育家利茨、法国教育家德摩林、比利时教育家德可乐利、瑞典教育家爱伦·凯。他们主张建立符合现代社会需要的教育，在各自的国家建立“新学校”，最著名的便是雷迪创建的“阿博茨霍尔姆学校”。雷迪认为，学校的任务主要是促进儿童个人的自由发展，即身体和心灵的健全发展，而不是用书本知识去压抑儿童的发展。

在我们国家，陶行知先生也曾明确提出“新教育”的概念，他在 1919 年发表的《试验主义与新教育》中讲了这样一段话：“夫教育之真理无穷，能发明之则常新，不能发明之则常旧，有发明之力者虽旧必新，无发明之力者，虽新必旧，故新教育之所以新，旧教育之所以旧，则视其发明能力耳。”[①] 和他同时代的很多人，对新教育和旧教育都有他们的认识。蔡元培先生就有一篇文章叫作《论新教育和旧教育之起点》；陈鹤琴先生把活教育作为旧教育的对立面，他没有明确提出新教育，但是活教育实际上就是一种新教育；黄炎培先生也在他的论著中多次使用新教育的概念。到了 1949 年，毛泽东主席在阐述我们国家发展

---

① 陶行知著：《陶行知全集》第一卷，成都：四川教育出版社，2005 年 6 月，第 5 页。

的教育方针以及一系列教育问题时，也明确提出，“建设新教育要以在老解放区的新教育经验为基础，吸收旧教育某些有用的东西”。

新的时代总是要呼唤新的教育的，一个时代理应有一个时代的教育特征。进入 21 世纪，中国的教育如何发展，如何建构具有时代特征的“新教育”，已成为众多有识之士深切关注的重大论题。

一、梦想与反思：新教育实验的缘起

纵观中国教育最近几十年的发展历程，在肯定教育获得巨大发展成就的同时，我们不得不遗憾地承认，中国教育，尤其是基础教育中理想主义的色彩还是较少，缺乏应有的对现实目标的批判和超越；中国教育片面追求与现实的适应和协调，在一定程度上削弱了教育引领时代、提升社会的功能。

国际 21 世纪教育委员会提出过“教育：必要的乌托邦”[①] 这一命题。“必要的乌托邦”意味着教育必须具有一种着眼于未来的精神。“必要的乌托邦”还意味着在人们越来越受现实功利羁绊，越来越被实利主义限制了生命意义的拓展之时，由于教育体现着对人类生活最高境界的诉求，保留了对于超越实利的、非功利的价值的追求，至少还可以寄希望于教育去使人对人在现实中的病态和畸型保持警觉，对人的纯功利冲动起到平衡和矫正作用。

人们对“乌托邦”是有偏见的，大抵是因了米兰·昆德拉的这句话：“拼命挤进天堂的大门，但当大门在身后砰然关上时，却发现自己在地狱里。”[②] 但是，人们忘了可以赋予它新的内涵：去掉空想，留下理想；追逐梦想，成为现实。人们忘了，“征服世界的将是这样一些人：开始的时

① 联合国教科文组织总部中文科：《教育——财富蕴藏其中》，北京：教育科学出版社，1996 年 12 月，序言第 1 页。

② 艾晓明著：《小说的智慧——认识米兰·昆德拉》［M］. 长春：时代文艺出版社，1992 年，第 129—130 页。

候，他们试图找到理想中的乐园；最终，当他们无法找到的时候，就亲手创造了它”（乔治·肖伯纳）。

正是从这样的思考出发，我在2000年出版的《我的教育理想》一书中收录了《我心中的理想学校》《我心中的理想教师》《我心中的理想校长》《我心中的理想学生》《我心中的理想父母》系列文章，算是用远大的教育理想去拥抱新世纪的第一缕阳光；紧接着，在2002年由人民教育出版社出版的《新教育之梦》中，除了保留并充实前面的五个“理想”以外，我还新增了“理想的德育”“理想的智育”“理想的体育”“理想的美育”“理想的劳动技术教育”等章节。我有这样一个信念：一个没有理想的人不可能走得远；一个没有理想的学校，也不可能走得远；一个没有理想的教育，更加不可能走得远。教育的理想境界是：成为学生享受成长快乐的理想乐园，成为教师实现专业发展的理想舞台，成为学校提升教育品质的理想平台，成为学生、教师、学校共同发展的理想空间。

但是，仅有理想是不够的。1950年的元旦，约瑟夫·熊彼特在弥留之际，曾对前去探望他的彼得·德鲁克和彼得·德鲁克的父亲阿道夫说了一番这样的话：“我现在已经到了这样的年龄，知道仅仅凭借自己的书和理论而流芳百世是不够的。除非能改变人们的生活，否则就没有任何重大的意义。”① 这句话给我很深的启发，或者可以说是反思：我的这些理念，这些“理想”能变成现实吗？我能不能构建出属于教育的今天而不是明天的实践蓝图？

2002年9月，新教育实验在苏州昆山玉峰实验学校正式启动；2003年，新教育实验参与学校达到了上百个，遍及江苏、安徽、山东、上海、吉林、广东等十多个省市；今年年初，新教育实验被批准为教育部“十五”规划重点课题。

---

① ［美］杰克·贝蒂著，吴勇等译：《管理大师德鲁克》，上海：上海交通大学出版社，1999年，第153页。

二、人本与行动：新教育实验的理念

新教育实验的核心理念是：为了一切的人，为了一切人的发展。

为什么是为了一切的人而不是为了每位学生？因为我们觉得教育实际上是一个大的概念，是包含了人类生存、生活并且发展的全部。我们不仅要关注学生，而且要关注教师，关注一切和教育相关的人。无论他是贫困的，还是富贵的；是愚昧的，还是智睿的；是健全的，还是残疾的。为什么是为了一切人的发展而不是为了每位学生的发展？因为，我们觉得没有教师的发展，就没有学生的发展；没有家长的发展，也可能没有学生的发展。尤其重要的是，十六大提出了“人的全面发展”理念，因此，当前社会发展应由“以经济建设为中心”逐步过渡到“以人的发展为中心”上来，人的发展才是硬道理。为了一切的人，为了一切人发展，这是我们的核心理念。

我们主张以人的个体生命为本位，根据个人发展的需要确定教育的目标并实施教育。我们希望从知识的人本化和学习的人本化出发，引导教育圈中每一个人发展个性，舒展自我，在教育中将人提高到“人”的高度，最终把人“还原”为“人”，达到人的“自我实现”。

我们的第二个基本理念是：教给学生一生有用的东西。

“教育应当促进每个人的全面发展，即身心、智力、敏感性、审美意识、个人责任感、精神价值等方面的发展。应该使每个人能够借助于其青年时代所受的教育，形成一种独立自主的、富有批判精神的思想意识，以及培养自己的判断能力，以便由他自己确定在人生的各种不同的情况下他认为应该做的事情。”① 为什么新课程提出要在知识和技能基础上重视过程和方法，重视情感态度与价值观呢？其潜台词是：教科书对孩子有用，但管不了孩子一生，因此你教材编得再好，不能解决学生

① 联合国教科文组织国际21世纪教育委员会：《教育——财富蕴藏其中》，北京：教育科学出版社，1996年，第85页。

所有的问题；考试是一种选拔，但更多的是知识和技能的选拔，因此考试考得再好，不一定能在往后的工作和人生中胸怀远志、实现自我。现在苏州蓝缨学校的校长陆一鹏先生曾经让他那些当年以优异成绩考入高校的南师大附中学生重做两三年前的高考题，结果成绩糟糕透顶。客观地说，把让学生考取一所好大学作为我们基础教育的目标之一是符合当前的教育消费者，也就是人民群众的意愿的；但作为终结目标、唯一目标，则是实用主义、急功近利的表现，那样会使我们的学生走出校门后“剩下来的东西”不多，那样会使我们的国家、我们的民族，当然也包括我们的城市在未来的世界竞争中丧失“核心竞争力”。

第三个基本理念是：重视精神状态，倡导成功体验。

一位诗人说过这样的话：世界上许多事情都可以等待，唯有孩子们的事情不能等待，因为孩子的名字叫“今天”。如果孩子的“今天”是失魂落魄，是萎靡不振，是痛苦难熬，是得过且过……那还有什么启碇的索，还有什么鼓风的帆，还有什么定向的舵？还有什么健康，还有什么快乐，还有什么自信，还有什么向上可言？还有什么理想，还有什么未来？苏霍姆林斯基于 1969 年 10 月至 1970 年 4 月完成，但因与世长辞未及答辩的博士论文《全面发展的人的培养问题》中有这么一段：“培养全面发展的人的技巧和艺术就在于：教师要善于在每一个学生面前，甚至是最平庸的、在智力发展上最有困难的学生面前，向他打开适合他的精神发展的领域，使他能在这个领域里达到顶点、显示自己，宣告大写的‘我’的存在，使他从人的自尊感的泉源中汲取力量，感到自己并不低人一等，而是一个精神丰富的人。”① 培养一个人积极的态度非常重要。学校教育要努力让学生在教育中获得成功的体验，而后在成功的体验中确立新的目标，求得更大的进步。学校教育要培养学生能够不断地感受成功、不断地体验成功，从而能够不断地相信自我、不断地挑战自我。学生的“成功”，不能再仅仅停留在“一考定终身”这样

---

① ［苏］苏霍姆林斯基著：《苏霍姆林斯基选集（五卷本）》第一卷，北京：教育科学出版社，2001 年，第 94 页。

一个层面上；要倡导教育的“新成功主义”思想，着眼于个性发展，着力于特长形成。

第四个基本理念是：强调个性发展，注重特色教育。

个性发展是指个人在秉赋、气质、兴趣、情感、思维等方面的潜在资质得到发现，心灵自由和精神世界的独特性得到尊重，思考的批判性、思维的独特性和思想的创造性得到鼓励。总之一句话，在心理方面存在的个别差异性得到正视和发展。在教育从培养造就“接班人”走向“使每一个人都能成为他自己”的今天，不仅学生，而且教师也要走个性发展的路径，要由“个性化的教师”来培养“个性化的学生”。而个性发展的至高境界就是前面所说的精神发展。至于特色教育，特色并不意味着圆满，但特色就是卓越。企业如此，学校如此，凡事莫不如此。去年，美国《时代周刊》评选世界九大新兴科技城市，苏州是唯一入选的亚洲城市。那么，能说苏州就是亚洲最好的城市吗？当然不能。但苏州有它的特色，它是一个把传统和现代结合得很完美的一个城市，它有一体两翼的城市格局，又有两千五百多年的文明底蕴，是外商投资的聚集地。学校也是这样，没有自己的特色，是谈不上辉煌的。对个体生命来说也是如此。

第五个基本理念是：让师生与人类崇高精神对话。

西方有句谚语，说的是一个人可以变成一个富翁，但是三代人才能造就一个贵族。文明、文化，它的发展，它的延续，是人类发展和延续的根基。在第二次世界大战时，有一个记者问英国首相邱吉尔：“莎士比亚与印度哪个更重要？”印度当时是大英帝国在海外最大的殖民地，人口最多，土地最广。邱吉尔首相回答：“宁可失去50个印度，也不能失去一个莎士比亚。”的确，人类之所以伟大，现在看来，不是因为他能够征服世界、主宰世界，而是因为他拥有文化，拥有精神。如果说我们的教育对人的问题已经开始注意，那么我们对于人类的命运，对于人类文化的发展延续，对于人类文明的进程，我认为还没有引起足够的关注。文明有可能在我们这一代人身上，或者说在我们这一代教育者手里旁落，走向衰弱。“一个真正的人应当在灵魂深处有一份精神宝藏，这就是他通宵达旦地读过一二百本书。”[①] 我们要让我们的孩子、我们的老师在阅读中亲近大师，拥有思想，直抵精神；我们要让我们的孩子、我们的老师带着强烈的责任感、使命感、正义感融入社会，而不是逃避现实，逃避责任。

我们的目标追求是：追寻理想，超越自我。我们认为参加实验的所有学校的师生都应该有自己的梦，都应该有一种挑战自我的勇气，一种超越自我的精神。每一个老师、每一个学生都要找到成功的感觉，相当部分的老师和学生都能够成才，最后有一定的成就。成长并快乐着，这是我们追求的一种境界。

我们的价值取向是：行动。我们提出：只要行动，就有收获。不要坐而论道。你去做，你就行；你去做，你就有可能成功。不要瞻前顾后，不要犹豫彷徨。从加入实验这一天开始，就要真正地行动起来。我们相信，孩子和老师身上的潜力你怎么评估都不会过分。

三、探索与前进：新教育实验在行动

我们的新教育实验归纳为“六大行动计划”，即营造书香校园、师生同写日记、聆听窗外声音、熟练运用双语、建设数码社区、创建特色学校。

第一，营造书香校园。

书籍是人类宝贵的精神财富，是采掘不尽的富矿，是经验教训的结晶，是走向未来的基石；读书是人们重要的学习方式，是人生奋斗的航灯，是文化传承的通道，是人类进步的阶梯。一个人的精神发育史实质上就是一个人的阅读史；一个民族的精神境界，在很大程度上取决于全民族的阅读水平。为了实现师生与人类崇高精神的神圣对话，新教育实验在充分研究、积极实践的基础上，形成了“营造书香校园行动计

① ［苏］苏霍姆林斯基著：《苏霍姆林斯基选集（五卷本）》第一卷，北京：教育科学出版社，2001 年，第 94 页。

划”。实验学校将每年9月25日设立为校园“阅读节”，并倡议这一天为全国“阅读节”。实验学校加强了图书馆、阅览室建设，并尝试建立开放式图书广场，每班配备图书架，重视超文本图书馆的建设，研究利用网络开展阅读。实验学校提供专门、保量的阅读时间给师生，鼓励学生家庭建设家庭图书架，形成“书香家庭”。实验学校图书馆向家庭和社区开放，并形成校际合作、区域流动。本着基础性与发展性、科学性与人文性、经典性与时代性、民族性与世界性统一的原则，我们还组织上百名专家在近万份问卷基础上，历时6年拟定了《新世纪教育文库》，向小学生、中学生、大学生、教师阅读推荐书目各100种，以年度为界限正式公布。我们还将成立“书香俱乐部”，作为师生开展读书活动的基本组织形式，指导各实验学校开展形式多样的读书活动；为各实验学校读书活动提供导读、评价等服务；促进各实验学校读书群体之间的交流和联谊。昆山的柏庐小学，吴江的金家坝、同里小学，浙江宁波万里国际学校，江苏武进湖塘桥小学……它们创设了很多有效的读书活动。读书，读课本以外的好书，正在成为这些实验学校师生的一种文化自觉。

第二，师生同写日记。

“师生同写日记”就是倡导师生立足于每一天的教育、学习生活，在写随笔（日记）的过程中，体验生活、反思自己、超越自我。有人把写日记称之为“道德长跑”，我看不仅如此。试想，我们的老师如果每天坚持写一篇千字文，写10年就是写了3650多篇，就有300多万字了。教书育人怎么可能不得心应手？当然，写只是形式，但写带动的却是阅读、是思考、是实践。阅读滋养底气，思考带来灵气，实践造就名气。再说，如果每个老师每天记点东西，以后教育家要研究中国的教育，这就是最好的资料。为什么要强调师生共同去做？学生也需要记录成长的履痕，反思自己的行为，倾诉心中的秘密。这是一个心灵的窗口、灵魂的寓所、青春的阳台。学生要在日记的写作中培养作文的兴趣，掌握做人的道理。我的孩子就是从写日记开始对写作有兴趣的，目前他高中还没有毕业，但已出版了5本书。现在，参加新教育实验的一大批学校和老师在我们的网上交流平台——“教育在线”上开设了自己的专栏，坚持每天写笔记。我每天上网都能听到花开的声音。江阴环南路小学参加新教育实验半年，就出了两本日记集。我给他们提名，叫《放飞希望》。教导主任对我说：“过去孩子们都讨厌写日记，现在都不讨厌了；以前写东西都是像挤牙膏一样，现在都是从心里流淌出来的。”是的，道理其实很简单：为了写得精彩，就必须做得精彩，活得精彩。

第三，聆听窗外声音。

“聆听窗外声音”就是开展学校报告会活动，充分利用校外的教育资源，引导学生学会关心社会，激发学生形成多元的价值观，培养他们创造的激情。我们觉得，我们的老师和孩子们实际上是在一个相对封闭的校园里生活。他们虽然也接触世界，但是他们所接触的世界是没有经过选择的世界。他们所听到的声音主要是我们老师和家长的声音。他们所接受的教育就是从应试走上就业的教育。通过层层的考试，再考取一个大学，大学毕业以后就是就业。所以，我们经常开玩笑说，我们培养出来的学生都是去抢饭碗的。但是饭碗本身又是有限的，到最后把抢饭碗又归结于教育。我们的毕业生中如果能够有 5% 去创业，去制造饭碗而不是抢饭碗，就能够为另外的 5% ，甚至是 10% 、20% 的学生提供就业的机会，那么就业的压力就减轻了。创业的冲动、创业的激情哪里来？很大程度上都要靠窗外的声音去激发、去培养。把社会的名流、企业家，哪怕是一个普通的工人、农民请到学校，让每个孩子在校期间听 100 场报告，这是我们的期望。说不定某一场报告就可以改变某一个孩子或者某几个孩子的命运。人是需要榜样的，生活在一个没有榜样的世界里的人是很难有精神的。我们的孩子在他们的成长中需要一座座英雄的丰碑去影响他们，需要一个个感人的故事去征服他们。这就是教育，这样的教育会给我们带来很多意想不到的东西。可喜的是，我们的实验学校已经在行动了。苏州工业园区和昆山的部分学校开始把世界 500 强企业的驻华代表请进课堂，张家港高级中学甚至初步形成了一个学生报告系列。

第四，熟练运用双语。

“熟练运用双语”就是开展中英文听说活动，培养学生讲一口流利的中文和英文，培养学生具备终生受益的口头表达能力。讲话是一个人展示才华、征服别人的基本能力，是一个人展开交际的重要手段。可是我们现在的教育很少让孩子说话，大声说话，说流利的话、说自信的话，除了上课提问。我们实际上是在培养一代患失语症的孩子。所以，我们要求实验学校创立学生论坛，让孩子有当众说话的地方，不畏首畏尾，不像蚊子一样。课堂上，更要让孩子有说话的机会，老师讲的，能少则少。新课程要把课堂还给学生。怎么还？就是要让孩子思考，让孩子说话，让孩子讨论，让孩子争论。这是中文，英文也是同样如此的。我们希望在实验学校中有一个良好的英语学习的环境。英语的教育，我们不主张系统的、语法的教育，我们主张生活化的英语，让孩子能够开口的英语，能够交际的英语。语言是文化的化石，在开展双语教育的时候，要考虑到东西方文化背景的差异；要不以牺牲任何一方的教育质量为前提保证。为了培养语感，无论是母语还是外语，都要背诵一些名篇。我们已编写出版的有：《中华经典诵读本》《英文名篇诵读》《科技英语阅读》。

第五，建设数码社区。

“建设数码社区”就是要整合学校内外的网络资源，建设学习型网络社区，让师生进行网络学习、交流，在操作与实践中培养师生的信息应用能力。信息化是教育发展的一个很重要的前提。信息化不仅仅会改变教育的形式，而且在很大程度上会改变教育的状态，甚至教育的本质。我曾经提案建议，建立国家教育信息平台，请最好的专家去开发教育信息软件，免费放在这个平台上，所有的家庭、所有的学校、所有的网吧都能看到。目前我们要做的是，我们所有的实验学校联合起来，将自己的资源与所有的学校共享，教案学案、备课资料，甚至课堂在线。重复的开发，重复的劳动，重复的购买，那将是教育资源的巨大浪费。我们还要让每一个孩子和老师都知道，我们生活在一个信息的社会，生活在一个知识爆炸的时代。我们要形成快速地获取信息的能力，并且学会在网上表达与交流。所有的孩子都要利用校园网制作个人网页。我们很多的实验学校已经做到了。有相当一部分的学生都建立了个人主页。

第六，创建特色学校。

“创建特色学校”就是提倡个性化的教育，培养与发展学校、教师、学生的个性和创造力，学校有特色，师生具备个性的技能。美国《新闻周刊》在20世纪80年代曾经评选过世界上办得最好的4所学校。为什么评这4所？这4所学校，每所学校都丁是丁、卯是卯，都有特色。比如，其中有一所日本东京的学校，这所学校特点是什么？创造发明。所有的孩子都有自己的创造发明，有些还有自己的发明专利。在这个领域，它就是全世界NO.1！我们的一些学校也正在向这个方向努力。吴江同里二小是一所农村学校，他们的特色是什么？写字。所有的学生和所有的老师，都写得一手好字。苏州城东中心小学每人都会两种以上的民乐。平直中心小学，从一年级开始写日记。等等。学校有特色的前提是我们的老师要有个性，我们的学生要有特长。我最希望看到的，就是当我走进我们的实验学校，叫住一个学生问他：你什么地方行？你有什么特长？孩子都能告诉我：我球打得好，我字写得好，我舞跳得好。百花齐放，个性纷呈。应试教育只有一个赢家，而我们的社会，需要我们学校、我们的孩子每一个都是赢家。

青山有待，岁月催人。新教育实验还只是刚刚开始，还不够成熟。但我坚信，只要一如既往地重建设、重行动，我们的实验就能成功。重建设，就是以积极的姿态多做建设性工作；重行动，就是不空谈，就是“用事实说话”。新教育实验不求无懈可击的“理论”体系，而是先动起来再说，在实践中完善思考。让我们一起在做中思考，在做中提升，在做中成长。一个个普通的日子，教育的日子，将从此变得灿烂！

（2004年7月于江苏宝应，第三届新教育年度研讨会）

第三章

成就、 问题与对策

——新教育实验的回眸与展望

各位老师，非常高兴有机会跟大家回顾一下新教育所走的路程，以及今后要走的路。我今天要说三个问题，第一个问题是新教育所取得的成绩；第二是问题；第三是对今后的想法。

一、成绩来自行动与坚守

前不久我们在常熟实验小学召开了研讨会，在会上许多人对新教育问题做了诊断，我讲了两句：第一要正视问题，第二要坚守信念。我们有十个方面的收获：

第一，实验学校快速发展。大家知道实验学校是三年以前，2002年7月在玉峰正式启动，当时只是提出做五件事情。2003年7月在昆山召开了第一届，次年召开了第二届年会，在宝应召开了第三届，今天在成都召开第四届。

玉峰学校非常典型，它是与新教育实验学校同步的。当时我们有一些想法，找学校、找教育局长，让他们把这个学校交给我来证明。做得好，说明我的理念对；做得不好，说明不行。经过努力，这个学校创造了辉煌。我们新教育有自己的专刊，如果大家用应试的标准来衡量，这个学校连续三年荣获第一，三年以前这个学校发表的文章很少，最近的一年就发表了两百多篇，现在许多学生的随笔也留下来了，每个老师都有一个随笔集记录自己的足迹。阿福小学也是一个例子，让我很感动，两年以前还是非常破烂的学校，房子建了一半建不下去，参加了新教育实验以后，学校的做法感动了领导，最后将这个学校建得很好。我去了以后，全体老师与我合影，老师们对教育的理想与激情让我非常感动。苏州金光学校也是这样，参加之前学校排名倒数第一，现在各项指标名列前茅。过去几乎没有老师做科研、发表文章，现在70%以上的老师发表过文章。新教育实验到现在正式立项的学校是217所，加上没有立项的共有300多所。

第二，参加新教育实验学校的老师健康成长。新教育实验的一个最大的特点就是焕发了老师的激情、点燃了老师的理想。这样，孩子们就能发展。我们有一个观点：没有老师的成长就没有学生的成长。我们有许多感人的故事，深圳的陈晓华老师因为生病，非常遗憾这次不能来。他参与新教育实验以后，几乎每年写一本书，去年带高三，他写了一本《守望高三的日子》；去年七月份他又开始带一个差班，从第一天开始又写了一个主题帖《揣着希望上路》，还打算写第二本书。这次新教育书店的文小慧经理将送给大家他的第三本书《追寻教育的诗意》，他说，没有新教育实验，就不会有他现在的成就。大家不要以为写随笔的都是语文老师，我们有一个陈惠芳老师，教数学，一年内发表了100篇文章，是《人民教育》杂志的封面人物。这不是个别现象。还有一个网名叫寒烟的老师，他研究在新教育实验的网站上注册的孩子，他研究了八个，写成了论文。他在答辩的时候，他的导师李海林老师给予了高度评价。大家评价说不亚于博士论文。这都是在“教育在线”上发生的普普通通的故事，还有许多没有发表在网上的故事。所以有人说，新教育实验本身就是培养老师的学校。

第三，学生快乐地成长。因为有了老师的成长，就有了学生的成长。我今天吃饭的时候遇到诸向阳老师。他把儿子带来了，叫诸子帆，在“教育在线”有专题帖。他在南阳时，就开始加盟新教育，他的孩子也发了不少帖子。原本是作文很差的孩子，每天写自己的教育故事，一年下来，收获很大。《杭州日报》还专门介绍了这个孩子。很多母女、父子在网上一起每天写日记，写自己的故事，就这么快快乐乐地成长起来。

第四，新教育共同体已具雏形。这个共同体有许多感人的故事，比如云南的滇南布衣、常州实验小学校长丝路花雨等。

第五，实验的网络平台基本形成。教育资源库正在建设。应该说，整个新教育实验一个非常重要的组成是三校共同体。我觉得这样的样式非常好。

第六，媒体平台正在形成。新教育文库已经陆续出版。新教育杂志正在试刊。我们也欢迎新教育实验学校征订、支持。我们提出每所实验学校原则上必须要订 10 本新教育杂志。困难的学校由总课题组赠送。

这次参加会议的海门实验学校老师写的《澳州课程故事》，非常受欢迎，即将出版。还有实验学校翔宇的故事，和许多其他的故事都将陆续出版。这次会议会给大家一本新教育指导手册，我们希望参加新教育实验的学校能够认真地学习这本手册。有许多学校虽然参与进来了，但是对做法不是很熟悉。大概 20 天以后，《行动与收获》一书也将正式出版。另外关于教育理论的研究成果也陆续出来了。再一个非常可喜的现象是出现行政推动的方式。大家知道新教育实验是草根实验，但是现在渐渐地受到了官方的支持。比如姜堰实验区，做得非常规范，是由整个教育局来推动。张家港有将近 40 所学校，也做得比较好。内蒙古也是如此。六月份我们刚刚去过，韩厅长非常支持，他说他的主要任务是研究新教育，并在内蒙古全面推动。所以行政推动的趋势已经越来越明显。

这次许多媒体都来了，特别是《南风窗》的主笔也来了，他是非常有影响的研究经济的记者，专门写过一篇文章将新教育实验称为新希望工程。文章中说，如果说过去是从物质层面解决中国教育的匮乏，新教育就是从精神层面解决中国教育的匮乏，他写的《媒体眼中的新教育》一书也即将出版。他认为新教育已经不仅仅是教育现象，而且也是新闻现象。他说中国的教育实验以前很少被教育媒体以外的媒体关注，但现在许多有影响的主流媒体都在关注新教育，这说明新教育的有些理念是值得肯定的。他说新教育实验是一面旗帜，是一种追求，在营造中国教育的桃花源。他说中国教育到了返朴归真的时候了。我很欣赏。这几句话指出了新教育的价值与意义，也隐含了问题。

二、新教育实验的八大问题与反思

但是，作为一个团队，我们更应该看清我们存在的问题。所以第二点讲问题与反思。我们讨论了一下，大概有八个方面。

第一，理论研究有待进一步加强。很多人在我们教育在线的网站上，或者在私下的议论中都提出质疑，说新教育没有理论。我不完全赞成这个说法，我说新教育的五大观点、六大行动等已经构成了理论体系，不过是我们没有用理论的形态体系化而已。当然我们的理论是滞后的，我与课题组讨论，要做一个课题，比如书香校园，如何推动？我们仅仅讲了读书的价值，但是没有讲操作层面的东西。所以现在我对我的学生说，对不起，你做我的博士，第一个任务就是研究书香校园。今年进来的我说你研究随笔。再有两年时间，这批人毕业，理论研究应该不成问题。当然，我们不是为理论而理论，理论要为行动服务。

第二，骨干队伍有待进一步扩大。做任何事情最大的问题就是人才。许多认识我的人都说，看着我的头发白起来。全国各地的讲演，几乎每周我都在做。但是有多少人能够替代我去讲？所以我们迫切需要成立讲师团。现在我们逐渐形成了一个骨干团队。比如储昌楼、张荣伟、袁卫星、李镇西，他们也都很忙。我们现在面临的最大的困难是实验学校越来越多，我们的指导跟不上。包括这次会议，没有人能够沉下心来全面做这个事情。我与储老师讲，明年起，新教育大会一定要做到该来的老师都要来，你没有路费我可以提供，但是大家必须坐到一起交流、分享。这次就有一些学校没有到。这都是因为我们骨干队伍的力量还不够。

第三，评价手段有待改进。前不久，中美大学校长会议上，我介绍了新教育实验，他们很感兴趣。大家提出了评价手段的问题。每一个实验，做得好不好，到底用什么来评价？我不支持用心理学的方式。新教育实验就是行动研究，我们不是定位在很精确的实验对照上。我们现在所做的，已经过几千年的教育实践，几千年的教育智慧已经证明了它。这种最基本的东西，已经不需要证明，不需要进行研究来肯定。但是，评价是需要的，而评价很重要的一点是资料的积累。我与国际同行讨论，他们说最重要的是档案的积累。所有的东西都可以成为档案。必须要发展一套新教育实验的评价体系。

第四，管理力量要加强。新教育实验的摊子越铺越大，需要加强管理。

第五，区域发展有待进一步平衡。有一些省市目前还是空白。现在山东的陶新华老师和于春祥老师已经联系我要在山东省进行实验。我们已经打算成立新教育实验研究会，并且鼓励各个省市成立自己的研究会。

第六，我们的研究经费有待充实。我们给困难学校去年捐书就捐了15万，支援宁夏、陕西、山西等地。我们需要筹措新教育实验基金。

第七，经验教训有待进一步总结。

第八，实验平台有待进一步完善。“教育在线”到今天，应该走向专业化道路。过去版主、管理员长期打义工。现在我们已经将这项工作交给了上海，包括资源库建设。资源库对实验学校会起到非常重要的作用，我们每一个学科、每一个年级都可以建立相应的资源库。

第三点关于思考，我只要说三个批评和三个难题。

对新教育实验，上次在常熟的时候，有人把批评概括成了三个词：作秀，做怪，做梦。

我在想，好像我们这批人还没有那么大的能耐去作秀，如果作秀没必要把自己搞得这么苦。储老师自己跑了许多地方，路费都是自己掏，他是作秀吗？袁卫星老师一个人把杂志做出来，是作秀吗？

还有人说我们是做怪。不合时宜，不对胃口。我说我们不是简单的挑战，我们更注重建设与改变。

还有人说我们在做梦。这我倒不反对，但并不是不切实际，我们是在把梦想变为现实。我们可能改变不了整个教育，但是我们可以改变老师与学生，至少这三年我们已经改变了一大批老师的状态以及孩子的命运。我们是在追梦。

三、对新教育实验的三点意见

另外，对新教育实验还有三点意见。张荣伟博士写过一篇文章，写了三个难题：一个文本，多部经典；一个疯子，跟着一群傻子；集体行动的逻辑究竟何在？

先说一个文本，多部经典。

网上曾经讨论过这个问题，有人质疑我们学校做的东西与我们研究的思想是否一致，我们的实验学校是不是在实验最初的文本。事实上，我不否认，经过一段时间，两者会产生比较大的差异。但我们已经出了指导手册，我们相信它能够起到积极的作用。另外，更重要的是，一部文本与多部经典是不是好事情，我说是好事情，在某种程度。有位老师说，新教育实验是全国最广的田野实验，所以必然出现多部经典。我认可这句话，因为我们鼓励新教育实验的创造。对新教育实验来说，我们拥有的是一个共同的信念。

“一个疯子，跟着一群傻子。”这句话是源于我们内部，我记得最初是卜延中老师说的，他说是“一群傻子跟着一个疯子”。但是被外面许多人引用的时候就出问题了，说我们这群人是不切实际的。外界对新教育实验有三种态度，赞成、质疑、观望。我想新教育实验应该面对各种说法，我们相信，只要有行动，就会有收获。这不是拒绝批评，而是注重建设。追寻教育理想，没有疯劲与傻劲是不行的。许多学校的许多做法本身正在丰富与完善，这样的提法只会害了新教育，也会害了我。我们只是一群具有共同理想与共同信念的老师。

集体行动的逻辑何在？新教育实验不是我一个人的事情，我们共同体之间的学习交流应该加强。事实上，近年来，在理论与实践的结合中出现了一些不太道德的现象，这样肯定不会换来真正的进步。我们新教育实验应该抵制圈地运动。我们应该创造资源共享、平等合作的关系。

同时我们也要真实有效地宣传自己，争取人力物力，欢迎更多的新教育人加盟我们的队伍。最近已经有了一些机构表示支持，无锡的一家机构就表示要支持10所学校。

四、我们的对策与期待

最后，我讲一下对策与期待。

第一，完善管理制度。这一次会议上提供的实验指导手册已经明确提出了一些管理制度，我希望各个学校能够严格地根据管理制度来执行。我们要求所有的学校建立新教育实验工作室。玉峰的工作室就非常规范，所以我们正在争取有关的资金。我们有一个“五个一”项目针对非常困难的学校，即捐一套学生用书、一套教师用书、一台电脑，提供一个教师培训的名额，同时帮助建立一个对口联系的学校，让最困难的学校都能够开展新教育。我们要求每个学校每年提供新教育研究计划，7月以前提交工作总结。除了研究报告之外，每个总课题组都要有新教育实验年鉴。我们还准备用一年的时间淘汰一批学校。

第二，加强专业支持。1. 在文本支持上我们将加大力度，大家可以看到不少相关博士论文正在出版。2. 项目组的建设。我们要以新教育在线为平台，建设一支真正的队伍。

第三，鼓励行动创新。新教育实验首先应该实现“六大行动”的创新性。另外，我们在逐步探索新父母、新公民活动等，这样一些新的探索是很有必要的；我们还想建构起自己的课程体系；我们也应该鼓励大胆创新；我们也特别需要专家们写一些批评文章。

第四，推进基地建设，在新教育实验区逐步成立新教育研究中心。在实验区内进行分类合作。

第五，加强评价管理。加强课题管理，淘汰不作为的学校。所以我对一些要申请的学校说，先看看，别着急，上来容易下去难，摘牌就比较难看。我们希望这些学校三思而后行。我们要及时总结经验，发现新的典型。

我们还有四点期待。

第一，进一步完善总课题组。

第二，加强网络管理平台建设。组建一支乐于奉献，专业与业余紧密结合的在线队伍，营造一种和谐向上的论坛氛围。

第三，推出一批特色鲜明，为新教育实验所独有的活动主题。

第四，设立新教育实验基金，为长久发展提供支持。

新教育实验是公益的，所有的实验人员都要明确。但是公益实验如何维持，也是一个问题，总应该优先订阅《新教育》杂志吧，《新教育文库》应该优先购买吧……

前天，我在厦门，下着大暴雨，可现场来了400多名网友，他们在朗诵理想的教育与教育的理想。我很感动，在中国，在这样的一个天气糟糕的日子，一群人把自己交给了教育。今天，大家也是一样的，我们为了一个共同的理想，走到了一起。

我想感谢所有的人，感谢关心支持新教育实验的朋友，没有大家的共同行走，我们不可能有这样的成就。同时我们也非常感谢盐道街外语学校，也就是成都市新教育实验学校。这个学校还很年轻，学校发展的过程中遇到了一些转制，但是他们为此次会议付出了辛勤的劳动，让我们用热烈的掌声感谢他们！

（2005年7月12日于四川成都，第四届新教育年度研讨会）

第四章

过一种幸福完整的教育生活

——新教育实验的回顾与展望

非常高兴与大家相聚在清华大学礼堂。据说今天是清华礼堂七十年来首次聚集着一批基础教育界的追梦人，这就给新教育会议赋予了更深的意义。

本次报告的主题是：过一种幸福完整的教育生活。我们将共同回顾一下新教育实验的“十五”行动过程，并展望“十一五”的奋斗目标。来京之前，我曾与课题组的同志们开玩笑说，这次会议是新教育团队“进京赶考”。经过这几年的努力，新教育实验到底发展得怎么样？是否在形成新的共识、凝聚新的动力的基础上让我们在“十一五”期间能够做得更好？我们要在本次会议上向来自全国各地的代表们及媒体朋友们做出回答。

一、回顾“十五”期间新教育实验走过的历程

这里先讲一个我们改编的关于新教育实验的童话故事。在 20 世纪末，一位学者来到了一座很贫瘠的山村。在那儿，人们已经习惯于贫穷甚至愚昧的生活，他们从内心接受了现状，不愿意为生活做任何努力。对于远方来的客人，村民们很遗憾地说：“真的非常抱歉，我们没有什么东西招待你，我们这儿穷啊，只有满山的石头！”这位学者拿起一块石头，细细地看了一会儿，然后告诉他们：“这可不是一块普通的石头，它能够熬出一锅非常鲜美的汤羹！”村民们用一种怀疑的眼光看着他，

没有人相信石头还能熬出汤。于是，学者在村头支起一口大锅，装满清水，生起火，然后他把这块石头洗净并放进了水里煮。当水沸腾后，他轻轻搅了一下石头汤，并尝了尝。他说："味道果然鲜美，只是我没有带盐，你们谁家有盐拿点盐来。"马上有人拿了点盐来，放入锅中。他又说："如果有虾米更好了。"很快，有人找来了虾米。之后，学者笑道："能有野菜更绝了。"正好一个小女孩刚刚从山上采野菜回来，便洗净了放在锅里。接下来，学者还向大家借了一点味精、肉末、醋和酱油。此时，漫山遍野开始弥漫着浓浓的石头汤的香味。村民们惊呆了，原来连石头都能够熬出这么鲜美的汤来，于是心里面开始燃起希望。

这是一个现代寓言，也是一个真实的故事。这个石头就叫新教育。新教育实验就是我们在座的各位把自己的实践、创造、热情装进了汤里，共同烹饪，结果我们创造了奇迹。新教育是我们共同的事业，我们都是新教育共同体中的一员，用我们的智慧与汗水，我们还可以烹出更多的美味。

在这四年的实验历程中，我们努力地在实践着最初提出的四个改变：

第一，改变教师的行走方式。改变教师的行走方式是我们新教育实验的宗旨。新教育实验提出要有效地促进教师的专业发展，提出要让教师过一种幸福完整的教育生活，所以我们把教师的问题作为整个新教育的首要问题。这也是针对历史上的很多教育思潮、教育改革、教育实验，包括近年来中国教育改革的分析后提出来的。过去，我们关注教材、教法的研究，却比较少地关注教师问题。对于教师的生存状态与行走方式，研究者多多少少有所忽视。其实教师问题往往成为教育改革的瓶颈，直接或间接导致了一些改革举步维艰。新教育实验试图将教师的发展放在首位，提出教师要享受教育的幸福，享受成长的幸福，享受自己发展的快乐，同时享受追求教育理想的成功。如今，投身新教育实验的 503 所学校共有约 5 万名教师，"教育在线"的注册会员约有 16.3 万人，其中开了博客的也有近 1 万人。可以肯定，新教育实验已经影响了中国一个非常庞大的群体。一批普通的教师在实验中得到发展、成长。

前不久。“教育在线”的论坛上曾有一个精彩的专题帖，参与实验的教师在上面尽情诉说自己成长的故事。而当初共写《发生在“教育在线”的故事》的网友们，不少都已经开始享受事业的辉煌。

第二，改变学生的生存状态。教育的对象主要是我们的下一代。我们当然希望他们也能够过一种幸福完整的教育生活，也希望通过塑造未来的公民而创造未来。培养什么样的人的问题在新教育实验的研究中占有非常重要的地位。我们期待新教育实验能培养既有民族情怀又有着全球视野，既有本真的生命体验又拥有全面的科学知识并具有创造能力的未来公民。新教育实验把学生和教师的共同成长作为我们实验追求的一个非常重要的目标。在实验中，我们一直期待孩子心里有梦想，脸上有笑容，期待着师生真实真诚、平和平等地对话，努力教给学生终身有益的东西。到现在为止，参与实验的学生大概有 80 万人，我们也有了一批引以自豪的优秀孩子，他们在充满书香的人文世界中享受成长的快乐。

第三，改变学校的发展模式。学校是我们共同生活的场所，是教育活动的中心。我们只有把学校改造成真正的学习型的组织，成为真正的学习共同体，拥有杰出的校长、优秀的教师队伍，拥有具有特色的发展模式，才能让学校得到真正的发展。近期，我们组织专家队伍对所有新教育实验学校进行了全面考核，将学校的学习型组织的建设作为重要的考核环节。应当说，对三所示范学校及数十所优秀学校在实验中所取得的成绩颇为满意。一大批学校在新教育实验中成长了、发展了。

第四，改变教育科研的范式。长期以来，传统的教育科研范式基本上是“我和他”占主要的。这种范式下，研究者将与自己的生活毫无关联的现象当成客观研究对象，当成静物来分析、研究，获得一些数据资料，认为这些数据和资料就是研究成果，就有它们的价值，这就是所谓的传统、经验型实验方式。我认为，教育是活生生的研究。在教育的领域中，研究者和研究对象都是主体，是“你和我”，它并不是分离的，是你中有我，我中有你，共同构成的一个最新的团体。这就是我们新教育实验为什么没有用传统的实验方式来做的重要原因。因为我们觉得教育是一种真实的生活。

新教育实验走过的历程只有很短暂的四年时间，但是经过大家的共同努力，实验取得了初步的成果。这次会议中我们设立了陈列室，明天我们还会在“六一小学”做更丰富的陈列和展示。这些成果表明，每个新教育人在行动的同时都在思考，没有思考的行动是盲目的，每个新教育人都有自己的教育追求。新教育实验在研究方面还出版了大量的论文，此外我们还有一线老师的教育随笔，这是新教育实验理论研究最丰硕的成果。我们很难统计，到底有多少位老师写了多少万字的随笔，出版了多少著作。我现在经常会接到老师们给我发来的短消息，请我为他们即将出版的书写序言。这方面我欠了很多很多的“债”，因为我实在没有那么多时间写序言，在此向大家致歉。但大家每出一本书我都会由衷地开心，我也期待大家有更多的成果。

新教育实验还引起了众多媒体朋友的关注，他们的真诚关注激励着我们往更高更远的目标努力。昨天下午，我们举行了一个媒体见面会，一方面是对媒体朋友表示崇高的谢意，另一方面期盼大家提出批评甚至批判性的意见。有一些媒体人在报道新教育的过程中与我们有了更多的共识与共鸣，有的还加入了“追梦者”的行列。例如，《莫愁》杂志社的副总编马建强先生在对实验进行报道的过程中主动参与进来，最后成为我们新教育实验的项目主持人。还有章敬平先生，他曾是《南风窗》《经济观察报》等媒体的主笔，他将实验比喻为“新希望工程”，让无数新教育人感到振奋。这些媒体的关注使我们在实验中有了更多的“同路人”，如无锡灵山基金会资助我们公益经费500万元人民币，台湾慈济资助了价值200万元人民币的儿童图书，上海青年企业家王海波先生拿出200万元成立昌明新教育基金会……为了一个共同的梦想，越来越多的朋友走到了一起！

二、新教育实验的发展构想

“十五”期间，我们取得了一些成就，也经历了不少困惑，发现了一些问题。成就属于过去，困惑需要研讨，问题必须解决。那么，在“十一五”期间，新教育实验有哪些新目标、新做法呢?

第一个目标是努力成为中国素质教育的一面旗帜。

昨天中午，我在人民网的强国论坛做了一个访谈，解读新颁布的《义务教育法》。我认为《义务教育法》有四个亮点：第一个亮点是强调了义务教育的国家行为和各级政府的责任，明确提出办学主体是政府，规定各级政府根据职责共同承担义务教育的经费安置，分项目、按比例分担，对经费保障有比较明确的规定。第二个亮点是贯穿了教育均衡发展的理念，这次的《义务教育法》明确各级政府合理配置教育资源，特别强调要加大对薄弱学校的扶持和支持力度，缩小学校和学校之间的差距，不准办重点校和非重点校、重点班和非重点班。第三个亮点是把素质教育定为义务教育的目标方向，即促进人的素质的全面提高。贯彻党的教育方针，提高质量，让孩子们全面发展。第四个亮点是对教师的权利、义务、责任、地位也做了明确的规定，明确提出教师的平均工资水平应该不低于当地公务员的平均工资水平。

新《义务教育法》的颁布是中国基础教育发展的一个里程碑。应试的压力、分数的压力已成为中国教育的一个枷锁，怎样挣脱这个枷锁？怎么探索一条新的素质教育之路？我认为，素质教育比较共通的认识有三个基本特征：一是面向所有孩子的教育；二是全面发展的教育；三是可以持续发展的教育。素质教育是帮助教师和学生能有一种终身的自我发展能力的教育。

新教育实验在上述三个方面有自己明确的追求，面向所有人。新教育实验新的教育理念是提升一切的人。我们希望所有的父母、所有的孩子、所有的教师、所有参与到教育活动中的人都能够得到全面、持续的发展。新教育实验反对以分数来论英雄，反对用考试来评判教育过程。

新教育实验的六大行动本身就是丰富多彩的，提倡为人的终身发展而努力，教给孩子一生有用的东西。我们有理由期待：新教育实验能够成为中国素质教育探索的一个典型、一面旗帜、一个品牌，这并不是一个奢想。

第二个目标是全力打造植根于本土的新教育学派。

我们曾在新教育实验第三次研讨会上提出“苏州学派”一词，陶西平会长也提出了“苏州学派”。但现在，我们致力于打造植根于本土的新教育学派。植根于本土，就是每个地区、每个单位、每片土壤都可以养育自己的一棵参天大树。对于这种设想，有人曾经提醒我说，你们离学派还很远！其实“谈派色变”是长期以来中国的学术制度以及孤立的学术格局所造成的一个现象，很多人都不敢谈学派。我觉得，提倡学派，既体现了我们的学术勇气，也体现了我们的学术追求。为什么我们不能有中国本土的教育学派呢？我相信我们应该能做得到！传统意义上的学派是局外人对局内人的一种称呼。被称作某一个学派的人，他自己并没有认识到，或者并不一定认同这样的称呼。有的人最初也没想创建学派，很多学派是自然形成的。但学派也是可以创建出来的，通过一种学术的自觉。

所谓学派，无非是理论和实践两个层面。在理论的层面，必须要有自己的代表性著作和代表性人物。在“十五”期间我们就出版了一些著作，但还缺乏鲜明的学术特性和理论体系。在“十五”期间，我们已经做了理论构建的规划雏形。代表人物不用说，我相信我们学派的代表会不断地涌现出来。这个代表人物可能一方面是我们一线的老师，通过自觉学术意识，通过丰富自己的理论素养，形成自己的理论思想，成为新教育学派的理论代表。另一方面是有志于新教育研究的理论工作者，他们会走出书斋，走进校园，走进教师的生活，来丰富新教育的理论体系。两支队伍会集起来，我相信应该能够涌现出一批代表人物，出版一些代表著作，这样，理论的构建自然会形成，学派的建立也会水到渠成。

在实践层面，任何一个流派，必须有自己的代表性的实验基地和实验学校。今天在这里参加会议的代表来自全国数百所学校，他们在教育实践上已经进行了大量的实验性工作，只要"十一五"坚持下去，自觉地用理论武装，引导教师和学生自觉地参加到新教育实验中，这些学校就能成为很好的实验基地。

上述两个梦想，是新教育人共同的期待和目标。这不仅需要总课题组成员的努力，更需要实验学校师生们的不断努力。总课题组将尽全力为新教育人提供最好的服务。

在"十五"的新教育实验期间，我们对"新教育"做了一个定义。新教育是什么？新教育实验，是以教师的专业发展为基点，以六大行动为途径，以帮助新教育共同体成员过一种幸福完整的教育生活为目标的实验。这个定义相对比较简约。我觉得它大致反映了新教育实验对教育的一种理解和追求，特别是这句话：过一种幸福完整的教育生活。

任何教育理论，大致有三个最基本的要素：第一是本体论，第二是价值论，第三是方法论。本体论是反映我们对教育的理解和认识。从本体论角度来说，我认为教育是一种特殊的生活方式，这就是所谓的教育生活。从价值论来说，我们认为我们所追求的教育生活，应该是幸福而完整的、可持续发展的。从方法论来说，我们主张通过营造书香校园等行动，以及通过新公民新生命的项目，来实现过一种幸福完整的教育生活。所以"幸福完整的教育生活"这句话，从本体论、方法论和价值论三个角度反映了我们基本的观点。

什么是幸福完整的教育生活？我认为有以下几个层面的涵义：

第一，教育就是生活。这句话是针对过去比较传统的理解。教育是为将来的工作和生活做准备，教育是为了未来。教育本身就是生活，教育就是生活的方式、是行动的方式，教育作为促进美好生活的一种手段的同时，本身也应该是一种幸福的生活。对于教育中的人，教育本身也是生活的基本方式。师生在为长远的人生与社会理想服务的同时，本身就应该享受幸福的教育生活。

第二，教育同时是一种特殊的生活方式。教育是一种生活，但它是一种特殊的生活，它必须确保受教育的个体生命获得充分的成长，必须实现社会对于一个未来公民的希望。我们又在此基础上，做了一些超越。这种教育生活，不能仅仅等同于学校的教育生活，在家庭里父母和子女的沟通，在职业生涯中，我们每个人的学习，都可以视为教育生活。所以教育生活，应该是从坟墓到摇篮，从摇篮到坟墓。

第三，教育生活应该是幸福的，而不是痛苦的。教育既然是努力去促进每一个人能够过一种幸福的生活，则它本身也应该是幸福的。所以我们强调过一种幸福完整的教育生活，不仅仅是对教育终极意义的思考与追求，还有当下某一些激情的教育描述的这样一种结果。我们经常听到这样一种呼声：在应试教育的背景下，不少孩子的童年世界充满了失败，心里没有美好的梦想，眼中失去了凝望世界的光彩，他们失去了追求理想的冲动，失去了成功的情怀和感恩之心。如果是这样，教育哪里有什么幸福可言？所以，新教育实验提出"教育幸福"，针对的就是这些脱离人性、摧残童心的畸形教育而言的。新教育强调"过一种幸福完整的教育生活"，这既是对教育终极意义的思考与追求，也是对当下畸形教育提出疗治的愿望与计划。

第四，教育生活在追求幸福的同时还应该强调完整。幸福，是目的方向；完整，是质量标准。教育的目的，不是成功，而是幸福；教育的质量，不是分数，而是成长。完整，还指的是"身、心、脑"的和谐发展，是学习性质量、发展性质量和生命性质量的整体提升。当今的教育现状是过于注重知识的掌握与能力的形成，最缺乏的是做人的教育，即德行的教育。我们期待教育能够真正全面和完善。因此，新教育在"幸福"后面加上"完整"二字，首先是指幸福的完整：教育既要满足学生相对低级的内在需要，如安全的需要与被爱的需要；更要促进学生萌发高级的需要，如爱他人的需要，自我实现的需要，社会认可的需要。同时，这个完整还是受教育者"身、心、脑"的完整。当前过于偏重静态学科知识而忽略了心灵与身体的教育是不完整的；即便在智育中，割裂的学科、分裂的知识本身也已经不再是完整的。新教育希望通过自己的努力，能够实现人的"全面和谐的成长"，能够让每个受教育者获得成功的智力、整合的智慧、高尚的德性、丰富的情感。

第五，教育，是教会每个个体追求幸福的事业。我们真正需要建构的是指向“幸福”的教育，而不是指向“成功”的教育。长期以来，在学校，我们并没有把个体的“幸福”作为教育的目标。我们总是把教育的终极目标锁定在“成功”上，一切教育活动都围绕“成功”进行。把“幸福”作为教育的目标和把“成功”作为教育的目标，有着本质的差别。指向“成功”的教育难免急功近利。因为孩子的生命不可重复，他们既要创造幸福的未来，也要拥有幸福的当下。所谓“成功”的教育只会遮蔽幸福的童年。尽管幸福的童年不是意味着没有困难、压力和挫折，但只有痛苦、压抑和挫败的童年，一定不是幸福的童年。儿童的学习不应该只是“为将来的工作与生活做准备”，教育本该是生活的基本方式，儿童今天在学校里所接受的教育，在为长远的人生与社会理想服务的同时，本身就应该是幸福的生活。

第六，幸福是一种师生身心共鸣的精神追求，更是一种师生生命共同在场的状态。“过一种幸福完整的教育生活”，这是新教育实验的根本宗旨。要让实验老师和学生在实验过程中，感觉到自己是生命叙事的主体，感觉到生命的丰盈和价值。幸福同时是一种状态，也是一种体验，而这种状态和体验，不仅仅是深藏于个人内心的私密感觉，还要能够在相互合作、相互交流、相互理解、相互宽容中彼此表达、洋溢、辐射、放大。新教育实验的哲学基础是发展论、行动论，也可以说发展哲学、行动哲学；心理学基础是状态论、潜力论和个性论；社会学基础是崇高论和和谐论。从发展论来说，最重要的是有关人的全面发展的学说。发展哲学毫无疑问是我们新教育实验的重要核心。过去我们提出的“为了人的一切，为了一切的人”，这实际上就是发展论的一个表述；“过一种完整的生活”也是发展论重要的指向。我们的行动论是“只要行动，就有收获；只有坚持，才有奇迹”，这也是实用主义教育哲学的一种升华。

过去我们五大理念中提出的重视精神状态、倡导成功体验、无限相信教师和学生的潜力、注重个性的发展、注重特色的教育，这次上升为三个“论”来作为心理学基础。我常说，死人和活人就差一口气，活人和活人就差一个状态，有状态他就有激情，有激情他就有行动，有行动他就有收获。实际上人和人之间的差距，也是状态造成的。状态将成为我们重要的心理学的基础。此外，潜力论也是非常重要的一个依据。现在我们的老师动不动给孩子一个标签，这个人怎么怎么样，那个人如何如何。事实上每个孩子都能够成为他自己，可以成就属于自己的梦想。教师也同样可以创造奇迹。如天津的特级教师张万祥，他在退休后又重新出发，重新恢复了一个教育工作者的执着与率真，开始创造全新的辉煌。他最近出版了不少著作，而他在 60 岁以前没有自己的专著，他还带出了一批优秀的年轻人。山东青岛的苏静老师，一位年轻的小学老师，已经著作颇丰。如今她奔走于我们的实验学校之间，演绎了太多的精彩。现行教育体制在个性论方面还存在问题，单一教学评价模式试图把所有本来具有无限发展可能性的人塑造成统一的标准，而最好的教育应该是帮助每个人成为他自己，帮助他张扬自己的个性，帮助他收获自己的精彩，我觉得这是我们的教育应该努力去做的。

新教育实验的社会学基础可概括为崇高论与和谐论。第一是崇高论。新教育的理念之一就是让师生和人类的崇高精神对话，这是新教育对于未来、对于个体和社会的一种期待。我们希望教育能够让人类不断地走向崇高。第二是和谐论。五大理念里面有一个“教给孩子有用的东西”，即帮助孩子对于未来社会有贡献，做出对社会有用的东西。人和社会的协调发展，我们称为和谐论。在促进每一个个体发展的同时，在帮助他今后作为一个公民而准备的同时，他同时能够给社会以回报，有一颗感恩的心，这是我们新教育实验所期待的。当然，新教育实验在它的知识论、课程论、学习观、教学观这些方面已经开始启动研究计划，力求能够全面地梳理和提升整个新教育理论研究的基础。

三、新教育在“十一五”的行动创新

新教育实验的特色是行动。我们所提出的六大行动已经成为自己的品牌。过去也有人提七大行动或是八大行动，这次我们把大家都很熟悉的六大行动的概念进行定义，其排序都做了一个新的梳理。这个“新版”的六大行动是：第一，营造书香校园；第二，师生共写随笔；第三，聆听窗外声音；第四，培养卓越口才；第五，构筑理想课堂；第六，建设数码社区。其中，第四项有变化，我们在“十五”期间称之为“双语口才训练”。第五项关于理想课堂的次序提前了。这个新的设计实际上反映了我们对实验新的思考。前面四个实际上就是所谓的听说读写，这是新教育实验行动内容，后面两个是行动的重要载体：一个是课堂，一个是网络。这样，六大行动的逻辑体系就很清楚了。

一是营造书香校园。以前我们对“十五”期间所提的项目没有做过多的定义。什么是营造书香校园？即通过创设浓郁的阅读氛围，整合丰富的阅读资源，开展丰富多彩的阅读活动，让阅读成为师生最日常的生活方式。

像我们每天吃饭、睡觉、看电视一样，让阅读成为我们最日常的生活方式，进而推动书香社会的形成。我觉得这是这个概念事实上的定义。大家可以看出，我们对这个书香校园的建设应该说有一个比较清晰的认识。在书香校园的建设中，我们已经在开展一系列的活动，成立专一化的团队，来进行阶梯性阅读研究。在过去实践的基础上，在苏州举办了一个研修班，邀请一部分老师对整个阶梯性阅读做讨论研究。专家们指导老师和学校怎样开展阅读活动，怎样进行有效的专一化的阅读。我们的中华经典诵读教材也已经编印，从过去的单行本“升级”为从小学一年级开始一直到初中二年级的每学期一册。希望有条件的实验学校从今年 9 月份开始启用这样的书。此外，阶梯性阅读研究，即研究孩子们能读什么书、怎么开始阅读等，这是以孩子个性为背景的一种阅读活动。阶梯性的书目也会形成“儿童书包”。阅读节日设计方案也已经完善。在今年的孔子诞辰日，我们在苏州召开首届阅读节，活动主要是宣传书香校园（书香社区）的建设，还应包括教师的专业阅读。我们期待着通过一到两年的努力，在书香校园项目上形成非常具体的、可操作的一种新的方式。我相信这是“十五”期间新教育实验非常重要的成果。

二是师生共写随笔。即通过教育日记、教育故事、教育案例分析等形式，记录、反思教师的日常教育和学习生活，促进教师的专业发展和学生的自主成长。

课题组曾对“自主”两个字进行过讨论，比较了好几个概念，最后我们选择了这两个字。为什么？自主成长就是在写的过程中发展。当然，这种形式是完全多样化的——包括师生一起来写故事，写班级的趣事，写学校的活动，写师生情谊。还有教师的读书故事，办公室的成长，专题性的随笔，教学案例，等等。江苏昆山玉峰实验学校的吴樱花老师，她曾为一个孩子写了整整 15 万字的观察日记。这个孩子本来是一个顽皮大王，在老师 15 万字的感动下，他的人生进入了另一种状态，最后他以全市第一名的成绩进入了重点中学。吴老师不仅仅在写这 15 万字的日记，她还给每个孩子写信。课题组会对不同类型的老师，以什么样的写作方式和反思方式，给予有效的指导。我们期望“十一五”期间这个行动有所升华和突破。“共写”的一个很重要的特点是什么，是“共”。“十五”期间我们一直发掘“共”本身的魅力，“写”不是一个目的。在师生互动的过程中，在帮助学生的过程中，教师和学生共同成长，随笔仅仅是一个方式，成长才是我们的目的。教师可以把随笔写在批阅里，可以为每个孩子写信、写贺卡、写观察日记，让师生共同编织有意义的人生。

第三，聆听窗外声音。即通过开展学校报告会，参加社区活动等形式，充分利用社区教育资源，引导学生热爱生活、关注社会，促进学生形成多元的价值观。

在参加社区的各种公益性的活动方面，我们设想在“十一五”期间新教育实验学校对所有的教师和学生全面的设计公益活动。每个学生的学校生活中都必须要有公益活动的积累，必须要关注真实的社会生活，必须要了解这个社会，而不是脱离社会在象牙塔里度过他的学习生活。公益活动还包括利用社区的教育资源来进行学习，让学生热爱社会、热爱生活、关注社会，帮助学生形成多元的价值观。孩子们应当知道，人生任何一个阶段都可以起飞，人生任何一个阶段都可以收获。有关多元的价值观，在此我就不多做阐述了。社区和学校的资源怎样整合，怎么有效地利用，这值得每个教育工作者思考、研究。

四是培养卓越口才。通过讲故事、演讲、辩论等形式，使师生愿说、敢说、会说，从而形成终身受益的自信心、沟通能力和表达能力。

我们这里所说的培养卓越口才，相比以前所说双语口才训练，不仅仅是行动名称的变化。这个变化是出于几个考虑：第一，因为大部分学生，尤其“十一五”期间，我们更多面向农村的学校，让他们进行双语教育是很困难的。而卓越口才则是所有的学校都可以做的。在山西运城的学校里，我们看到孩子们一个个生龙活虎，一个个能说会道，这就多少达到了培养自信心的目标：相信自己，你才会有好的状态。第二，培养卓越口才的另一个重要目标是沟通。不仅要教会说，还要教会我们的孩子、教会我们的老师学会聆听。某种意义上，听比说更重要。有个学者说得好：上帝给了我们一张嘴，却给了我们两只耳朵。让我们学会聆听。聆听是尊重，聆听是学习。有效的聆听才可能让你获得更多的知识信息，才可能让你成为一个受欢迎的人。坦率地说，我们很多人不会聆听，无论是在这样的大礼堂中，还是在小会议室里，甚至只有两个人对话的时候，有些人都显得目中无人，不懂得怎样表达和沟通。我们要把这种沟通能力教给学生。在“十一五”期间，我们将会进行更加系统深入的研究与指导。

五是构筑理想课堂。理想课堂项目启动于“十五”的中后期，是由打造特色学校的项目发展成的。构筑理想课堂，就是通过创设平等、民主、和谐的课堂气氛，通过在人类文化知识和学生生活体验之间形成有机的联系，实现高效的课堂并追求个性的课堂。

课堂也是真实教育生活的一个重要组成部分，这种生活应该是民主的、平等的、和谐的，注重把人类的文化指标体系和学生生活体验有机地联系起来。在提出实现高效的课堂的同时，我们追求个性的课堂，其中有效是基础。课堂是不是有效，是不是有效果，整个课堂是不是在说废话，是不是在浪费学生的精力和时间，这些都是我们必须认真思考的。课堂还应该是和谐的，每个人都有自己对课堂的理解，对自身的理解，对学生的理解，对生活的理解，每位老师都可以演绎属于他自己的课堂。理想的课堂的三个层次：有效课堂，对课堂多元理解的研究，走向个性课堂。个性的课堂是建立在有效的基础之上，是建立在对优秀老师提要求的基础上。我们在“十一五”期间，理想课堂会进一步升华“个性”这个课题的研究。在“十五”期间，我一直感觉这个行动最难，所以最初想绕开。不是说我对课堂不重视，因为任何教育活动如果忽略课堂就永远没有生命力，而是课堂研究有很大的困难。

六是建设数码社区。数码社区是新教育实验与生俱来的内容和特色。利用网络为平台来进行实验、进行课题研究，这方面新教育实验尝试得最早。我们提出通过加强学校内外网络资源的整合，建设学习型的网络社区，让师生利用网络学习和交流。网络不仅用来学习，交流也很重要，在实践中培养师生的信息意识与信息应用能力。网络对于我们每个教师的生存与发展具有非常关键的作用。今天来了两位苏州教师，我想以他们两人为例讲讲。孙惠芳老师与陈惠芳老师是在“教育在线”网站刚刚启动时就加盟的资深网友。孙老师当时已经小有所成，发表过几十篇文章，但是一直不太善于和人交流，发完帖子就走了。陈老师则很会交流，她走进这个社区后，用两年多的时间，写了一两百篇文章。《中国教育报》曾经作过连载，最近她的著作《触摸教育的风景》也出版了。陈老师在教育网站上看帖、发帖，为深入学习，不断利用网络交流，她最后的成就赶超了孙老师。数码社区是虚拟的，同时也是真实的，“教育在线”网站上发生过不少感人的故事。

最后谈谈新教育实验的制度建设。《新教育实验指导手册》昨天刚刚面世，手册对实验的制度做了很严格的规定。“十五”期间，我们没有实现制度化设计的目标，缺乏制度，或者说是没有严格的制度。在“十一五”期间，我们在秘书处的课题审批、课题及课题组成员管理、在实验学校的指导内容、档案整理等方面已经全面形成制度。要组织秘书组的成员全面学习。每个人要严格执行规定，希望实验学校也能全面了解这个规定。我们全国有 13 个实验区，500 多所学校，这么大一个团队，没有一个好的体系和制度肯定不行。如果团队管理跟不上、指导跟不上，将会影响实验的效果与水平，影响实验的进展，乃至于影响实验的声誉。制度化的落实也是“十一五”的重要目标。

“十一五”期间，“教育在线”网站要继续打造好，网站凝聚着新教育人的梦想，要珍惜新教育实验的这个网络平台。希望大家共同来经营，有更多的老师在这里开博客、开专栏。此外，新教育实验在“十一五”期间还有一些公益项目，需要大家认真关注，需要更多的志愿者加入其中。

新教育实验经历了一段不太漫长的发展历程，未来靠大家共同创造。我们有理由相信，在全体教育人的共同努力下，大家能把新教育实验打造成中国素质教育的一面旗帜，打造成植根于本土的新教育学派。

谢谢大家!

（2006 年 7 月于北京清华大学礼堂，第六届新教育年度研讨会）

第五章

共读·共写·共同生活

一、共读共写才有真正的共同生活

每次参加新教育的会议，都非常兴奋，也非常感动。因为我们全国各地的新教育人、新教育学校，每天都在演绎着精彩的故事，而会议上所呈现的故事，真的只是冰山一角。每次参加新教育的会议，我也很困惑、很犹豫：我们的理论研究，我们在实践基础上的提升，能不能适应这样一个不断壮大的团队？能不能适应新教育不断前进的步伐？能不能真正引领新教育人不断地超越？这给了我们很大的压力，所以每次作报告的时候，我都很紧张。

昨天晚上，新教育基金会的理事长王海波先生跟我描述了他在挪威看到的难以忘怀的一幕：卖鸡蛋不用售货员。鸡蛋就放在路边，一边是鸡蛋，一边是放钱的盒子。买的人自己拿鸡蛋，自己付钱，然后就走了。他问了很多实验学校的校长，大家都说这在国内做不到。

王海波先生不是做教育理论研究的，也不从事教育实践，他是个企业家。作为新教育基金会的理事长，他要给周围的人解释什么是新教育。我跟他讲，新教育就是心灵教育，新教育就是让我们的孩子以后当会计不做假账，当医生不拿红包。当然，买鸡蛋自觉付钱，就更不用说了，就是从这些最平凡的日常的生活中开始。

我们一直说，如果真正按照新教育的理念去做，真正让孩子、让父母、让老师、让全社会的人都能够拥有一个有童书伴随的童年，情况就会大不一样。我相信在芷眉（常丽华）老师班上成长起来的孩子今后和其他的孩子可能就不一样。童书是最美丽的种子，童书和其他的书不一样，它没有诲淫诲盗，没有暴力，真善美都藏在其中。《特别的女生萨哈拉》《一百条裙子》《夏洛的网》《爷爷一定有办法》等等，所有童书都传递着真善美的信息。这些信息并不是仅仅让孩子知道而已，它们还是种子，孩子成年以后，他是根据儿童时期接收的信息来建设他的世界的。未来的世界是由今天的儿童建设起来的，因此可以说世界在一定意义上是由童书建立起来的。

所以不要小看童书这个项目，从一开始我们就对此寄予了很大的希望。因为我觉得阅读的问题不是一个小的问题，不仅是一个教育的问题。昨天山西教育厅厅长跟我说，新教育已经不是一个教育的问题，而是一个社会改造的问题。所以我们今天讨论的主题，共读共写共同生活，是一个已经超越了教育的问题。

我们应该庆幸，自己能够身处一个伟大的时代。在这个时代，一个古老的民族再一次走向昌盛。但同样真实的另一面则是：我们刚刚走过的昨天，以及正在被我们抛在后面的今天，都不是完美的时代，而是一个需要我们共同努力来加以改造的时代。

这个带着我们走向伟大未来的时代有许多问题。几乎和所有快速崛起的时代一样，它首先面临着共同价值濒临崩溃的危险。当今的社会没有共同的语言，而没有了共同的语言又怎么可能有共同的理想、共同的道德标准与价值观？

最近，中共中央总书记胡锦涛同志在中央党校的讲话中明确提出："要大力建设社会主义核心价值体系，巩固全党全国各族人民团结奋斗的共同思想基础。"① 再一次为我们敲响了一个警钟：一个民族如果没有核心的价值体系与共同的思想基础，将会面临真正的社会危机。

---

① 胡锦涛：《在中央党校省部级干部进修班上的讲话》，2007 年 6 月 25 日。

此时此刻，一些人在象牙塔里贩卖着陈旧的道德文献，更多的人在大街上、在集市里、在工厂里、在田野上仅仅为生计而奔波，而当他们脱离了贫困线之后，由于惯性，他们也仍然只是一群被饥饿感驱使着追逐面包和金钱的拜金主义者……

把我们凝聚成一个共同体的民族的精魂在哪里？难道金钱就是我们这个时代、这个社会唯一流通的共同语言？

而在我们的学校里，这个本来应该最温馨、最纯真的地方，这个寄托着未来社会的美好、希望的地方，今天它同样存在着共同语言、共同价值和共同道德崩溃的危机。我们无须粉饰，正像整个社会陷于拜金主义的风潮中一样，我们的学校目前正深陷于“拜分主义”和市场主义的陷阱中，甚至我们不能不怀疑，是不是只有分数才是师生之间、家长和教师之间、校长和教职员工之间、学校和社会之间的共同语言。机械的应试教育既毒害了一批批青少年的身心健康，又严重违背了国家和政府关于实施素质教育的政策，更不能为未来的社会造就有创新能力、有公民素养的新人。但是，由于教育的无方向性，由于科举文化与应试教育的惯性，由于没有终极价值的引领，由于长久以来所产生的不安全感和无力感，整个社会和绝大多数学校依然沉溺于其间而无力自拔——这已经成为我们民族的一个潜在危机。因此，我们认为，全社会的核心价值体系与共同思想基础的形成，必须从学校开始。

无论是学校还是社会，我们亟须重建共同的语言，我们亟须拥有共同的价值观，我们同样亟须用真诚的共同行动，来创造共同的未来。为此，我们首先需要拥有共同的历史、共同的英雄、共同的文化符号、共同的心灵密码——也就是说，我们亟须通过共读，通过对话和相互用文字交流（共写），来实现真正的共同生活。

二、过一种幸福完整的教育生活的必由之路

共读共写共同生活，是过一种幸福完整的教育生活的必由之路。

共读，是一个班级、一个家庭、一所学校、一个社区、一个国家乃

至于整个人类通过阅读继承共同的文化遗产，拥有共同的语言和密码，从而能够共同生活的最重要的途径之一。

共写，是指同学之间、师生之间、亲子之间乃至于整个社会通过反复交互的书写，彼此理解，并在不断的自我反思中加深认同，体认存在的过程。

共同生活，是指同学之间、师生之间、亲子之间、社区成员之间，乃至于东西部之间以及所有公民之间，通过共读共写共做（行动）等途径彼此沟通，相互认同，在保持差异性的同时不断地消除隔阂，并逐渐拥有共同的愿景、共同的未来。共同生活的努力，也是整个社会逐渐民主化的过程。

共读共写共同生活，意味着这样一种文化上的努力：即恢复书香传统以及书写传统，在现代生活背景下，通过对传统文明以及人类文明的反思继承，逐渐形成新的价值观，将班级、学校、家庭、社区、国家重新凝聚起来，冲破个人主义屏障，打破人与人之间相互隔离的状态，恢复生活的整体性与人与人之间的联系，从而不断地创造新的更加美好的未来。

新教育实验在共读共写共同生活方面，将作出以下努力：

我们将努力打破教科书和教辅资料一统天下的格局，恢复师生之间、亲子之间的共读传统，为每一位孩子寻找此时此刻最适合他的书籍，让师生、亲子沉浸在民族乃至人类最伟大的作品之中，恢复与传统的血脉联系，恢复师生之间被应试教育异化的密切联系。我们同时期待从书香校园走向一个真正的书香社会。

我们将努力倡导真正意义上的写作，将写作与生活连为一体，并成为反思交流的重要手段。在此意义上，通过师生、亲子之间的相互书写，通过师生、亲子之间的彼此的言语沟通与交流，将彼此的生命编织在一起，从而尽可能地消除隔阂，避免相互对立甚至相互伤害，使人类生活的真正经验能够通过共写（沟通与交流）在彼此之间传递流动。

通过共读共写共做，以及课堂等场合的平等自由的交流，我们希望师生之间乃至于亲子之间，能够拥有真正的共同生活。不但生活在共同的空间里，而且也生活在共同的精神背景下，逐渐疗治被畸形竞争隔开的孤独的心灵，强调人与人之间的合作与和谐。同时，我们也将致力于推动在共读共写背景下的共同体建设，教师之间、学生之间、师生之间、班级之间、学校之间……应该建设更多的基于理解的共同体，从而恢复教育生活的完整性。我们还将通过新教育每月一事等实实在在的共同行动，帮助教师与学生拥有完整的生活。在此基础上，我们将更致力于推进各种学习型组织的建设，并使之成为真正的学习型社会的坚实基础。

三、共读共写共同生活与文化认同

我们倡导共读共写共同生活，首先要解决的一个问题就是我们自身的认同——既包括我们每个个体的自我认同，也包括一个民族的自身文化认同。也就是说，为了使我们的存在充满意义，我们必须回答以下问题：我们是谁？我们从哪里来？我们想到哪里去？但如果不存在一个“我们”，而只有像沙砾一样的一个又一个“我”，那么这些问题就不可能被提及。

如果没有共同的神话与历史，没有共同的英雄与传说，没有共同的精灵与天使，没有共同的图画与音乐，没有共同的诗歌与小说，我们就不可能拥有共同的信仰、共同的道德标准和对未来的共同的愿景，也就没有所谓的核心价值体系和共同思想基础。我们的社会就只是一群乌合之众。

除非我们拥有共同的信仰，拥有共同的英雄与历史，拥有共同的语言，否则社会上的个体往往只是没有灵魂、没有身份的芸芸众生，未来的社会就会成为个人主义猖獗的场所，而不可能成为我们共同的家园。

但是，身为一个中国人，身为由数十个民族组合而成的大中华民族的子孙后代，今天我们却面临着前所未有的茫然：我们从哪里来？我们究竟是谁？我们是不是龙的传人？我们是不是炎黄子孙？我们是不是儒家文化的传人？我们是不是拥有诸子百家和唐诗宋词的伟大民族？我们是不是拥有二十四个伟大朝代的历史？现在，这一切都因为虚无主义、怀疑主义、西方文化中心主义和狭隘的民族主义而遭受侵害。

在民族文化认同上，现在有两种非常有害的极端：一种是彻底地西方化，并把西方化伪称为全球化，把西方的某些价值等同于普世价值。在这种思想的影响下，有人已经不再认同龙为我们民族文化的象征，不再承认我们灿烂的历史和文明是人类的一枝奇葩，这种思想的结果是摧毁了我们共同的文化圈，让中国人无家可归，无从依托，没有灵魂，没有信心。而一个没有民族认同感和自豪感，没有国家认同感和自豪感的人，又如何能够积极地投身于辛苦的事业，为创造共同的未来而付出？与西方化相对的另一种极端的观点则是拘泥于血统的狭隘的民族主义，它否认中华民族是一个不断相互融合的大民族的历史事实，只把历史的某一段当成正统的中国史。这种狭隘的观点又会导致我们的视野与思想的封闭，并且在我们民族内部制造不和谐的声音，让一个共同的家园变成不和谐的古代战场。这两种极端的思想都是有害的，都不利于我们拥有一个共同的未来。

一个人的精神发育史就是他（她）的阅读史。而一个民族的精神境界，取决于这个民族的阅读水平。为了寻找到我们自身，我们需要共读我们的神话与历史。通过共同阅读盘古开天地，女娲造人，后羿射日和嫦娥奔月，精卫填海和夸父追日，炎帝与黄帝的战争与结盟，我们将真正地成为同一个中华民族祖先的文化后裔。

然后，通过阅读希腊神话和希伯来神话，通过阅读世界历史，通过阅读美洲的发现和南北战争解放黑奴的历史，我们了解其他民族所拥有的历史与传说，我们和整个人类的文明在更大的生物圈里融为一体。

四、共读共写共同生活与共同价值

我们曾经有过伟大的共读共写共同生活的传统，千百年来，四书五经这些儒家经典曾经把我们的祖先紧紧地团结在一起，他们拥有完全相同的语言，而这些语言也有着相似的解释：礼、仁、智、义、勇、孝、悌……在对于这些共同经典的解读中，逐步形成了共同的价值体系与思想基础。

而在数十年前，我们还曾有过一个短暂的共读历史，通过共同阅读马克思主义学说，一个民族又一次拥有新的共同语言。

我们提起这些，并不是缅怀失落的过去，更不是提倡大家把四书五经或者某部哲学经典当成是我们这个时代共同语言的唯一来源。只是从历史身上我们不得不看到事实本身：只有拥有共同语言、共同经典的民族才是一个民族共同体，而不是聚焦在一起的人群；只有拥有共同的基本立场与价值观的社会才是一个真正的社会共同体，而不是一盘散沙。

没有共同价值共同愿景的一群人严格来说称不上一个真正的社会，更谈不上是一个共同体，那只能是一群乌合之众。

我们可以来看一下这个“群众”的“众”字，也就是“乌合之众”的“众”字：。在最初的时候，它是一个日字下面的一群人，意味着大家在同一个太阳（象征共同的神话、光辉与价值的太阳）下生活的人群。后面，上面的太阳讹变为“目”字：，再演化为其中的一个“人”在上面：众。“众”字的演变是不是意味着，共同的价值变成了某个个人的意志，人们在这样的意志下会聚在一起？这个只能是我们的猜测，但无论如何，一个称得上真正的“众”的人群是应该有共同的太阳或者共同的英雄的，原子般和沙砾般的个体聚在一起只是一群乌合之众而已。

时代过去了，共同的价值已经不可能再由谁来强制规定。在这样的背景下，我们真的只能听任共同的语言慢慢丧失，听任共同的价值、标准逐渐地从我们生活中消失？听任一个历经苦难而好不容易又开始走向复兴的民族成为一群乌合之众？

是的，许多迹象表明一切并不令人乐观，正如安·兰德所言：“一个人如果不知道人性的伟大为何物，心中也没有具体的形象，那么要保留对生活美好的幻想是很困难的。每天，当你阅读当天的报纸标题时，你会发现自己变得越来越猥琐，距离希望越来越遥远。如果你转向现代文学，想从中找到一些人性美好的东西，却往往发现那里面尽是些从三十岁到六十岁不等的罪犯。”①

但是我们坚信我们仍然大有可为。我们仍然有力量从过去的岁月里、从人类的文明史上、从民族的发展史上找到我们共同的神话、共同的英雄，进而形成共同价值与标准。并用那些高尚的标准来使未来的人们从平庸的偶像崇拜中挣脱出来。

现在，大多数理智的人已经认同自己既是某一民族子孙的同时，也是中华民族的传人。但是，事实上因为另外的因素，我们并没有能够成为真正的承担共同命运的一家人——贫富悬殊，东西部差距的持续加剧，使我们不得不面临一个事实：我们共同的社会已经被偷走了！事实上，我们被金钱所左右，被流俗和传媒所左右，分成了富族与贫族，分成了东部与西部。正是基于这样的事实，党的十六届六中全会提出了构建社会主义和谐社会的问题，希望努力缩小东部与西部、城市与农村的差距。

现在，和世界上其他民族相比，我们整个民族的阅读水平都令人忧虑。有调查表明，我国国民阅读率呈持久下降态势。目前，中国人有读书“习惯”的读者大概只占到5%左右。

在所有阅读匮乏的重灾区中，西部儿童的阅读状况相对是最为恶劣的，引发的问题也更为严重。许多原本善良天真的孩子，在应该大量阅读的时期没有得到阅读的滋养，又过早地步入社会，面对着社会的一些残酷和世俗，善良的天性很快地被扭曲，这其实也是大量“马加爵”涌现的主要原因之一。与此同时，许多西部老师至今还认为读课外书是不务正业，这使本来就贫瘠的西部儿童阅读雪上加霜。

我们想象一下三种未来：

一种乐观的前景，是今天通过父母和当地政府、学校的努力，东部发达地区的儿童顺利地在他们的童年晨诵了许多美妙的诗歌，阅读了许多美妙的童书，写下了他们美丽的童年生活，开展了丰富的艺术、体

① ［美］安·兰德著，章艳译：《通往明天的唯一道路》，桂林：广西师范大学出版社，2004年，第63页。

育、公益活动，在《小王子》《彼得潘》们的保护下，在桑桑和杜小康们的陪伴下，他们成长为未来社会的合格公民；但与此同时，西部的儿童却因为历史的原因，因为经济的原因，因为人们的冷漠与短视的原因，他们的童年没有这些最能够丰富心灵的营养品，没有与同伴或者老师、父母分享和交流的快乐，没有能够愉悦他们身心的活动，而只有凶杀与言情的电视剧，和明星们的绯闻。当这两股潮流在未来的某一处汇合的时候，我们能够想象一个怎样的明天？

还有一种悲观的可能，是应试教育最终战胜了我们的一切努力，在应试教育摧残身心之后，在拜金主义大潮扫荡文化过后，在未来高耸林立的水泥与玻璃大楼之间，虚无的一代将像互不相关的沙砾一样存在于未来。

当然，我们还可以拥有第三种未来，那就是通过新教育人以及所有和我们有相同志向者的卓绝努力，让所有的孩子们共同沐浴于美妙的诗歌里，共同陶醉于神奇的童话里，共同生活在伟大的历史与奇妙的科学世界里，沿着彩色的阶梯而健康成长。我们可以想象一下：一个生长在西部农村，但阅读过《小王子》的男孩长大成人之后，一个生长在乡下偏僻的角落，但画过《一百条裙子》的女孩长大成人之后，当他们来到繁华的大城市的时候，难道会那样简单地因为贫穷而成为马加爵？而更重要的是，未来已经长大了的孩子们，会因为在童年时读过相同的书籍而拥有共同的梦想，拥有共同的语言密码，可以无障碍地沟通，可以真正地生活在同一个社会、同一个时代、同一个世界，从而可以真正地拥有同一个梦想。

是的，未来的孩子——无论是东部的孩子，还是西部的孩子，无论是男孩还是女孩，他们共同的偶像不应该是由小报制造并传播绯闻的明星们，而应该是一个民族以及人类文明史上那些最激动人心的真实英雄与文学形象。他们象征着那种高于金钱的核心价值与目标，而这些，只能通过今天的共读共写，以及今天就开始的共同生活来实现。

五、共读共写共同生活与美好家庭

然而，在今天，不要说整个社会的共同语言已经开始丧失，即使是在同一个家庭里，在夫妻之间，在父母与孩子之间，也一样存在着共同语言沦丧的危险。

前些天，在教育在线网站（www. eduol. cn）上有人转帖了一个10岁孩子的一首小诗：《我们孩子的痛》。这是一个男孩写的一首诗。他叫陈鲁直，今年10岁。全诗如下：

我们这些小学生，
痛苦实在太多太多，
在我们这年头，
光是思维就已被大人侵入。
即使不被侵入，
也已经陷入黑暗。
因一点小错误而挨骂，
因成绩不理想而被斥责。
因想考上好中学而被迫奔波于补习班，
这些都是大人制服我们的军队。
劝告和警告，都是间谍。
优等生是指使它们的统领。
他们用它们来劝我们投降。
打骂更是大人的攻城器具，
这已足以让我们恐惧。
我只是想通过这首诗，
给那些大人提示。
如果你们觉得语言过激，
那我就告诉你一个道理：
当局者迷，旁观者清！

其实，这个孩子也并不是清醒的旁观者，但是孩子毕竟是无辜的，如果成人世界和孩子世界竟然是这样敌对的两个世界，或者父母与孩子只是因为共赴中考与高考的难关而紧紧联系在一起，那么我们确实应该反思，身为父母与家庭的意义究竟在哪里？

克里希那穆提曾经说过，许多父母由于全神贯注于他们自己的问题中，“于是把使孩子幸福的责任推给教师”。的确，许多父母因为生存的压力、工作的压力、住房的压力，把所有的精力都放在了为生计而奔波上，他们对“家”的理解，已经仅仅是宽敞一点的房子和宽裕一点的经济，而把教育子女的大部分任务推卸了出去，交给了学校和家教，甚至听任孩子在社会上、在网吧里不知不觉地接受一种现世的低俗文化和道德教育。而那些重视对孩子进行教育的父母，也仅仅把教育视为提供学业成绩，或者用参加兴趣班、艺体班来提高用来相互竞争的“综合素质”，并没有多少家庭在进行真正的全面的教育。最好的家庭教育，本也应该从“亲子共读”开始，从父母与孩子的分享开始，从父母与孩子的共同活动开始。据调查，能够经常和孩子一起读书的家庭，即使在北京这样文化教育最发达的城市，其比例也不足20%。没有父母与孩子们的亲子共读，孩子们就处于一种人生的盲目之中，他们敏感的小心灵，就非常容易被另外的不良的声音所捕获。

台湾地区的家长们普遍地知道：“浇花要浇根，教人要教心，从小培养儿童对周遭的人和事物要有所感觉、感触、感动或感恩，这是教育的真正本质。阅读对于儿童来说是他生活的一部分，因为阅读使他对事物的看法更精确，因为阅读使他对生活事件更敏锐，因为阅读使他对人与自然产生感情，而对人生才有意义和价值的操持。因此，儿童阅读‘读好书’比‘读多书’更重要，‘如何读’比‘大量读’更重要，‘读适合的书’比‘读好书’更重要，每一个学习的关键期有其适合导引的图书可阅读。”因此，在一定意义上可以说，父母与老师的任务就是选择和导读，而且和孩子们一起来共读，就像哲学大师卡缪说：

请不要走在我的前面，因为我不喜欢去跟随；
请不要走在我的后面，因为我不爱充领导。
我只期望请你与我同行。

曾经读过一首最受美国人喜爱的诗歌之一：

你或许拥有无限的财富，
一箱箱的珠宝与一柜柜的黄金。
但你永远不会比我富有，
我有一位读书给我听的妈妈。

现在，当我们新教育人明确提出“共读共写共同生活”的方法的时候，我们更加深刻地理解了美国人喜爱它的原因。越来越多的事实证明，亲子共读是一个孩子未来的智力发展和人格获得充分发展的必要保证。国外的许多研究也可以看出，有早期亲子共读经验的家庭，儿童的发展与终身的成就，远远超过没有早期阅读经验的家庭。这样的故事，在《朗读手册》中可以随时看到。亲子共读，从科学上来说，就是用最温暖的方法，用最不着痕迹的方法，让孩子掌握“阅读”这种人生最重要的学习武器。而且，因为学会了阅读，他会爱上阅读；因为爱上了阅读，他会在今后的学习上持久地领先，在一生的学习、工作中取得成功。

而比这个更重要的是，通过亲子共读，通过父母亲口向孩子们传递那些最最重要的语言密码，父母与孩子就真正成为了一家人，而不仅仅是生活在同一个房间里的陌生人。

事实上，这样的陌生人家庭在今天的中国大地上已经是如此普及，在这样的家庭里，父母们操着另外一套语言，讨论他们的工资，讨论他们同事的是非和股市的涨落；而孩子们则沉溺于他们的“还珠格格”和“五阿哥”，再大一点，则用的是网络上令成年人完全陌生、惊讶与恐慌的符号与语言。他们完全生活在两个不同的世界里。

这样的家庭发展到了极点，就会出现最大的危机。就在今年 6 月份，广东瑶台一位 16 岁的王姓少年残忍地杀害了自己的母亲，砍伤了自己的父亲。我们无须再去追究这种频频发生的家庭悲剧后面的细微原因，作为一个时代的社会现象，我们不得不认识到，父母与孩子们因为不存在共同的语言，没有相互沟通的心灵密码，已经成为一个时代的危机。

我们一直认为，与孩子一起成长，是家庭教育最重要的理念。克里希那穆提说："正确地教育我们自己，非常重要。关切我们自己的再教育，远比为了孩子的未来幸福和安全焦忧来得更迫切。"① 而恢复亲子共读传统，在家庭中实现共读共写共同生活，是实现每一个家庭的幸福生活的可靠途径。我们应该提倡从"亲子共读"开始，从每一个家庭开始，来真正实现一个民族复兴的希望，一个拥有共同价值与理想的未来社会的希望。而亲子共读的父母们，他们本身又需要我们教师——教育的专业人士——去加以引导。学校应该成为社区的文化中心，学校应该领导父母一起来实现对青少年的教育。

六、共读共写共同生活与校园文化建设

令人遗憾的是，因为没有对经典的共同阅读，因为没有师生之间真诚的共读与对话，因为许多教师自身没有把阅读当成一生学习的重要途径，因为没有学生与学生、学生与教师、教师与教师之间真正意义上的共同生活，许多学校不要说成为社区的文化中心，甚至已经沦为精神与文化的荒芜之地。

在 20 世纪初，我们曾经有过一个短暂的名校林立的辉煌。当时有两所著名的基础教育界的名校：北有南开，南有春晖。这是怎样的两所学校，他们有什么值得我们今天学习？我们不妨来看一下南开的校歌和

---

① ［印］克里希那穆提著，张南星译：《一生的学习》，深圳：深圳报业出版社，2012 年，第 43 页。

春晖中学的毕业歌：

“渤海之滨，白河之津，巍巍我南开精神，汲汲骎骎，月异日新，发煌我前途无垠。美哉大仁，智勇真纯，以铸以陶，文质彬彬。渤海之滨，白河之津，巍巍我南开精神。”（南开校歌）

“碧梧何荫郁，绿满庭宇。羽毛犹未丰，飞向何处?！乘车戴笠，求无愧于生。清歌一曲，行色匆匆。”（春晖中学毕业歌）

我们已经无从领略当年的大师们、当年的学子们在这样的歌声中，在那样的校园里是如何孜孜于学习、汲汲于真理的。但是，我们依然可以从这样的歌词里感受到对历史和民族的虔诚，感受到超越小我与现世的那种大气磅礴。

有那样的大师存在，有那样的人生导师和莘莘学子共读经典，指点江山，激扬文字，那么一所小学、一所中学就是真正的大学；反之，今天的大楼耸立的大学校园里，却因为丧失了拥有高尚操守的大师，也仅仅只是面积大、人数多，而不再是大学之大。

缅怀过去，只是想追寻一个问题的答案：我们如何让学校重现魅力？如何让学校再次成为社会的文化中心、文明中心、创造中心？如何让在其中生活、在其中度过青春和一生的师生们过上一种幸福完整的教育生活？而不是一手交钱一手交出答案与分数的知识贸易市场，更不是恩格斯曾经抨击的智慧与心灵的屠宰场。

答案很显然，通过建造高楼，通过张贴广告，我们无法让学校成为我们想要的文化策源地、文明的焦点；甚至通过高价引进名师也不一定能够实现此目的。而即使因为极高的升学率成为令世人瞩目的“高分名校”，我们也依然无法认可这是一个为实现我们上述的理想而努力着的理想之地。

学校应该“相信教师所从事的事业不单纯是对个人进行训练，而是形成正常的社会生活”[1]。学校应该认识到工业化的发展和城市中心的

---

①［美］劳伦斯·艾·克雷明编著，赵祥麟译：《杜威教育论著选》，纽约：哥伦比亚大学师范学院，1959 年，第 32 页。

扩展破坏了人们的集体感，使人与人之间相互疏远，而抗拒这股潮流是学校义不容辞的职责。

而要实现这个目的，其中重要的一个方法就是“共读共写共同生活”。通过师—生（子女）—父母的共同阅读，对社会重大问题的共同关注与探讨，来制造相互依赖感和建立合作的精神。正像新教育实验“毛虫与蝴蝶”项目中所呈现的故事，尤其是常丽华老师的故事中所呈现的那样，通过与更多的家庭共读一本书，共同思考一个社会问题，父母的视野会逐渐地从自己的子女身上，扩展到整个共同体的命运上。这样，原本单纯地相互竞争的家庭，就成了一个大共同体中一道学习与生活的合作者，成为了真正意义上的“一家人”。

“教育在线”的老网友看云（薛瑞萍）老师有一本书非常有名，书名叫《给我一个班，我就心满意足了》。这是一个令人遐想的好书名，在这句话里有着相当的气度，只有既像一个传统的农民那样朴素地对待教育，又像一个现代的艺术家那样充满创造性地对待自己的职业，才能说出这样的话来。而只有与自己的学生一道晨诵美妙的诗歌，一道阅读经典——中国的经典和世界的经典，一道编织有意义的生活，一道经历生命中的悲喜，才能够真正地拥有一个班，就像拥有一块辽阔的土地，一段永恒的历史。

不像许多抱怨社会环境、抱怨学校环境的老师，我们欣喜地在“毛虫与蝴蝶”项目中看到了许多像常丽华老师和看云老师这样把自己生活的乐趣和孩子们一生的命运联系在一起，视为自己的职责所在的老师。我相信，他们才是我们民族真正的希望所在，是我们教育的希望所在——因为他们坚持用朴素的岁月来进行共读共写共同生活，因为他们的共读，已经将书本与自己的生命、与孩子的生命，并进而将自己的生命与孩子的生命，将那么多家庭的命运紧紧地凝聚为一个共同体。

“给我一个班我就心满意足了”的另一面是：我的班级我来承担！

老师们，孩子们今天的幸福、明天的命运，整个社会未来的可能性，全掌握在你们的手中。让知识焕发出它无穷的魅力，让课堂焕发出自主、对话的生命力，让诗歌和书籍成为我们共同的语言与密码，你们要相信，在这样的努力中，我们在开创一个真正令人向往的未来。

七、共读共写共同生活的理论基础

但是，仍然会有许多教师担心：共读共写共同生活听起来很美，只是，没有了分数我们无法生存啊。只有等到我们拥有了分数，或者说闯过了分数关，我们才能够来共读共写共同生活啊。

为了回答这个问题，我们不得不从社会学和教育心理学的角度来进一步考察"共读共写共同生活"的意蕴。也就是说，我们需要从"伦理上规定应该怎样做"与"依据学习规律怎样做更有效一些"这两个方面来分析这句话。这其实也正是"共读共写共同生活"的理论基础。

从这两点来考察，我们可以先简单地给出一个结论：从教育的正确目的（为了国家与社会的，为了全人类与未来的，为了个人的真正发展与幸福的）来看，教学本该是在共同生活的过程中授予学生知识的过程而不应该只是授予一个个体在竞争中获胜的知识；从哪一种学习最符合心理学规律（也就是学生的认知规律或者学习的规律）中能够取得长久的学习效果的角度来看，以共读共写共同生活为背景的学习，将学科知识与更宽广的背景相结合的学习，是最能够持续发展的学习。

正如杜威所说："人们因为有共同的东西而生活在一个共同体内……为了形成一个共同体或社会，他们必须共同具备的是目的、信仰、期望、知识——共同了解——和社会学家所谓的志趣相投。""人们住地相近并不成为一个社会，一个人也并不因为和别人相距很远而不在社会方面受其影响。一本书或一封信，可以使相隔几千里的人们建立起比同住一室的住户之间存在的更为紧密的联系。"①

只要一个社会不想因为培养个体残酷的竞争力而使社会充满冷酷和暴力，而想在竞争和合作之间形成一个平衡，形成一个拥有共同愿景与

---

① ［美］杜威著，王承绪译：《民主主义与教育》，北京：人民教育出版社，2001 年第 5 版，第 9 页。

语言的有机共同体，那么家庭与学校中的“共读共写共同生活”就值得我们大力提倡。

而在更高的哲学与人类学的层面，我们提倡“共读共写共同生活”有着更为深远的意义。大家都听说过“巴别塔”的神话：最初人类同操一种语言，因此人们语言、思想和情感彼此相通，大家和睦团结地生活在一起，人类的力量因此而越来越强大，于是他们想合力建造一座通天之塔，以便能够重返伊甸园。上帝对人类的力量非常震惊，于是让人类的语言从此四分五裂，各不相通。建造通天塔的计划，于是就因为语言的不通而流产。

这个神话故事用德国哲学家洪堡特的话来说，就是“每一个人，不管操什么语言，都可以被看作是一种特殊世界观的承担者。世界观本身的形成要通过语言这一手段才能实现……每种语言中都会有各自的世界观”。“语言仿佛是民族精神的外在表现，民族的语言即民族的精神，民族的精神即民族的语言。”①

因此，我们首先应该改变一种鼠目寸光的语言观和阅读观，即我们必须要认识到，我们的汉语和汉字，和用汉语和汉字书写的一切作品，它们不仅仅是工具，而首先是我们存在的家园，是我们栖息的大地，是我们的精神用以呼吸的空气，是我们灵魂的家乡，是我们真正的故土、真正的祖国。

现在，因为市场主义与沙砾化个人主义的猖獗，作为存在的共同家园已经被破坏，人们因此无家可归。要重建国人存在的共同家园，重建护佑人之灵魂的精神家园。我们就必须通过共读，通过共写，拥有我们共同的语言与密码，真正地共同生活在同一个学校、同一个祖国、同一个地球。

以上我们是从民族和人类对教育的期望、要求、命令的角度，来探究“共读共写共同生活”的必要性。而且我们如果相信科学，相信心

---

① ［德］洪堡特著，姚小平译：《论人类语言结构的差异及其对人类精神发展的影响》［M］. 北京：商务印书馆，1999 年，第 52 页。

理学的研究，相信人类大量的实践成果，那么我们也无须担心这种“共读共写共同生活”会影响学习质量，因为它是完全符合最新的认知哲学与认知心理学的。其实，国外的大量实证研究和新教育实验学校的许多个案，都已经成功地证明了“共读共写共同生活”的可行性。而昨天常丽华老师以及全国各地大小“毛虫”们的探索，以及那么多家庭的自觉参加，也为“共读共写共同生活”的精彩提供了证据。

人类迄今为止对于学习及其规律最为科学的解释之一，是维果茨基等人的社会建构主义理论。对维果茨基，许多人听说过他的“最近发展区”概念，但是却往往并不了解这个概念的真正意思。一种简单甚至包含着错误的解释是把它比喻为“跳一跳，摘桃子”，因为这个比喻中把“最近发展区”最重要的“学习的社会性”给过滤掉了。用简单的话讲，“最近发展区”就是一个儿童自己单独地学习所能达到的水平，和在教师、伙伴的帮助下（即在共同学习中）所能达到水平之间的落差。也就是说，“最近发展区”这个概念本身，就强调了学习是一种社会活动，是一种特殊的共同生活。

教育心理学经过数百年的努力，逐渐对教学中的学习达成了一些基本的共识，那就是学习同时是对知识的认知过程，是与他人的交往过程，以及是自我经验的建构过程。学习是文化共同体中借助于年长者、已有知识者以及学习伙伴来发展完善自我的过程。

从心理学对学习的理解来看，最好的学习本该是充满着魅力的知识与儿童对话的过程，是年长者与儿童的对话过程，是儿童之间的对话过程，是一个儿童与自己原有经验的持久对话过程。要想取得良好的教学效果，让儿童充分地、深刻地掌握知识，并在此过程中发展正确的社会观，学习本身就该是一个共读共写的过程，是一个共同生活的过程。“这种共同生活，扩大并启迪经验，刺激并丰富想象，对言论和思想的正确性和生动性担负责任。”①

---

① ［美］杜威著，王承绪译：《民主主义与教育》，北京：人民教育出版社，2001 年第 5 版，第 11 页。

把学习视为共同阅读、相互对话以及共同生活的最好范例之一，是伟大的前苏联教育家苏霍姆林斯基。在《给教师的建议》一书中，苏霍姆林斯基根据心理学的研究成果和大量的实践经验，提出了“智力背景”的概念。他说：“必须识记在材料越复杂，必须保持在记忆里的概括、结论、规则越多，学习过程的‘智力背景’就应当越广阔。换句话说，学生要能牢固地识记公式、规则、结论及其他概括，他就必须阅读和思考过许多并不需要识记的材料……如果通过阅读能深入思考各种事实、现象和事物，它们又是应当保持在记忆里的那些概括的基础，那么这种阅读就有助于识记。这种阅读就可以称之为给学习和识记创造必要的智力背景的阅读。学生从对材料本身的兴趣出发，从求知、思考和理解的愿望出发而阅读的东西越多，他再去识记那些必须记熟和保持在记忆里的材料就越容易。”苏霍姆林斯基还从经验中提出了这种作为背景的阅读和作为知识的学习之间的大概比例：3∶1。即“要正确理解一个知识，则需要拥有三倍于这个知识的背景知识。而没有一个可观的阅读量，这一点显然是无法达到的”。[①] 因此，苏霍姆林斯基是最重视阅读的教育家之一。他曾经反复说，无限地相信书籍的教育力量，是他的教育信仰的真谛之一。他甚至认为，一个学校可以什么都没有，而只要有了为教师和学生的精神成长而准备的图书，那就是学校了。

所以苏霍姆林斯基又说：“如果一个人思考过的材料比教科书里要记熟的材料多好几倍，那么再照教科书去识记就不会是死记硬背了。这时的识记就成为有理解的阅读，成为一种思维分析的过程。多年的经验使我深信，如果有意的、随意的识记是建立在不随意识记、阅读和思考的基础上的，那么少年们在学习教科书的过程中就会产生许多疑问。他知道得越多，他理解的地方也就越多，而理解的地方越多，他学习教科

---

① ［苏］苏霍姆林斯基著：《给教师的建议》，北京：教育科学出版社，1984 年 6 月第 2 版，第 9 页。

书的正课就越容易。”①

但是，儿童随意的散漫的没有引领的阅读是危险的，也是低效的，要有效地扩充学生的智力背景，就要教师和父母用共读把最好的书籍带给孩子，并用共写以及主题探讨等方式引领学生的自主阅读。

“毛虫与蝴蝶”项目的研究表明，共读共写共同生活不仅仅是丰富了儿童的智力背景，它还具有非常广阔的社会学意义，以及心理治疗的作用。昨天陈美丽老师的故事证明了共读共写共同生活能够改变学生的精神面貌，进而改变学生对学习的态度、对学校和教师的态度，进而极大地提高学业成绩。而顾舟群老师的故事，则从心理治疗的角度，揭示了这种共读共写共同生活所蕴含的丰富的积极的意义。

是的，“共同生活过程本身也具有教育作用……一个在身体和精神两方面真正单独生活的人，很少有机会或者没有机会去反省他过去的经验，抽取经验的精义”②。

当然，新教育所提出的共读共写共同生活的概念是极为丰富的，它不仅仅只是“毛虫与蝴蝶”项目的一个基本理论，它同时也包括学校内全体教师的共读共写共同生活，因此，它既是一种专业主义的研究方法，也是一种共同体寻找共同语言的途径。当然，这个问题我们将在另外的主题——以教育教学实践为核心的“新教育教师专业发展方程式：专业阅读 + 专业写作 + 专业发展共同体”——中加以探讨。如果说新教育共同体去年提出的“过一种幸福完整的教育生活”是新教育实验的一个使命，一个理想的愿景的话，那么共读共写共同生活则既是实现以上使命与愿景的一个基本原则，一个基本方法。

---

① 魏智渊编著：《苏霍姆林斯基教育学（上）》，北京：文化艺术出版社，2013 年 7 月，第 101 页。

② ［美］杜威著，王承绪译：《民主主义与教育》，北京：人民教育出版社，2001 年第 5 版，第 11 页。

八、共读共写共同生活需要身体力行

虽然“共读共写共同生活”的理念会在全社会的应试喧嚣中显得单薄，但是如果我们不积极、审慎地采取行动，那么人类美好的愿望将永远不会实现，而社会的不公平与冷漠也将永远无法消解。

我们应该牢记一个事实：没有共同意志的民族只是一群乌合之众，他们随时会被其他人征服，或者仅仅是被一些新鲜的词语和肤浅的偶像所迷惑；没有共同英雄与准则的社会只是一个生物智商的角斗场，它不可能为人类带来真正的幸福；没有共同的语言与密码的学校和教室，以及家庭只是一间冷冰冰的房间，生活的丰富性在这里丧失殆尽；没有共同背景的学习只是一个机械的训练过程，它不可能真正实现生命中的无穷可能性。

衷心希望通过“共读共写共同生活”，和与此相关联的新教育实验其他项目的卓绝努力（譬如教师的专业发展，譬如理想课堂的研究等），从我们每一个家庭、每一间教室、每一座校园开始做起，我们民族的梦想，人类的美好梦想都能够在将来成为现实。

衷心希望通过新教育人的身体力行，我们的民族能够在不久之后恢复并长久地拥有“共读”的传统，共写的实践，从而具有共同的核心价值体系与共同的思想基础。我们与孩子之间，我们的孩子之间，在未来能够拥有共同的语言与密码，真正地共同生活在一起。

（2007 年 7 月于山西运城，第七届新教育年度研讨会）

第六章

知识、生活与生命的共鸣

——新教育理想课堂的三重境界

古今之成大事业、大学问者，必经过三种之境界："昨夜西风凋碧树。独上高楼，望尽天涯路。"此第一境也。"衣带渐宽终不悔，为伊消得人憔悴。"此第二境也。"众里寻他千百度，蓦然回首，那人却在，灯火阑珊处。"此第三境也。

——王国维《人间词话》①

老僧三十年前见山是山见水是水。及至后来，亲见知识，有个入处，见山不是山见水不是水。而今的个修歇处，依前见山是山见水是水。

——［唐］青原惟信②

我喜欢深度教学甚于广度教学，喜欢知识建构甚于知识积累，喜欢为求知而求知甚于功利主义，喜欢个性化教育甚于统一化教育，我喜欢以学生为中心而非以教师为中心的教育。

——［美］加德纳③

---

① 陈鸿祥著：《人间词话注评》［M］．南京：江苏古籍出版社，2002年，第76页。

② ［宋］释普济《五灯会元》卷十七。

③ ［美］霍华德·加德纳著，张开冰译：《未受学科训练的心智》，北京：学苑出版社，2008年3月版，第163页。

一、新教育实验为什么关注课堂

过一种幸福完整的教育生活，是新教育人的梦想。

这个梦想能否实现，在很大程度上取决于我们能否拥有一个理想的课堂。因为，在我们的教育生活中，最普通、最日常、最大量的事件发生的时间与空间，都是与课堂有关的。因此，作为学生，如果课堂不能够给他以智慧的挑战、情感的共鸣、发现的愉悦，如果课堂只是让他成为一个容器，消极地接受、被动地应付，他一定不会享受到幸福完整的教育生活。相反，可能会出现王阳明在500多年前所说的“视学舍如囹圄不肯入，视师长如寇雠不欲见”[①]。作为教师，如果课堂不能够让他体验学生对于未知世界的惊奇、对于自己学识的敬佩和对于解决困惑的满足，如果他的生命不能在课堂里发光，他的魅力不能在课堂里展现，他也永远不可能享受幸福完整的教育生活。相反，他可能会到校园以外、课堂以外去追求所谓的幸福，成为“到死丝方尽的春蚕”和“成灰泪始干的蜡烛”，他自己的生命也将黯淡地度过。

是的，课堂对于教师来说，就如田野之于农人、车间之于工匠、舞台之于演员同样重要。所以，新教育实验没有理由不关注课堂、研究课堂。从2002年起，理想课堂的“六度”正式提出；从2004年起，“构筑理想课堂”成为新教育实验六大行动的重要组成部分；从2006年起，“理想课堂”“课堂的多元文化理解”和“风格与个性化课堂”的研究目标在新教育研究中心确立；从2008年起，理想课堂的有效教学框架正式在新教育小学进行田野的探索。一路走来，甘苦心知。今天报告的，是我们的研究团队的初步心得。

① 王守仁著：《王阳明全集》，上海：上海古籍出版社，1992年，第89页。

二、课堂研究的“四种话语”

作为教师，一个问题将伴随着我们整个的职业生涯，而往往是直到我们离开讲台退休时，仍然没能获得一个明确的答复。这个问题就是：怎样的课才是一堂好课？

有时候，课堂上学生喜悦的眼神，课后同事的赞誉把我们推到人生的极乐时刻，让我们获得一种罕有的成就感；但更多时候，我们却深陷于机械、枯燥、刻板以及自我怀疑之中，觉得世界上再没有比课堂教学更难琢磨、更难把握的事情了。我们就像是古老的巫师，有时在课堂上似乎是为了吸引听众而在乞灵于神秘之物。课堂教学的技艺究竟是否存在，如何获得？如果说它是一项技术，为何在师范院校及培训机构，却没有真正能够传授这项技术的教师？如果说它是一门艺术，为何更多的时候，旨在促进生命成长的课堂上，却显得比任何其他人类活动都要更加死气沉沉？

关于课堂教学的研究源远流长。从孔子的“愤悱启发”到苏格拉底的“产婆术”，从夸美纽斯的“班级授课制”到赫尔巴特的“四段教学法”，从泰勒的《课程与教学的基本原理》到佐藤学的《静悄悄的革命》，几乎所有的教育学者都试图破解课堂教学的奥秘，他们的确也为此贡献了许多知识与智慧。而来自理论与实践的探索，则更加汗牛充栋，模式众多。但是，课堂教学依然是教育中的斯芬克斯之谜，大部分一线的老师们仍然没有找到“芝麻开门”的方法。

也是为了解决同样的难题，当代中国的教育界也投入了大量的人力、物力、财力、精力研究与探索课堂教学问题。归纳起来，主要有四种“课堂话语”。

一是“公开课的课堂话语”。近几十年来，中国绝大多数学校的教研活动基本上聚焦于“听课”这种教师课堂行为观察及改进的教研方式上。占据这种教研活动中的课堂话语，它同时也是教育杂志、面向一线教师的各种培训及会议、校际及学区的教研活动上最为流行的课堂话语。这种话语基本上围绕一个焦点而展开，这个焦点就是：怎样在众人面前上出一堂精彩的、动人的、吸引人的好课？

这就是几十年来课堂教学研究的最主要范式，其极端的表现形式，就是舞台上的公开课，即所谓的“课堂表演秀”，就是那些最优秀的特级教师，他们日常的课堂教学，也是与公开课迥异的。

公开以便观摩的课堂，是教学行为得以研讨的前提，也是年轻教师走上讲台最好的范例。事实上，这种公开的观摩活动，对中国广大教师的课堂教学影响极大，其积极意义不容否认。但是，大家也都清楚一个事实，就是这种课堂话语中所探讨的，并非是一般意义上的教学内容；研究指向的，并非是普通的、日常的课堂教学，而只是特指优质课比赛、公开课展示所需要的那种特定的课。如一位老师坦诚地认为“选公开课，第一感觉最是要紧；没感觉的课文，千万碰不得”—也就是说，为了上好这种课，教材是特选的，课堂教学流程是反复演练的，现场效果被提高到至高无上的地步。

也就是说，90% 的教研活动，是用于研究几乎只占 1% 的特殊课——每位老师每个学期上一堂公开课，这堂课与日常教学关系并不大，日常的课堂教学，事实上并未按照这种公开课的模式在进行。同时，由于公开课大部分是名师执教，精心打造，让大部分教师觉得无法学习、无法模仿，教学的自信因此也受到毁灭性的打击。也因此，“日常课堂教学究竟如何操作？”“怎样真正有效地提高教育教学质量？”这些问题就被简单粗暴地斥为应试教育，推下了桌面，只能成为一种潜话语，形成了“明说优质课、暗搞题海战”的潜规则。

二是“面向应试的课堂教学话语”。在公开表演课占据公开的、桌面上话语的同时，以面向应试、题海战术、“立竿见影”的话语成为更日常、更普遍的学校课堂教学事实话语，成为真正统治课堂教学的“潜台词”与“潜规则”。这套从来没有在杂志上公开宣告自己的话语，事实上每一个教师都心知肚明，虽然几乎没有人会公开宣称它的合法性。由于它的可操作、易模仿、见效快等特点，造成了目前客观存在的“素质教育轰轰烈烈，应试教育扎扎实实”的格局。

显然，以上两种课堂话语，都不是我们今天所要讨论的，也不是我们想要的构筑理想课堂的话语。值得关注的是，最近几年里，有两种新的课堂教学话语正在被越来越多的学校及教师所接受。它们分别是以洋思—杜郎口为代表的民间校本课堂改革话语，和以叶澜、钟启泉、王荣生、顾泠沅等人为代表的“课程理论＋实验”的学院派课堂教学话语。

三是“民间校本课堂教学话语”。继承公开课所想解决的疑难问题，洋思、杜郎口等学校的课堂改革话语，主要着力点，仍然是课堂程式的改革，但这次他们想改变的，不是少数的某一课，而是每一堂课。改革者试图通过课堂教学流程的最优化，让所有课堂、所有学科取得显著的成效。这种课堂教学改革的势力目前堪称一股热潮，而且因为从教师的表演，改变为学生的学习；从少数课的卓越表演，改变为追求每一堂课的实效，它已经取得了令人瞩目的成就，值得我们关注，并致以敬意。但是，由于这种民间的校本课堂话语，相对缺乏深度理论的支持，缺乏真正的教师专业成长路径，很难有持久的生命力。

四是“学院派课堂教学话语”。继承几十年来的课堂教学理论研究，参照国外的课程及教学理论，许多学院派研究者，如叶澜、钟启泉、顾泠沅、裴娣娜、王荣生等，已经更为密切地参与课程开发、参与校际教研、参与关于课堂实践的对话，这些理论话语通过大量的国外著作的翻译、通过新课程改革的契机，更通过一些优秀研究人员的身体力行，也正在逐步地渗透到学校的课堂上。但显然，这种话语是以上几种课堂话语中最为复杂的，对一线老师而言，是较难理解与掌握的。就目前的实际占有率来看，也是最低的。但我们可以乐观地推断，因为这种话语的历史深度，以及科学的态度，它或许是生命力最为持久的，并能对明天的课堂教学产生深远影响的。

综述以上四种话语，是想对于此刻正在言说的新教育课堂话语做一个自我定位。新教育实验中构筑理想课堂的话语，就是对以上四种话语的研究性理解、批判性吸收、创造性调和的建构。

——它想要拥有公开优质课的课堂活力，但更想让活力呈现于日常的课堂中；它想拥有应试课堂话语同样想要的成绩，但希望是以一种人性的、人道的、科学的方式来实现；它想像洋思—杜郎口等民间校本课堂改革话语一样，是简明的、基于自身的，但也希望它是能够经得起学理解释的；它同样希望它是能够被高度理论化的，但更注重应用于实际的课堂上的。

——它并不是想确立自诩为终极真理的宏大叙事与唯一叙事，而希望成为当代众多课堂实践探索中的一支，形成一种自我理解、自我反思与不断修正、逐步完善的关于课堂教学的话语。

当然，理论必须认识到它自身的局限，最终实际决定今天和未来课堂的，仍然不可能是理论的正确与先进，而是全社会的教育素养，是父母们、教育局长们和市长、部长们的意志，是教师的个体知识，是各个学校的历史与氛围。新教育关于理想课堂的探索与言说，只要它不想迎合市场主义，不想迎合应试大潮，不想打出一个哗众取宠的招牌以吸引盲目的人群，它就必定更多地属于未来。而且这一点，也还依赖于它自己在时间中的成长。

三、理想课堂第一重境界：落实有效教学框架
——为课堂奠定一个坚实的基础

新教育理想课堂的第一重境界：落实有效教学框架——为课堂奠定一个坚实的基础。

长期以来，人们总希望能够有一个教学的框架或者模式，来规范课堂教学，提高课堂教学的效率。从赫尔巴特的“明了、联想、系统、方法”的四段教学法，到杜威在《我们怎样思维》中提出的五步设计教学法，都体现了这样的努力。而 1996 年达尼尔生（Charlotte Danielson）出版的《教学框架——一个新体系的作用》则把这种努力发挥到极致。他根据美国对于新教师专业化评价中的课堂运作评价要求，设计了一个包括 4 大板块、22 个成分、66 个元素的教学体系。

问题在于，关于课堂一直存在着这样的一个悖论：一方面，形形色色的课堂模式层出不穷；另一方面，这些模式都是高度个性化，它们既

不能被移植到另外一个成熟教师身上，也不能成为大家理解、讨论课堂所共用的基础语言。也就是说，教师们缺乏一个关于课堂的公认的结构，一个能够反映、帮助理解课堂上教师之教与学生之学的结构，这个结构既可以帮助我们有针对性地描述课堂，又可以帮助我们反思课堂、讨论课堂，也因为这一公共课堂话语的缺失，在进行课堂评议时，往往参与者自说自话，各执一词，用不同的词典解释着同一堂课，最终无法通过有效的对话，达成对教学行为的进一步认识。

尽管提出框架或者模式是一件困难的事情，而且前人已经做了那么多的努力，新教育实验仍然认为有重新梳理与研究的必要，因为，这往往是课堂教学研究的起点。我们希望，新教育有效教学的框架，首先可以视为我们的一个理解课堂的工具。“新教师可以把它作为‘地图’来引导自己穿越最初的教学迷径；有经验的教师可以把它作为‘支架’以使自己的工作更有效率；大家可以借助它作为‘工具’，努力改善教学。”[①] 它既可以提醒上课者关注一些重要的课堂元素，以确保有效教学，也可以提供参与课堂观察的教师一个观察课堂的框架，以发现并在同一话语体系中讨论一堂课的优劣得失之处。

在研究中，新教育理想课堂研究提出了自己的课堂有效教学框架最简表达式：

<table>
<tr><th colspan="2">教学板块</th><th>要素</th></tr>
<tr><td rowspan="7">教学目标</td><td rowspan="3">确定教学目标的依据</td><td>理解并表述课程标准的相关要求</td></tr>
<tr><td>理解并表述教材及单元要求</td></tr>
<tr><td>前测并表述学生对此知识或主题的原有认知</td></tr>
<tr><td rowspan="4">对目标的评估</td><td>表述时的清晰、明确、单纯</td></tr>
<tr><td>教学内容上的准确性</td></tr>
<tr><td>三维目标（目标三维）的分解与整合</td></tr>
<tr><td>是否具有平衡性与可变性</td></tr>
</table>

① 夏洛特·丹尼尔森著：《教学框架——一个新教学体系的作用》，北京：中国轻工业出版社，2005 年 2 月第 1 版，序言。

教学板块		要素
教学策略	策略要点	教学资源选择，适度整合进具体教学
		设计具体教学环节（流程）
		单个学生在整个过程中的学习清单设计
	对策略的评估	是否将主要时间集中于重要目标的达成上
		是否有冗余的环节
		是否巧妙、机智、有效激发学生
		具有可变性及变式，以及课堂上的实际应变
教学管理	量化内容	学生参与度及练习面、练习量
		课堂纪律控制
		学习小组管理及个别学生辅导
	质性内容	教学语言（准确、简洁、明晰、激情）
		课堂节奏及流畅性、清晰性和丰富性
		课堂互动、对话的有效、平等、安全、指导性
		学生情绪及求知欲
教学评估	课堂随机评估	对学生发言等学习行为的即时反馈
		对学生情绪、学习态度的即时评价
	作业设计	与目标的吻合度
		是否能发现或构成认知冲突形成真正的学习
		准确性、平衡性、多样性

上述新教育有效教学框架需要比较长时间的思考与实践才能细化深化，为了研究的便利，我们采取了更加简洁的框架在新教育小学进行了实验。这个框架可以用下表呈现：

教学目标	A 类 （即基础性目标，有为核心目标搭梯的知识，有必须解决的障碍性知识。）
	B 类 （即教学核心目标，即课堂重点教学的内容，一般为单元所规定的知识与技能。）
	C 类 （附着性目标，即延伸性目标。一般而言，思想、情感、价值观属于此类目标。）

预习作业	（预习是学生唯一的独立学习的机会，学生最终的学习能力体现于预习的水平上。所以，预习作业要全面地针对教学目标，而不仅仅是为教学做一些基础准备。）
教学板块 （注明各板块解决目标序号及所用时间。）	学生课堂练习单 （一个学生在课堂上的所有学习行为。）
第一板块— （此部分一定要以教学板块的角度来叙述，不能是教材及教材解读，而应该清晰地写出教学组织的策略及过程。 在每一大板块及核心部分的不同小板块叙述后，注上本板块解决目标的序号及所用时间，如：目标 A 2 ~3 分钟。）	（此部分务必要以一个学生的角度来描述他的课堂学习行为，如听老师讲、进行小组交流、齐读课文、参与讨论、思考某问题。但不能将要达成的目标及内在的感受放在这里，因为这些并非直接的学习行为。）
第二板块—	
第三板块—	
第四板块—	
课后反思：	

以下是对上表的简单解说：

教学目标

事实上，教学目标并不属于课堂教学程序的范畴之内。它源于课程之整体及具体教学内容，是课堂之统率、之号令。一堂课确立怎样的教学目标，是一个极为复杂的课程问题。虽然从杜威的教育思想来说，从较长的时间来考察，教育目的只能涌现、形成于教育过程之中，但是，就具体的一堂课而言，教学目标是能够、也应该获得清晰的界定的。

近来有一个流行的说法，叫作“生成”，它的意思似乎是说，新课程理念倡导不确立固定的教学目标，在教学过程中如果能够并修改预定目标，随机出现新的目标，这是一种比实现预定目标更为优质的教学。很显然，这个观点是过于偏激的，也是对新课程及教学目标的一种误解，它将明确的教学目标，与灵活的教学策略及动态形成的教学过程这三者混淆在了一起。

就教学目标而言，我们不得不承认，后现代课程观在此方面未能有实质性的建树，而受到后现代课程观批判与质疑的泰勒课程范式，是开发课程迄今为止最成功的范式。泰勒曾经指出，以教师开展的活动为形式来陈述目标是非常困难的，因为“没有办法判断这些活动是否确实应该开展。它们并非教育计划的最终目标，因此也就不是真正的教育目标”①。泰勒认为，陈述教育目标最有用的形式，是“既指出应培养学生的哪种行为，又指出该行为可运用于哪些生活的领域或内容中”②。

一般来说，在所有学科的教学中，我们都会遇到一个三维度的教学目标，这就是新课程理论已经阐述的三维目标。

第一维目标：知识与能力目标。主要包括人类生存所不可或缺的核心知识和学科基本知识；基本能力——获取、收集、处理、运用信息的能力、创新精神和实践能力、终身学习的愿望和能力。

第二维目标：过程与方法目标。主要包括人类生存所不可或缺的过程与方法。过程，指应答性学习环境和交往、体验。方法，包括基本的学习方法（自主学习、合作学习、探究学习）和具体的学习方法（发现式学习、小组式学习、交往式学习……）。

第三维目标：情感、态度与价值观目标。情感不仅指学习兴趣、学

---

① ［美］泰勒著：《课程与教学的基本原理》，北京：中国轻工业出版社，2008 年 3 月，第 38 页。

② ［美］泰勒著：《课程与教学的基本原理》，北京：中国轻工业出版社，2008 年 3 月，第 40 页。

习责任，更重要的是乐观的生活态度、求实的科学态度、宽容的人生态度。价值观不仅强调个人的价值，更强调个人价值和社会价值的统一；不仅强调科学的价值，更强调科学价值和人文价值的统一；不仅强调人类的价值，更强调人类价值和自然价值的统一，从而使学生内心确立起对真善美的价值追求以及人与自然和谐和可持续发展的理念。

三维的课程目标应是一个整体，知识与技能、过程与方法、情感态度与价值观三个方面互相联系，融为一体。在教学中，既没有离开情感态度与价值观、过程与方法的知识与技能的学习，也没有离开知识与技能的情感态度与价值观、过程与方法的学习。

以上文字，基本清晰地解说了课堂教学的三维目标，强调了三维目标的整体性、同一性。

而新教育有效教学框架，将在此理解基础上，在具体操作上将目标分为层次井然的 A 类（基础性、阶梯性目标）、B 类（核心目标）和 C 类（附着性、拓展性目标），则是为了让授课教师更清晰地把握课堂的方向与任务，不笼而统之地将宽泛的教育目的袭用作具体的教学目标。这一区分，从某种意义上，既是为了突出 B 类目标，即核心知识，又是为了把与文本及教学过程相关的思想、情感类目标，放到一个合适的位置。既不否定这一类目标，又不冲淡知识、能力教学。具体而言，这三类教学目标可以表述为——

A 类基础性目标，有为核心目标搭梯的知识，有必须解决的障碍性知识。

B 类教学核心目标，即课堂重点要教学的内容，一般为单元所规定的知识与技能。为解决某类问题而开发的方法，与知识一样，往往是课堂教学的核心教学内容。

C 类附着性目标，即延伸性目标。一般而言，思想、情感、价值观多属于此类目标。

预习作业

如果说教学目标本该是一切课堂教学的统率性概念，那么对预习的重视，以及对预习这一学习活动的特殊处理，可以视为新教育有效教学框架的一个特色。

“多元智能理论之父”加德纳曾经提出过一个非常值得思考的现象：有些年幼的孩子很容易就学会语言这样的符号系统和音乐那样的艺术形式，他们也能够发展出有关宇宙或心智等比较复杂的理论。但同样是这些孩子，却往往在进入正式学校后会遇到极大的困难。生命中头几年在家里或周围环境中所发生的自然普遍的直觉学习，和这个文明世界所要求的学校学习，似乎是那么不同。① 加德纳的观察告诉我们，不应该忽视学生的自我学习、自我发展的能力与潜力。而预习，恰恰是学生自主学习与自我发展的最好路径。洋思与杜郎口的实践，也充分证明了这一点。

新教育理想课堂项目研究组认为，预习甚至是学生唯一的独立学习的机会，学生最终的学习能力，可以体现于预习的水平上。为此，预习作业要尽可能全面地针对所有教学目标，而不仅仅是为课堂教学做一些准备工作。也就是说，要将预习视为学生独立地完成某个学习任务，而课堂教学，则是对独立学习的效果的检测、修正与提升。基于这一理解，在有效教学框架中，预习就成为培养学生独立学习的必不可少的环节，而预习作业，也就不再只是体现 A 类教学目标的铺垫性工作，而应该是同时涉及 B 类目标和 C 类目标的对知识的完整的学习。

也就是说，通过预习作业，通过定向的预习，学生要完成对学习材料的全面的独立学习。在此基础上，当他走进课堂的时候，是一个已经完成独立学习的个体，而课堂，也就不再从零开始——这种从零起步开始的弊端显而易见，这就是要么学习速度快的同学甩下速度慢的同学，而他们的学习掩盖了相当部分同学来不及独立学习这一事实；或者为照顾速度慢的同学完成独立学习，课堂不得不一再停顿，从而让学习速度快的学生效率低下，得不到真正发挥。而完备的预习，也就是要求学生依据自己的速度及特点，完成独立学习。因为预习的改进，课堂教学也

---

① ［美］霍华德·加德纳著，张开冰译：《未受学科训练的心智》，北京：学苑出版社，2008 年 3 月，第 3 页。

就有了一个全新的起点，那种教师掌握着真理，学生没能掌握足够信息，于是只能被动聆听与接受的局面就将被完全打破。在这个意义上说，预习是真正的自主学习，是学生构建新知的过程。

个体学生学习清单，教学板块

与完备的预习作业一样，课堂上个体学生的学习清单，也是新教育有效教学框架的一个特色。

在传统教案中，无论是详案还是简案，书写的只是教学中教师教的部分，包括所教知识的内容，以及上课的基本流程。但是如果我们认为学习是学生的学习，每个学生都必须经历一个完整的、清晰的学习过程，每个学生都必须拥有一个目标明确的训练，而教学目标事实上不是一个集体的目标而是每个学生都需要在一定程度上达到的目标，那么像上述这种只写出教师行为的教案，就会将课堂教学中最重要的事情——每个学生的学习——忽略不计。

所以，将个体学生的学习清单单独列出来，让每个教师在思考教学的时候，就明确这一点、强调这一点，并在课堂教学上确保这一点，即确保每个学生拥有足够的、完整的、有序的训练，事实上也就是重新确立了“教”为“学”服务，把学生的学习视为课堂的真正核心这一教学思想。

在新教育有效教学框架中，在小学阶段，这个个体学生的学习清单出现在备课纸的右手栏上；在中学阶段，这个个体学生的学习清单出现在备课纸的左手栏上。这意味着在小学阶段，教师直接组织教学，带领学生展开教学活动仍然是课堂教学活动的主导行为，而随着年级递增，学生的自主学习能力越来越强，个体学生的学习就越有可能自主实现，也越有必要放手让学生去自主学习、自主交流。

而在教学板块部分，新教育有效教学框架又要求课堂能够清晰地划定为若干板块，并在每一大板块及核心部分的不同小板块叙述后，注上本板块的要解决的目标序号及可能所需时间。在此部分一定要以教学板块的角度来叙述，不能只是重复教材及解读，而应该清晰地写出教学组织的策略及过程。很显然，效率是这一部分的关键词，在讲究必要的节奏、方式的灵活多样的基础上，让每一分钟都有所计划，都不被老师随意的、漫不经心的讲解所取代，而是明确地指向学生学习目标的达成，这就是有效教学的一个“不近人情”的规定。

很显然，左右手栏是相互关联的，从学习的本质来讲，教学板块栏，是服务于个体学生学习清单栏的，而从课堂教学作为一个集体活动的角度来讲，教学板块栏又是课堂上的主要线路。事实上，它们是同一个流程的两个侧面。理解了这一点，那么任何形式的书写都将能够体现教学的本质。

我们可以用下面两节日常课堂教学的备课与观课样表，对新教育实验的理想课堂有效教学框架进行进一步的理解。

新教育有效课堂备课样表

<table>
<tr><td colspan="2">课题：少年王冕（五年级语文）　　　　　　　　　课时：2</td></tr>
<tr><td rowspan="3">教学目标</td><td>A 类：
1.掌握耽、秦、莹、媚、载、冕、腌、攒这八个生字的音形义；
2.掌握课后练习三中的几个词语，读正确，理解其义，能初步使用；
3.能流利地朗读课文，背诵第 5 自然段。</td></tr>
<tr><td>B 类：
1.学习小说中人物的语言，揣摩人物语言的“言下之意”；
2.学习依据文本，尤其是文章中的主要事件、人物在事件中的选择与言行，来分析人物形象。</td></tr>
<tr><td>C 类：
感受并学习王冕的孝敬母亲、勤奋学习、自强不息和创造力。</td></tr>
<tr><td>预习作业个体学习方案</td><td>1.学习并掌握耽、秦、莹、媚、载、冕、腌、攒这八个生字。
2.掌握课后练习三中的几个词语，读正确，能用它们造句或说话。
3.熟读课文，读正确流利，试背第 5 自然段。想一想，第 5 自然段共讲了几句话，分别讲了哪几层意思？
4.思考：王冕说自己在学堂里闷得慌是不是谎言？为什么？
5.课文讲了王冕的哪几件事？王冕在这几件事里有什么表现？（把重要的表现用铅笔画出来）这些表现分别体现了王冕是一个怎样的人？</td></tr>
</table>

教学板块	学生课堂练习单
第一课时 一、掌握生字词语。约 10 分钟；A 1. 听写生字（填空）： 王（　）十岁的时候，因为家境贫困，母亲让他到 ______ 的（　）家去放牛，挣些零钱 ______家用。他放牛时经常带着书，这样不因为劳动而______了自己的学习。他还把秦家给他吃的（　）鱼腊肉之类的好东西，带回家______母亲。有一天，他看到雨后______的阳光下，荷花缀着______剔透的水珠，妩（　）极了。就用积（　）下的钱去买了颜料，开始自学画画。不久，他的画就受到了人们的欢迎。三年五（　）之后，他成了当地有名的诗人和画家。	填空。 相互检查。 订正错误。
2. 用下面的词语说话（尽可能表达自己生活中的人与事）： 耽误 贴补 高手 牵挂	听同学造句，参与讨论词语的正确使用。
二、逐节朗读课文，并具体分析每一段文字所带的基本信息。25 分钟；A 要求读准，读流利。	朗读课文。 有时集体读， 有时聆听同学读。
每一段除要确定王冕年龄外，还要说说，通过这一段文字，你获得了什么信息。其中王冕言行中的行，需要归纳（即做什么）。A | B	

段	王冕年龄	读到信息	王冕言行
1			
2			
3			
4			
5			
6			
7			

（右栏：填左表。参与讨论。修改表格的填空内容。）

教学板块	学生课堂练习单
三、作业。5 分钟 整理课堂学习成果。订正错误。完整表格。继续朗读及背诵。 用练习三中的词语造句（表达自己生活中的情景，不得重复课堂上的造句）。	见左。 集体朗读。

<table>
<tr><th>教学板块</th><th>学生课堂练习单</th></tr>
<tr><td>第二课时
一、朗读课文。思考并讨论：课文主要讲了王冕的哪几件事，他在这几件事中分别有什么表现？这些表现能够看出他是一个怎样的人？10 分钟；A | B | C
（在预习的基础上，小组合作讨论）
在此同时，完善上次的表格：
<table>
<tr><th>段</th><th>年龄</th><th>信息</th><th>王冕言行</th><th>相关品质</th></tr>
<tr><td>1</td><td></td><td></td><td></td><td></td></tr>
<tr><td>2</td><td></td><td></td><td></td><td></td></tr>
<tr><td>3</td><td></td><td></td><td></td><td></td></tr>
<tr><td>4</td><td></td><td></td><td></td><td></td></tr>
<tr><td>5</td><td></td><td></td><td></td><td></td></tr>
<tr><td>6</td><td></td><td></td><td></td><td></td></tr>
<tr><td>7</td><td></td><td></td><td></td><td></td></tr>
</table></td><td>参与讨论左问题。

填写左表。</td></tr>
<tr><td>二、重点语段学习一：王冕决定离开学堂去放牛。10 分钟；B | C
主要是王冕语言的揣摩：王冕说：“娘，我在学堂里也闷得慌，不如帮人家放牛，心里倒快活些。这样可以贴补些家用，还能带几本书去读呢。”
可设问：王冕说的是不是谎言？为什么？从中可见王冕是一个怎样的人？这一品质，你还可以从文章中的哪些语句里感受到？</td><td>朗读。
揣摩语气及心理。
参与讨论。</td></tr>
<tr><td>三、重点语段学习二：王冕学画。15 分钟；B
不知不觉三四个年头过去了，王冕读了不少书，也明白了许多道理。一天，正值黄梅时节，天气闷热，王冕放牛累了，便在绿草地上坐着。转眼间，阴云密布。一阵大雨过后，天空中黑云边上镶着白云。阳光透出来了，照得湖水通红。山上青一块，紫一块；山下树木葱茏，青翠欲滴。树枝像水洗过一般，绿得尤其可爱。湖里有十来枝荷花，花苞上雨水点点，荷叶上水珠晶莹透亮。王冕不禁看得入了迷，心里想道：“古人说‘人在图画中’，真是一点不错。可惜这里没有一个画工，把这荷花画下来。”随</td><td>朗读。
参与讨论。

圈出表示描写顺序的关键词。
画出表示风景如画的语句。</td></tr>
</table>

<table>
<tr><th colspan="2">教学板块</th><th>学生课堂练习单</th></tr>
<tr><td colspan="2">后转念又想：“天下哪有学不会的事？我何不自己画几笔？”

自此以后，王冕就把攒下来的钱托人到城里买些颜料，学着画荷花。起初画得不好，三个月之后，便大有长进，那荷花的精神、形态、颜色，没有一处不像真的。
先让学生自由说，在这段话里读到了什么？这个作业可依据第一课时的阅读自然段信息来作详略调整。
设问：
1. 你认为王冕学画是不是一件偶然发生的事？为什么？
2. 作者是按什么顺序来描写那段让王冕入迷的风景的？（从高到低，时间先后，先次后主）
3. 你觉得这段话里，有没有王冕后来成为著名画家的奥秘？（师法自然，不畏困难，勇于尝试，对美的感受及表达的愿望等）
四、作业。5 分钟
1. 同学互背第 5 自然段。A
2. 整理表格。B
3. 课堂讨论：王冕以后，可能会成为一个怎样的人？
作业：阅读《儒林外史》楔子，了解小说中的王冕其人。
4. 欣赏王冕的墨梅图，背诵王冕的墨梅诗。</td><td>参与讨论。

记录结果。

完成左作业。</td></tr>
<tr><td colspan="3">反思：</td></tr>
<tr><td></td><td></td><td></td></tr>
</table>

新教育有效课堂观课样表

课题	井底之蛙二课时	班级	宕昌二小四（2）	执教	陈金铭	时间	10月24
教学流程			一个学生的学习清单			小注	
一、字词过关 1. 出示三个句子要求学生根据拼音读读句子，并写出括号中的生字。 2. 自己检查，同桌互相检查生字。 3. 对错误率较高的生字集体订正。 这个环节学生的学习状态从课一开始就非常好，拼读听写都认真投入。生字词检查反馈的速度很快，只有两个学生出现了错误。 二、朗读过关 1. 分别出示井底之蛙和东海之鳖的语言，引导学生通过具体的语句，体会它们各自不同的心情，感受井底之蛙的快活、不屑，东海之鳖的淡定平和，并指导学生想象画面，进行有感情的朗读。 2. 出示课后练习中的古文，通过领读、自读等形式，帮助学生品味语言的精妙。 课堂上举手要求站起来读书的很多，昨天第一课时那种一个句子中错误迭出的现象基本没有了，读书的学生声音响亮，落落大方，即使没有被叫到的孩子，也都盯着			小东按照老师的要求，认真地拼读句子，并顺利地完成了生字听写。写完后，自己多次检查，可没能发现错误，在和同桌互查的时候，他非常负责地对照正确答案。在集体订正环节，老师讲到的三个错误率比较高的字，小东也错了一个，听老师讲解后，他及时在本子上改正过来。 看到老师叫别的同学站起来读书，小东一直没有举手，可是他很认真地听，当站起来读书的同学出现错误时，他立刻就发现了，和大家一起读出正确的读音。 老师引导大家理解青蛙和鳖的心情，体会重点词语的时候，他或是专注地倾听，或是努力地思考，当发现自己的理解和老师讲解一致，眼睛就特别有神。大家齐读的时候，他更带劲了，声音响亮，表情生动，语气的变化、读书的节奏都掌握得不错。 读古文时，看到旁边的男孩摇头晃脑，他也立刻模仿着，津津有味地读着。			把生字词巧妙地镶嵌在三个句子中，并且这三个句子揭示了课文的结构，这种训练对学生语文能力的培养作用明显。 朗读训练指导以前教师一般采用范读或强调用什么语气来读，这是一种“暗里训练”的路子，到底怎样训练更有效，大家都不知道。今天的朗读训练用“明里训练”的方法，对宕昌的孩子来说效果非常好。这提醒我们每一个环节都应该是有效的。	

课题	井底之蛙二课时	班级	宕昌二小四（2）	执教	陈金铭	时间	10 月 24
教学流程			一个学生的学习清单			小注	
屏幕在轻声读。特别是老师在进行朗读指导，给大家范读的时候，不少孩子跟着老师很自然地就把重点词语读出来了。而且从他们的朗读中可以看出，学生对语言真正理解了，表达也很准确。课堂气氛热烈，学生参与面很广，几乎所有孩子都真正投入到学习活动中来了。 三、意义讨论 组织学生结合文本，围绕下面问题进行思考交流： 1. 想象青蛙跳出井口之后会发生什么。 2. 从东海回来的青蛙和以前有什么不同？是什么让它发生了这样的变化？ 3. 这个故事带给我们什么启示？ 4. 一个人的生活简单朴素，是不是就不要追求繁华富裕的生活了？ 5. 怎样才能使我们的视野、见识、胸襟更加广阔？ 这一部分的教学，对全体学生都是一个挑战，他们的思维在前一部分的基础上要迈上一个台阶，他们的情绪渐渐平静，由刚才的兴奋激动，变为更加冷静和深入的思考。			交流第一个问题的时候，小东一开始也没多加思考，而是附和多数学生的说法，随着讨论的深入，他逐渐沉默了，不再像读课文的时候那样情绪激动，在整个交流讨论的过程中，他几乎很少发言，而是更加专心地听其他学生的发言和老师的引导讲解，从他的表情来看，这些问题对他来说，是个不小的挑战，尽管他的目光中透着更多的茫然，但他确实是在这种沉默的表象下，积极地、主动地对文本中最重要、最有价值的问题进行着自己的思考，最后老师总结故事对大家的启示的时候，他不由自主地跟着老师和其他学生一起补充着揭示出了寓意。 小东听着陈老师诵诗，到第三句的时候，他终于也和其他同学一起开始跟着老师大声诵读起诗歌来，读得并不流利，有些字还读错了，但他对这些文字的喜爱已经明白无误地表现出来了。			这时候的课堂上非常安静，但这种安静恰恰是学生思维在急速运转的表现，可惜，很多老师总是怕课堂出现冷场，因此老师不停地讲话，而这时候教师的讲话对学生一点作用也没有，反而使学生兴奋的目光黯淡下去了。因此，一定要想办法创设有智力挑战的课堂。 老师用这首诗来结束本节课的教学，在这种环境下非常贴切，因为宕昌的孩子现在缺的就是阅读的力量。这时老师的提醒就是给孩子点燃了阅读的希望之火。在这一点上来说，甚至都超出了本课的意义。	

课题	井底之蛙二课时	班级	宕昌二小四（2）	执教	陈金铭	时间	10 月 24
教学流程			一个学生的学习清单			小注	
四、总结升华 诵读经典诗歌《没有一艘船能像一首诗》结束整节课的教学。 《没有一艘船能像一首诗》，这个班的学生是第一次接触，但诗歌出现在屏幕上，陈老师开始激情诵读的时候，全体学生都开始跟着老师一起诵读，声音越来越高昂，感情也越来越饱满，这时候的诵读确实表达了他们对诗歌、对文本的一种理解后的感悟。			下课铃响了，他和身边的男生一边往外走，一边诵着刚才那首诗。				

综上所示，新教育有效教学框架，也就是在继承传统的目标—策略—评估这种科学的教学流程的基础上，再次强调了两个重点：一是针对公开课重方法重策略，强调了以精确的目标为课堂教学统率，二是针对当前课堂上教师讲解代表学生学习的现状，强调了要确保、还原个体学生的独立、完整学习。

四、理想课堂第二重境界：发掘知识这一伟大事物内在的魅力

新教育理想课堂第二重境界：发掘知识这一伟大事物内在的魅力。

最大可能地促进、实现学生每个个体的学习，这是有效教学的根本追求，也是将课堂的注意力，从教师的教转变到学生的学的关键所在。但是，如果没有充分理解有效教学框架中的教学目标，尤其是 B 类核心教学目标这个概念，没有将整个教学框架视为一个有机的统一体，那么片面强调学生的主体性，就同样要冒滑向“虚假的主体性”或“主体性神话”的危险。

在我们听课的课堂上，经常可以看到这样的景象：学生举手如林，发言争先恐后，一个学生提出意见后，马上有许多小手举起来，对之进行补充或评价。这样的课堂更像是学生才艺的展示会——就像许多公开课模式之下，课堂是教师个人才艺的展示会一样。那么我们可以追问：这样的课堂，是不是理想的课堂？学生长期在这样的课堂上学习，最终是否能够获得我们满意的结果？

答案显然是否定的。因为这种儿童中心主义，或者说主体性神话的失败，是已经被太多的事实所证明了的。对于这种课堂教学虚假主体性的拨乱反正，新教育理想课堂的第二重境界，事实上也可以视为是向更为古老的人文主义致敬，或者说，是对因理解失误而导致方向失误的儿童中心课堂的反动。

当然，这里所讲的“知识”，不能理解为静态的写在书本上的可以朗读出来的知识，而要视为一个动词，一个有待重新发现的事物奥秘，以及发现这种奥秘的方法和过程。在这个意义上，正如莫兰所说，认识永远是一种探险。

课堂的中心，应该是一个问题的提出、理解及解决的过程，是一个知识——作为问题解决的工具，被探索、被发现的过程。优秀的课堂教学，要重现这一神奇的创造过程。

优秀的科学老师，应该能够让课堂重现这一切：人类面对宇宙及生命现象而战栗，而感动；对未知的漫长的探索，在知识艰难的形成过程中的种种困惑、尝试、失败以及豁然后的狂喜。这个过程中，将继续保持对未知领域的敬畏和惊奇。如果消除了对事物及其奥秘的敬畏，人类就会走向肤浅与狂妄；而如果失去对事物及其奥秘的惊奇，人类就会走向麻木及无知。无论是光现象，无论是电现象，无论是原子结构，还有显微镜下的细微之物，以及化学的变化……这一切，曾经带给人类多少深刻的困惑与喜悦。科学教育，就是要努力重现这一切。教学不是重复前人定下的知识，而是重现这个知识发现的过程，是重新经历。经历原初的困惑与探索，以及喜悦。布鲁纳曾经说过，在这一点上，儿童学习这一知识的历程可以与当初科学家发现这一知识的历程相媲美。

优秀的语文老师，应该能够让课堂重现这一切：万物得以命名时的冲动与喜悦；无数匹奔跑的马终于凝固于汉字“骉”……每一个汉字在凝固时的智慧与喜悦；能够从“慈母手中线，游子身上衣”中，体味到古典的亲情与人伦；从“独立小桥风满袖，平林新月人归后”这十四个汉字里，体味到人生失落与期待的复杂细腻的滋味；从反反复复的“平平仄仄平平仄”里，体味到汉语独特的悠长韵律……在新教育小学，干国祥等优秀的老师已经一再证明，只要用心体察，任何一个汉字、任何一个词语、任何一篇普通平凡的课文，都因为系前人匠心所运，所以，都并非是平淡无奇的一堆文字，而是心灵的一次次运筹，是思维的一次次锤炼，是漫长字词历史的又一次独特运用，如果课堂上能够重现这些，那么每一堂课都将不可能是平淡、平庸的。

优秀的数学老师，他们所使用的、所教学的，是曾经被人类视为上帝语言的奇妙的数，是被伽利略称为书写“宇宙之书”的三角形、圆形和几何图形。无论是中国人对圆形的迷恋，还是魔比斯环的神奇，以及日常生活背后隐秘地运营着、支配着这个世界的数字，都让人不得不对数学学科报以敬畏。同时，数学的思维方式，也是一切思维中最为严谨可靠的。可以说，我们称之为科学的事物，在一定意义上指的就是符合数学的以及接近数学的理论及事物。也因此，明代徐光启在翻译古希腊数学名著《几何原本》时说：“能精此书者，无一事不可精；好学此书者，无一事不可学。”① 数学家哈代则说，发现数学真理是人类最奇妙的经验。是的，数学并不是冷冰冰的图形与数据，而是自然、社会、历史背后的神秘，是人类探索世界过程中发现的最可靠的武器、工具。优秀的数学老师，同样能够在课堂上发掘出数学的独特魅力，并让学生重现这个发现数学之神奇的过程。而且，在所有学科教学中，数学是目标最为清晰，最能全面训练、准确反馈，以及提供智力挑战的学科。数学的课堂上，应该完美地实现这一切。

这一切，诚如帕克·帕尔默所言：“通过对我们认知的探索，一个

---

① ［明］徐光启：《题（几何原本再校本）》序。

真理的概念突现出来：真理是怀着激情和原则就重要事物进行的永恒对话。”①

课堂，是真理呈现之处；教学，是知识散发出魅力之时。在静态的教材下面，蕴藏着人类最伟大的奥秘：发现宇宙与人类，书写宇宙与人类的整个过程。课堂教学，是这一发现与书写的重温，是这一发现与书写的延续。而如果没有将“问题—知识—真理”作为课堂教学的核心，那么教师的精彩表演是浅薄的，学生的小手如林是肤浅的，教育与教学的真谛没有被师生在课堂上把握，课堂用表面化的热烈替代了紧张的脑力劳动——而紧张的脑力劳动，有针对性的思维训练，正是课堂教学的本质所在。

综合新教育理想课堂第一境界的追求和第二境界的追求，我们还应该进一步确认：发掘知识这一伟大事物的魅力，重新经历此一过程的，不应该只是教师，而更应该是学生——全体学生。这样，课堂教学上的三个元素：知识、教师、学生，就不应该是教师隔在知识与学生之间，用某种手段将现成的知识转交给学生。优质的教学应该是师生共同围绕在“问题—知识”的周围，来进行一次艰苦的探索。从这个意义上讲，第一境界有效教学框架中的强调学生预习，也是确保每个学生能够直接地接触问题与知识，而不只吞食由教师仔细嚼烂了的软化了的知识——即现成的结论。

帕克·帕尔默以下这段感慨，表达了知识在课堂上的独特地位。“我们的教育共同体的传统概念忽略了把我们召集在一起，呼唤我们去认知、去教学、去学习伟大事物与我们之间的关系。我看到，当排除伟大事物的魅力而全靠我们自己相当有限的魅力时，教育共同体就变得渺小了。”他说，“我所指的伟大事物，是求知者永远聚集其周围的主体——不是研究这些主体的学科，也不是关于它们的课本或解释它们的理论，而是这些视为主体的事物本身。”“我指的是生物学的基因和生

---

① ［美］帕克·帕尔默著，吴国珍译：《教学勇气——漫步教师心灵》，上海：华东师范大学出版社，2005 年 10 月第 1 版，第 104 页。

态系统、哲学和神学的隐喻和参照系、文学素材中背叛与宽恕以及爱与失的原型。我所指的是人类学的人为现象和族裔，工程学的原料的限制和潜能，管理学的系统逻辑，音乐和艺术的形状和颜色，历史学的奇特和模式，以及法学领域里难以捉摸的正义观等。”“诸如此类的伟大事物是教育共同体的重要聚焦点。正如原始人一定曾经聚集在火堆周围，透过聚集在它们周围并尝试去理解它们，我们成为求知者、教师和学习者。若我们处于最高境界，表现出色，那就是因为伟大事物的魅力诱发出我们的美德，赋予教育共同体最佳、最优的状态。”①

当然，有人仍然会提出异议：并不是所有的知识都是具有魅力的，甚至教学中的有些知识明显是错误的，也并不是所有的学科都能够吸引所有学生的兴趣，因此，发掘知识这一伟大事物的魅力，会不会是海市蜃楼、空中楼阁？是实验室里的浪漫构想？它在实际的教学中，是不是很难实现？

要理解这一点，我们可以先回顾新教育的另一个核心概念：共读共写共同生活，通过共读共写，师生、亲子间拥有共同的语言与密码。我们同样可以反驳说，这个过程并不容易，许多家长或者学生已经很难改变，而且大家都带有各自的利益诉求会聚在一起，这种追求只能是乌托邦式的浪漫设想；而即使实践这种理念，这个过程中也一样会充满猜疑、争斗、挫败感。是的，所以这一切怀疑并非毫无道理，但是事实总是一再呈现：我们不仅是应该共读共写共同生活，通过共读共写，师生、亲子间拥有共同的语言与密码，而且只要坚持这样行动着，教育的命运共同体就会慢慢形成；真正意义的共同生活与共同的价值，乃至共同的精神家园就会出现；过一种幸福完整的教育生活，就会在整个艰难探索的过程中不断闪现。在昨天常丽华老师的“农历的天空下”的展示中，我们已经初步见到了这样的图景。

完全是同样的原理，我们首先要把“发掘伟大事物的魅力”这个

---

① ［美］帕克·帕克默著，吴国珍译：《教学勇气——漫步教师心灵》，上海：华东师范大学出版社，2005 年 10 月第 1 版，第 107 页。

概念视为是对自己终归将要经历的教学生活的一种新的描述。

也许以前的教学与学习生活我们可以描述为：教师把上级规定的教材（由问题与答案构成）通过某种活动，转交给每个学生，并对学生的接收效果进行检查。那么我们所想要的新的教学生活，在第二境界的层面上，我们希望描述为：师生围绕着一个“问题—知识—文本”（由教材、考试所提出，与背后深广的学科，及更为深广的人类生活相联系），展开一段发现问题、理解问题、解决问题的旅程。在这段旅程中，将充满怀疑、困惑、挑战，也不能完全没有机械记忆、挫败感、羞辱感，但是，它的核心永远是智力挑战、思维训练，是知识作为问题解决的工具而涌现时的惊奇与喜悦，是对复杂问题形成新的理解时的豁然与顿悟。

那么，在课堂教学中，应该如何发掘知识这一伟大事物内在的魅力呢？法国哲学家埃德加·莫兰提出的“构造得宜的头脑”的理论，大致可以回答这个问题。他认为：“与一个充满知识的头脑相比，一个构造得宜的头脑要重要得多。而构造这样的头脑，关键是：第一，提出和处理问题的一般能力；第二，一些能够连接知识和给予它们以意义的组织原则。”①

关于提出问题与处理问题的一般能力，莫兰认为最关键的是让幼年期和青少年期的最充沛和最生动的天性能够得到自由的发挥，要不断刺激和唤醒学生的好奇心，“从早年起就要鼓励和磨砺探询的禀赋，并把它引导到关于我们自身地位和我们时代的基本问题上去”②。

关于连接知识和给予它们以意义的组织原则，莫兰认为最关键的是发展把知识背景化和整体化的能力，而且声称这是“教育的绝对要求”。他严厉批评我们的教育从小学起就教我们“孤立对象（于其环境）、划分学科（而不是发现它们的联系）、分别问题（而不是把它们加以连接和整

---

① ［法］埃德加·莫兰著，陈壮飞译：《复杂性理论与教育问题》，北京：北京大学出版社，2004年9月，第109页。

② ［法］埃德加·莫兰著，陈壮飞译：《复杂性理论与教育问题》，北京：北京大学出版社，2004年9月，第110页。

合）。它训导我们把复杂化归为简单，也就是说分解联系起来的东西，进行解析而不是进行合成，消除任何给我们的知性带来无序或矛盾的东西”①。在这本书中，莫兰反复地引用帕斯卡在《思想录》里讲的一句话：“任何事物都既是结果又是原因，既受到作用又施加作用，既是通过中介而存在的又是直接存在的。所有事物，包括相距最遥远的和最不相同的事物，都被一种自然的和难以察觉的联系维系着。所以，不认识整体就不可能认识部分，而不认识部分也不可能认识整体。”②

五、理想课堂的第三重境界：知识、社会生活与师生生命的深刻共鸣

新教育理想课堂的第三重境界：知识、社会生活与师生生命的深刻共鸣。

如果我们把人类知识的创造过程，引用《庄子》中的话，表述为“判天地之美，析万物之理”③，那么我们对理想课堂教学的追求，就是希望在课堂上既能够重现这个“美”、这个“理”，又能够重现这个“判”的过程、这个“析”的过程。

当然，如果我们错误地、片面地理解了上面的表述，忽略了“知识这一伟大事物”背后有个“共同体”的概念，忽略了从后结构主义的角度，用主体去重现、重写知识与真理的意义，而把教学的全部重心都放在认知这一维，那么有可能我们会达不到预期的目标，而犯下另一种错误。对这种错误，早在多年之前，叶澜教授就进行过批判：“把课堂教学目标局限于发展学生认知能力，是当前教学论思维局限性的最突出

---

① ［法］埃德加·莫兰著，陈壮飞译：《复杂性理论与教育问题》，北京：北京大学出版社，2004年9月，第103页。

② ［法］帕斯卡著，何兆武译：《思想录》，北京：商务印书馆，1985年11月第1版，第34页。

③ 顾宝田译注：《庄子译注》，长春：文史出版社，1993年，第364页。

表现。这一方面是近代以来理性主义哲学和主智主义教育主流思想的反映，同时也是习惯于把原本为整体的事物分割为部分、方面的思维方法的表现。具体地说，就是把生命的认知功能从生命整体中分割出来，突出其重要性，把完整的生命体当作认知体来看待。"她还认为："课堂教学蕴含着巨大的生命活力，只有师生的生命活力在课堂教学中得到有效发挥，才能真正有助于新人的培养和教师的成长，课堂上才有真正的生活。因此，要改变现有课堂教学中常见的见书不见人，人围着书转的局面，必须研究影响课堂教学师生状态的众多因素，研究课堂教学中师生活动的全部丰富性，研究如何开发课堂教学的生命潜力。"① 无疑，理想的课堂不会停留于人与知识的对话这一维度。依据建构主义教育学的观点，我们可以把学习视为一个同时展开的三重对话：

人与知识（世界、文本）的对话；

人与他者（教师、学生、其他读者）的对话；

人与自己的对话（反思的、历史性的、生长性的）。

人与知识的对话无疑是课堂教学的核心，这一点在上面两个层次中已经详细论述。这里要加以论述的是后两种几乎同时发生的对话。

与虚假主体性强调课堂上"说话（发言）"不同的是，理想课堂所追求的是"倾听"与"应对"，也就是实现真正的主体间的对话。如果说，以"说话（发言）"为主要表现形式的课堂旨在倡导学生的自我表现的话，那么对话的课堂（倾听与应对）旨在倡导相互间的理解，并通过对方的异议，来加深对知识的理解程度，并在此过程中，产生共同体成员之间息息相关的共鸣。如日本的佐藤学教授所说的那样，这样的倾听不仅要能够听懂表达者所说出的话中之意，而且还要能够"站在欣赏、体味学生发言的立场……不是听学生发言的内容，而是听其发言中所包含的心情、想法，与他们心心相印，从而产生'啊，真不简单''原来如此''真有趣呀'等共感共鸣"。

---

① 叶澜著：《让课堂焕发出生命活力——论中小学教学改革的深化》，《教育研究》，1997年第9期。

同时，用对话理论或者说社会建构主义观点来理解课堂，那么我们还将认识到，教师在此过程中，不仅是用高超的应对在组织课堂教学，而且他还扮演着一个重要的角色，他对知识的理解在绝大多数情况下是学生最近发展区能够抵达的最上限。也就是说，在大多数时候，他理解的高度也就是课程及课堂能够达到的高度。如果没有教师的引领，个体学生的学习会局限于"跳一跳，摘桃子"的有限水平，而群体学生的对话也同样会停留于菜市场式的表面热闹。在社会建构主义理论中，有一个重要的概念叫"最近发展区"，这一理论是由前苏联心理学家维果茨基提出来的。维果茨基的研究表明："教师所组织的教学能对儿童的发展起到主导作用和促进作用。儿童的发展有两种水平：一种是独立学习能够达到的水平；另一种是在成人的帮助下，在集体活动中，通过模仿等手段，能够达到的水平。维果茨基把这两种水平之间的距离叫作最近发展区。"[①] 这一理论表明，如果课堂上没有能够发挥教师的主导作用，教师没有参与学生与知识之间的对话，那么无论是个体学生与知识的对话，还是学生群体之间的对话，都有可能停留于肤浅的层次，而达不到理想的效果。

也就是说，从某种意义上讲，要让课堂教学实现学生与知识的共鸣，重现知识这一伟大事物的魅力，其前提是教师首先要能够认识到知识内在的魅力，并参与整个知识重现的过程。

教师参与伟大事物之魅力重现的过程，还不能仅仅停留于"促进有效学习"这个角度来认识。我们还应该认识到，教师的教育生命本身也是目的，而不仅仅只是手段。过一种幸福完整的教育生活的主体，不仅仅是学生，也理所当然地包括教师在内。对一个教师而言，其生命最宝贵的时光大都投注于学校教育中，而其中心，就是课堂教学。我们认为，在教室里、在讲台上、在学生中间、在知识面前，教师的形象应该是一个真诚的探索者、一个智慧的求知者，虽然他有足够的耐心等待学

① 余震球选译：《维果茨基教育论著选》，北京：人民教育出版社，2005 年 1 月，第 385—390 页。

生自己去发现，他有足够的勇气承认自己并不是全能全知，但是，他确实应该有把握把学生带向一个至少他领略过的理想境地。

当然，这里所说的人与他者的对话，严格地说，还不仅是教师，更应该是学生之间的学习合作。佐藤学在讲到作为“学习共同体”的学校的时候，特别强调了这一点。他提出，在课堂教学里，应该以实现活动性、合作性、表现性的学习为课题；在教师集体中，应该以彼此观摩教学、建构作为专家一起成长的“同事性”为课题；在学生父母方面，应该以协助教师、参与教学、实践“参与性学习”为课题。① 在杜郎口等学校的课堂中，我们已经看到了学生合作学习的成效，而在常丽华老师的学校中，我们已经看到亲子共读的神奇魅力。

至于人与自己的对话，也是课堂教学中非常重要的环节。所谓反思性教学，说的就是这个意思。莫兰曾经论述过学习生活的一个重要路径：“自我审察、自我分析、自我批评。”这其实就是人与自己的对话。因此，教师应该学会反思自己的教学过程，而学生应该学会反思自己的学习历程。新教育实验主张的“师生共写随笔”，和教师的专业写作，也是努力推进这样的对话。

唯此，我们才能说，课堂教学，在实现人与知识深刻共鸣的同时，也实现着人际之间、自我之间的深刻共鸣！我们才能说，课堂教学不仅实现了知识的复现，而且也实现了人的复活——学生与教师生命的复活。

实现以上两点，我们可以说，就课堂教学的形态而言，它几乎已经是完美的、无可挑剔的理想诉求。但是，如果站在更高的教育哲学平台来看，这样的一个课堂教学形态，仍然存在着一点危险：我们的教室可能已经脱离于世界之外，脱离于社会生活之外，它可能是一个完美的象牙塔，它可能将培养出一批不关心人类命运的智慧儒雅之士。

也就是说，理想的课堂教学，在实现人与知识、人与他者、人与内

---

① ［日］佐藤学著，钟启泉译：《学习的快乐——走向对话》，北京：教育科学出版社，2004 年 11 月第 1 版，第 6 页。

在的灵魂深刻共鸣的同时，还需要实现最后一个维度：课堂与社会生活的息息相通，课堂与人类命运的息息相通。我们希望，在我们的中小学课堂上，“与其粉碎任何刚刚觉醒的意识所具有的自然的好奇心，不如把它引向最初的探询：什么是人类、生命、社会、世界、真理”①。也唯有此，课堂上的师生关系，或者说学习共同体的关系，它已经超越了以亲密为依据，超越了以知识多寡为标准，共同体成员已经成为一群为人类、也为自己的存在追寻着真理的志同道合者。

当然，如果从教育思想发展的历史来看，对于知识、生活、生命的侧重，本身也可以视为整个教育观念的三重境界。以赫尔巴特为代表的传统教育学，相对重视知识传授的精致与效率；以杜威为代表的现代教育学，相对重视的是生活，认为学校只是社会生活的一种形式，不仅仅是一个传授知识、学习课业、养成习惯的地方；而以人本主义与后现代教育学为代表的当代教育学，则把知识、生活、生命的高度融合与深刻共鸣，作为教育的重要使命。毫无疑问，这是一种最高的境界。问题是，在急功近利的教育现场，这样一种理想有多大的生存与发展空间？新教育人所要做的，就是在这样的教育现实中，去寻求空间，这需要勇气与智慧。

六、新教育的理想课堂永远在路上

新教育理想课堂的三重境界，只是提供我们观察课堂、理解课堂、构筑课堂的一组模型，一组阶梯式的范型。这组范型，是新教育实验对课堂教学持久思考、实践的又一个里程碑——从里程碑这个字面的最初意义上来理解。它是继新教育构筑理想课堂的六个度，和“新教育有效教学框架”之后，新教育实验在课堂教学及课程方面诸种思考与探索的一个小结。

---

① ［法］埃德加·莫兰著，陈壮飞译：《复杂性理论与教育问题》，北京：北京大学出版社，2004 年 9 月，第 164 页。

在几年前，新教育实验曾经提出过理想课堂的六个度，这六个度是：1. 整合度；2. 参与度；3. 亲和度；4. 自由度；5. 延展度；6. 练习度。

我们可以看到，无论是在有效教学框架还是新教育理想课堂的三重境界里，这六个度都已经分别被消化吸收到不同的层面，这从一个侧面表现了我们对课堂教学思想的理性提升过程。但是，这个“三重境界”说，肯定不是新教育理想课堂追求的最后表述。如果说当新教育人提出“构筑理想课堂”这个概念的时候，是追寻学问的第一境界，即“昨夜西风凋碧树，独上高楼，望尽天涯路”此一境界的话，那么“有效教学框架”也罢，“新教育理想课堂的三重境界”也罢，都是新教育人追寻学问、追寻教育真谛的第二重境界：“衣带渐宽终不悔，为伊消得人憔悴。”我们当然希望在未来的某一天，我们可以欣慰地说：“众里寻他千百度，蓦然回首，那人却在灯火阑珊处。”可以重新拥有“见山是山见水是水”的豁然。但是我们同样也知道，对于一群教育理想主义的追求者而言，前方并不存在着终极的真理，也许所有的意义，全只在我们的不懈追求之中。而在这个过程中，追求理想课堂的老师们，是完全可能面临“及至后来，亲见知识，有个入处，见山不是山见水不是水”这样的觉悟与困惑的。

最后需要强调的是，新教育实验是一个基础教育的整体改革实验，它并不赞同把教育这一整体分割得支离破碎。因此，要正确理解新教育在课堂教学方面的思考，需要将它放到一个更大的背景中去，这个背景就是全部的新教育实验。只有将新教育的“营造书香校园”等六大行动，将“晨诵、午读、暮省”“儿童阶梯阅读”“共读共写共同生活”，以及“教师专业发展”“新教育每月一事”等，与“构筑理想课堂”看成一个不可分割的整体的几个方面，才能真正理解“过一种幸福完整的教育生活”何以可能，何以不仅仅是教育理想主义者的乌托邦，而是可以实现的中国基础教育的明天！

（2008 年 7 月发表于温州苍南，第八届新教育年度研讨会）

第七章

书写教师的生命传奇

子曰："吾十有五而志于学，三十而立，四十而不惑，五十而知天命，六十而耳顺，七十而从心所欲不逾矩。"

子路曰："愿闻子之志。"子曰："老者安之，朋友信之，少者怀之。"

——《论语》①

大学之道，在明明德，在亲民，在止于至善。

古之欲明明德于天下者，先治其国。欲治其国者，先齐其家，欲齐其家者，先修其身。欲修其身者，先正其心。欲正其心者，先诚其意。欲诚其意者，先致其知。致知在格物。

物格而后知至，知至而后意诚，意诚而后心正，心正而后身修，身修而后家齐，家齐而后国治，国治而后天下平。自天子以至于庶人，壹是皆以修身为本。

——《礼记·大学》②

君子素其位而行，不愿乎其外。素富贵行乎富贵，素贫贱行乎贫贱，素夷狄行乎夷狄，素患难行乎患难。君子无入而不自得焉。在上位不陵下，在下位不援上，正己而不求于人则无怨，上不怨天，下不尤

① 杨伯峻译注：《论语译注》，北京：中华书局，1990 年，第 12 页。

② 王国轩译注：《大学中庸》，北京：中华书局，2007 年重印本，第 3 页。

人。故君子居易以俟命，小人行险以侥幸。子曰：射有似乎君子，失诸正鹄，反求诸其身。

诚者，天之道也；诚之者，人之道也。诚者不勉而中，不思而得，从容中道圣人也。诚之者，择善而固执之者也。博学之，审问之，慎思之，明辨之，笃行之。有弗学，学之弗能弗措也；有弗问，问之弗知弗措也；有弗思，思之弗得弗措也；有弗辨，辨之弗明弗措也；有弗行，行之弗笃弗措也。人一能之，己百之，人十能之，己千之。果能此道矣，虽愚必明，虽柔必强。

——《礼记·中庸》①

知是行的主意，行是知的功夫；知是行之始，行是知之成。若会得时，只说一个知，已自有行在。只说一个行，已自有知在。古人所以既说一个知，又说一个行者，只为世间有一种人，懵懵懂懂的任意去做，全不解思惟省察。也只是个冥行妄作。所以必说个知，方才行得是。又有一种人，茫茫荡荡，悬空去思索。全不肯著实躬行。也只是个揣摸影响。所以必说一个行，方才知得真。此是古人不得已，补偏救弊的说话。若见得这个意时，即一言而足。今人却就将知行分作两件去做。以为必先知了，然后能行。我如今且去讲习讨论做知的工夫。待知得真了，方去做行的工夫。故遂终身不行，亦遂终身不知。此不是小病痛，其来已非一日矣。某今说个知行合一，正是对病的药。又不是某凿空杜撰。知行本体，原是如此。今若知得宗旨时，即说两个亦不妨。亦只是一个。若不会宗旨，便说一个，亦济得甚事？只是闲说话。

——王阳明《传习录》②

2009 年对新教育来说，是非常特殊的一年。因为在 1889 年，也就

① 王国轩译注：《大学中庸》，北京：中华书局，2007 年重印本，第 76 页。

② 宋王阳明著，顾久译，于民雄注：《传习录全译》，贵阳：贵州人民出版社，1997 年，第 12 页。

是说在120年之前，英国的一个教育家雷迪，在英国的德比郡一个风景优美的小镇上建了一所新教育学校——艾伯茨霍姆学校。这样一个小小的学校，后来成了影响整个欧洲新教育运动的一个起点，也成了影响整个世界、特别是美国的进步主义思潮，甚至也成了影响中国20世纪二三十年代教育改革的一个重要哲学起源。

以英国的雷迪及其创办的艾伯茨霍姆学校为标志的新教育运动，它的精神和传统一直没有中断过，我们向往的许多伟大的学校都是属于新教育派系的，比如说，我们经常讲的夏山学校，那是新教育的一个代表人物尼尔创立的；我们讲的巴学园，是日本的新教育学家小林宗作创建的；实用主义教育的代表学校芝加哥实验学校，是美国的杜威创建的。教育史上许多响当当的人物都是和新教育有关的，从罗素到佩西·能，从蒙台梭利到皮亚杰，从怀海特到杜威，一百多年来，我们敬仰的那些最伟大的教育家几乎都与新教育有关。

而且，新教育运动一开始也是自发的、草根的一个实验。120年前，雷迪恐怕也不会想到，他在小镇上建立起的这样一所学校，后来会影响整个世界。他学校的很多老师就以这个学校为模型，到世界各地创办了这样的学校，渐渐地成了影响整个世界的教育思想史和教育实践运动的一个重要来源。所以，今年的新教育大会，从新教育的历史来说（当然我们不是简单地继承过去的传统），我们秉承着担当并且超越的使命，结合我们自己的国情，结合我们自己的文化去诠释、去创造，所以，我觉得今年的新教育大会，作为对于新教育运动120周年的纪念，不同于以往的新教育大会。

今天，我想讲六个部分，第一个部分讲教师的职业天命问题；第二个部分讲生命叙事与元语言问题；第三个部分讲生命叙事的体裁与风格；第四个部分讲重建信任；第五个部分讲危机与遭遇，迎接挑战；第六个部分讲像孔子一样做教师。

一、沉沦与救赎：重申教师职业之天命

长期以来，我们对于教师这一职业有一些特别的期待，希望它成为太阳底下最光辉的职业，成为最令人羡慕的职业。

但是，当今天的教师在读到这段对话时，一定会因自己的切身体会，引发深深的共鸣：

> 子贡倦于学，告仲尼曰："愿有所息。"仲尼曰："生无所息。"①

工作时间之长，工作要求之高，工作对象之复杂，工作压力之大，工作竞争之激烈，已经让许多教师产生了普遍的无力感和怨愤感，赋予了"愿有所息"与"生无所息"这两个词一种当前时代的特定含义：职业倦怠。

这一职业倦怠，从表层讲，是教育中应试主义与市场主义合谋的结果，而应试教育本身又是市场主义在教育领域的体现。应试教育把成长中的孩童和引领他们的教师，一起赶入了斗兽场中，全然听不见他们心灵深处痛苦的哀鸣。这种对竞争的病态强调，导致了师生之间、同事之间、亲子之间、知识与生命之间，乃至于自我的分离。进一步，也导致了师生陷入"囚徒困境"② 而不能自拔，使教师一天天地被格式化，丧失了对真理的不懈追求以及对生命意义的永恒探询。

这一危机更深层的背景，是中国超速现代化进程所导致的对人的异化。随着传统文化的边缘化，现代化的物质进步也带来了它的副作用：物对人的控制，铺天盖地的广告以及电影、电视、网络等现代媒体对人的重新塑造。这些现代工具不但摧毁了传统的文化系统及核心价值，还

---

① 《荀子·大略》。

② 指博弈论的非零和博弈中具有代表性的例子，反映个人最佳选择并非团体最佳选择。

塑造了人的欲望、爱好、感觉、思想，进而塑造了人的伪自我，消解了人对世界和自我的本真感觉，让人逐渐丧失把握自我与世界的能力。

在超级现代性中重塑人类灵魂的尊严，让师生与人类的崇高精神对话，这本来正是现代教育的重要使命，但不幸的是，教师本身也在这种市场文化对人的塑造中日益丧失了对生活、自我以及未来的感觉与把握能力，日渐陷入恐惧、烦躁、孤独与焦虑之中。

在某种意义上，这是现代性自身发展的宿命，所有人都已被迫卷入这场精神危机之中。但是，正如数千年前当周王朝的旧文明处于“礼崩乐坏”的时刻，不同的学派曾以不同的方式解释、应对那场危机，并在那样的处境下诞生出中国真正辉煌的思想一样，危机本身是一种契机，而人类的尊严，正体现于人在这种危机前的抉择与挑战。

在市场主义、应试教育及职业倦怠的大背景下，不同的教师选择了不同的应对方式：

一些教师选择了以社会认可的名利为人生目标，通过公开课获奖、发表论文、出版著作等方式确立自己的价值。

而另外一些教师则对一半出自想象的西方教育，尤其是对于另类教育悠然神往，夏山学校、巴学园、华德福，似乎成了他们心目中的理想教育和桃花源——虽然这些教育事实上在西方同样处于极边缘的位置。现实中的无力感，还往往与对当下政治、教育的激烈批判，对各种理想教育的误解融合在一起。这些教师往往会成为否定一切的虚无主义者。

还有相当数量的教师，或自觉地认同应试制度，把分数作为最高的要求，在你争我斗中寻找自己的存在价值获得成功感；或采取一种犬儒的姿态，将教育职业仅仅视为一种谋生工具，视工作为一种不得已的交易……

新教育实验认为，理解、应对这场精神危机，正是当前教育的使命。沉沦还是救赎，教师职业的尊严与价值，正体现于这种危机下的每个教师的独特抉择，体现于教师的创造与超越。也就是说，要应对这场危机，最终将取决于每个教育者对自己生命及其意义的体悟，对自己使命（职业之天命）的认识。

因此，新教育实验认为，作为一名教师，秉承儒家修身齐家，进而改良社会的传统，以孔子为榜样，以“老者安之，朋友信之，少者怀之”为朴素的人生之志，既是教师个体面临这场精神危机的应对之道，也是整个社会在此精神困境中的振奋之路。

二、生命叙事与元语言

这一场精神危机，从本质上讲也是语言的危机。

不管一个人是否自觉意识到，人的一生都可以视为一个书写中的故事。这个不断删减、修改的剧本，在生命的最终一刻才全书定格，静止为一本真正意义上的“书”。而在此前，只要一息尚存，生命的全部意义，包括生命的最后刹那，都可以因为故事中这唯一主角的抉择而完全改写——如我们知道的那样，在四川大地震中，有许多教师正是用生命最后片刻的壮举，赋予了自己一生中的每一刻以深远的意义。

所以，新教育实验的一个重要命题就是：书写教师的生命传奇。我们认为，生命就是书写一个故事（叙事）；教育就是让每个人有省察地书写自己的生命故事；从事教师职业就是把教育作为自己故事的主旨，并用生命最大段的篇幅来展开与书写。那么，生命叙事就是指生命个体运用自己独特的叙事方式，书写自己在教育生活中的生命在场、自我成长、意义呈现，并对其进行爬梳观照和省察言说的过程。而一个生命的独特叙事，又是人类叙事、民族叙事乃至于家族叙事中的一个组成部分。

同一个民族，就是用同一种语言书写每个生命的不同故事。洪堡特曾经说过：“一个民族的语言就是他们的精神，一个民族的精神就是他们的语言。在一定意义上说，讲不同语言的人们生活在不同的世界之中，具有不同的思维体系。每一种语言都包含着一种独特的世界观。”①

① ［德］洪堡特著，姚小平译：《人类语言结构的差异及其对人类精神发展的影响》［M］. 北京：商务印书馆，1999 年，第 201 页。

这种民族文化和语言，就是生活在这个民族之中的每个人的元语言，也是共同语言。对于中国人而言，以汉语为主体的汉语文字以及以儒家精神为主体的文化就是我们的元语言，是我们的存在之家。我们生命的成就，取决于对这一语言的理解、接受、传承与创新。

在我们每个人的生命叙事中，同一种语言有着三个相衔接的不同层面：一是人类语言，二是承载民族文化的文化共同体语言，三是你所处地域的乡土、家族语言。

如果从叙事元语言的角度来考察，那么上述的精神危机，事实上就是承载民族文化的文化共同体语言系统出现了危机。当这一语言系统中的“仁”“义”“礼”“智”“信”，乃至“忠诚”“敬畏”“孝顺”这些最基本的词汇被深深地怀疑以及诋毁的时候，作为这种语言的使用者，用这种语言进行自我书写的叙事者，怎么能不陷入深深的自我怀疑？继而陷入虚无主义的恐慌？

千百年来，道家思想引导我们的先人道法自然，儒家思想教导我们的先人担当天命。虽然在历史现实的流转中，理想主义总会呈现为这样那样的扭曲，但是，儒道根本思想的精魂，却一直存在于我们的灵魂深处。四大发明与唐诗宋词，上千年间的辉煌文明，乃至近几十年来中华文明在世界民族之林重新崛起的事实，连同数千年的坎坷、罪恶以及近数百年的落后与失败，告诉我们既没有必要妄自菲薄，也没有权利自大到拒绝反省，拒绝对其他文明的聆听。

所以，从教师生命叙事的角度来看，确实有必要重新审视一下我们的语言系统。同时我们还必须郑重地考虑，如果说教育就是让学生学会把自己的生命书写成新的传奇，那么，究竟哪些语言才是我们应该使用的叙事元语言，哪些词汇才合宜成为我们应该择取的叙事关键词？

新教育实验认为，科学思想、民主思想、人类伦理价值，这些无疑是当前时代的主要教育内容，但它们也仍然需要一种民族语言的转译与承载。成为这些思想的自觉传播者，与成为中华文化自觉的传承者，应该视为一个教师的职业本分之一。

三、生命叙事的体裁与风格

“语言是存在的家园”[①]。但是，每一个生命总会从自己的独特的境遇中，用这共同的语言，写出自己的独特叙事，道出存在的奥秘与真理，亦即活出属于自己的生命意义。

一个民族的精神，主要不是由它的哲学著作，而是由它的英雄叙事所表征的。对我们这个民族而言，李白的逍遥，屈原的忠诚，杜甫的忧患，文天祥的舍生取义，岳飞的精忠报国，苏轼的豁达……曾经成为这个民族所有子民的英雄，成为每个后人叙事的榜样。在当代，雷锋、张海迪、孔繁森、袁隆平等英雄的身影，也激励了许多年轻的生命。但是，从总体上而言，这是一个没有英雄的时代。于是，我们精神的明亮与开启，思想的深邃与丰富，都因为榜样的匮乏而被相对地淡化了。而中华民族的创造之魂，也在经历了漫长的高峰之后，又陷入了一个漫长的停滞。

既然每一个人的一生都是一个生命的叙事，这个叙事一定有它特定的范本或者原型，无论是自觉的或者是无意识的。以怎样的人物为英雄，为自己的生命叙事选择怎样的榜样与蓝本，无论对一个民族还是一个个体而言，都是极为重要的。我们甚至可以说，在他们身上，才真正地存活着民族的道德伦理准则、哲学思维方式。甘地或者鲁迅，孔子或者范蠡，勾践或者唐太宗……都将会把一个民族和一个生命的未来带向不同的方向。

一般来说，一个人的生命叙事，是从身边或书本上（现在是影视上）的成长范本开始。这范本可能是自己所处的文化圈中的民族英雄，也可能是家族中某一位有杰出成就的长辈。孩子通过聆听他们的传奇故事，阅读关于他们的传记，模仿他们的生活风格而开始书写自己的故事。

---

① ［德］海德格尔著：《存在与时间》，北京：三联书店，1987 年，第 201 页。

而因为叙事元语言存在着丰富性，生命又各有偶然的际遇，于是生命在叙写自己故事的过程中还会呈现出不同的文体及风格。

用文体来比方，有些人的一生，是一出多幕戏剧，充满了戏剧性的转折突变。这种人，或许从小自卑而终生不断地追求超越，或许在生命的旅程中不断地遭遇重大的危机或者意外。像屈原的《天问》一样，对于生命意义的追寻和对于世界本质的探索，往往成为他们生命叙事的主题。

有些人的一生，是一首优美的诗歌，纯粹、凝练、隽永、独特。他们的一生往往顺风顺水，没有波澜曲折。所以为人处世往往达观从容，人际关系和谐。

还有些人的一生，则是一出轻松滑稽的小品。他们通过解构和自我解构，不断地消解职业生涯中遇到的种种危机与意外，从而让自己巧妙地逃遁出来。

更多人的一生，则是一篇平庸的散文，平淡、大众、日常、平衡、松散，甚至可能是一堆杂乱无章的叙事，是许多叙事碎片的堆积。他们的故事，是被更大的时代叙事推动着向前走，随波逐流，直至生命结束。

不同的生命叙事，形成了不同的叙事风格。

第一类人的风格是“崇高”①。他们的生命是思辨的，反省的，紧张的。他们往往因为与周围环境的冲突，极易形成悲剧性的性格，日常生活也不够从容舒展，甚至会被命运击垮。但若有足够的强大，并且有较好的方向感，则可能会形成对日常生活的超越，比常人更深刻地领悟到人生的意义、职业的意义，并具有更强烈的职业认同，能调集巨大的生命能量，使自己走向卓越。

第二类人的风格是“优美”。他们的生命是诗意的、抒情的、从容的。但这种优美，往往有可能妨碍对于生命意义的深度觉察，从而很难

---

① 优美与崇高是西方美学中的一对重要概念，大哲学家康德曾在其早期作品《论优美感和崇高感》中，对此有过论述。

走向崇高。因此职业生涯很容易走向优秀，但要走向卓越，则需要拥有更强大的生命能量以及超越精神。

第三类人的风格是“反讽”。他们的生命是解构的、自嘲的、游戏的。这种风格的老师，往往不易紧张，能够看透某些功利以及体制化的束缚，并跳脱出来获得一定程度的自由。但是也往往容易成为虚无主义者，在消解危机的同时，也消解掉人生崇高和美好的一面。

第四类人的风格是“没有风格”。他们的生命是缺乏个性、随波逐流的，他们的自我是相对模糊的，是不断地被外在的文化所刻写，被外在的事件所抛摔，缺乏一种积极主动的反应。

新教育实验认为，教师的生命叙事，应该是一首诗，或者一幕精致的戏剧。“诗”意味着创造与意义感，“戏剧”意味着统一性与高度的凝练。而生命叙事的风格，当然可以是优美的或者崇高的，甚至是反讽的，但是，无论如何，生命不能失去“崇高”感，因为崇高感就意味着超越，意味着对意义不竭地追求。这也是新教育实验为什么要强调让师生和人类的崇高精神对话的原因。

新教育实验认为，如果教师职业是生命叙事中的主体部分，那么我们就应该让这叙事的每一年、每一个学期、每一季、每个星期、每一天，都开出一朵花来，让这一段叙事在回首之际不成为无意义的空白。正如河南焦作的一位新教育“毛虫”曾经追问的：“我耗尽我生命的大部分时间、精力与感情的职业，我能够对它漠然吗？如果我不能让我的生命在我的职业中发光，我活着还有什么意义？”

四、职业认同：重建信任

“认识你自己！”这是古希腊（德尔斐神庙）石柱上的名言。这也是人类的一个永恒的课题。

如果说一个人一生的意义是源自“我是谁”的追问，那么，他的职业本来应该是对“我是谁”这个根本问题的最终回答。

如海德格尔所言，以什么为职业，在根本意义上，就是以什么为生命意义之所寄托。画家以绘画为生命意义之所托，农人以在大地上耕作为生命意义之所托，而作为一名教师，也就意味着传道、授业、解惑，并用人类文化知识和价值体系塑造人类灵魂，是他一生意义的所在。

但正如我们在第一节中所谈到的那样，在现代社会，受市场主义与拜金主义的冲击，教师也很容易像其他职业者一样，在大潮中迷失自我。因此，在漫长的职业生涯中，身为教师者应该不断地追问自己："我是谁？我应往哪里去？谁是我的榜样？"这种追问，其实就是对职业生涯的意义乃至于人生意义的追问，对"我是谁"这个问题的根本追问，并最终用行动，对之作出回答。

而成为本质意义上的教师是一个漫长的过程。意味着你必须经过漫长的修炼，逐渐汇入由孔子和苏格拉底最先垂范的伟大传统，让他们的精神气质穿越你的灵魂。这一过程意味着你须一天天地认同这份职业，将自己人生的意义编织到学生的成长中去；意味着你日渐拥有一份对于职业、学生以及自身的信任、信念乃至信仰，从而勇敢地担当起此一职业所赋予自己的责任。

多少人在踏入教师这个行业之初，怀着美好浪漫的憧憬，虽然心怀忐忑甚至恐惧，但他们相信自己能够最大限度地使学生得到发展，实现自己人生的价值。但是，这种信念很快就会被现实的复杂性与残酷性所粉碎。他或许会发现：应试教育席卷一切，领导只重视成绩；同事之间你争我斗，学生也势利冷漠、自我中心，难以管理；而学科知识简直是永远无法真正掌握的汪洋大海，稍不留神，就会将你淹没……这种无力感所带来的挫败，会摧毁一个人最初对自己以及学生的信任，并将许多人导向虚无主义和功利主义。

因此在当前语境下要成为一个本真意义上的教师，就必须从重建信任开始，必须从职业的重新认同开始。

何谓信任？这里所说的信任不是对某人或某物表示相信，而是说一个人存在于世，对世界要有一种根本的信任。所以，这种哲学上的或者教育学上的信任，指的是一种姿态、一种情感、一种精神。它包括对学生的信任和对自我的信任。

何谓职业认同？职业认同就是生命个体对于职业价值的发现和体认，进而产生的心理归属感。职业认同是帮助教师去践行教育思想的理念支撑，是走向卓越的重要路径。

对学生的信任是指：无论学生目前多么愚笨、顽皮甚至不可救药，却对他的未来始终抱有信任，坚信他的生命具有无限可能性，他无论经历多少灰暗、挫折甚至倒退，最终一定会有所成就。只要用心寻找，一定能够发现开启学生生命之门的钥匙。新教育的核心理念之一——无限相信学生的潜力，说的就是这个道理。

对自我的信任是指：我相信我的生命是有价值的，是独一无二的，“天生我材必有用”，我必将成为真正的创造者，我必将成为学生生命中的“贵人”，虽然我并不确切地知道我将来会做什么。

职业认同非常关键。这一点更多的是和非智力因素有关系，和人的理想、激情、追求及对教师这个职业的理解和认识有关系；专业发展更多的是和知识、智力、技能有非常密切的关系。教师的职业认同与专业发展是教师成长之两翼，专业发展是职业认同的基础，没有好的专业发展要真正实现职业认同是很困难的；同时职业认同是专业发展的动力，没有好的职业认同，没有理想、没有激情，很难达到专业发展，二者互为补充。所以作为一个好的教师只有高度的专业发展和职业认同，对教育充满热爱，饱含生命的激情，最终才会有其教育品质的保证。

在职业认同的过程中，教师需要思考“生命原型”的命题，即：“你以什么作为生命榜样？你像谁一样活着？”因为，你以什么样的人为榜样，就会成为什么样的人；你与什么样的人为伍，将来也会与什么样的人站在一起。面对生活中的各种挑战、磨难和痛苦，很多人会放弃，但能做出伟大成就的人不会放弃，他们总能坚持下去，最终成为传奇。在经历重重困难之后，成为一个愤世嫉俗者，是很容易的；要成为一个仍然心怀梦想，怀着根本信念的人，则是艰难的。罗曼·罗兰曾经说过："我看透了这个世界，但我仍然热爱它。"[①] 这正是教师应该具有的智慧与勇气。一个真正的教师，应该让学生，也让自己，在跨越重重困难以及怀疑之后，仍然能够建立起对于世界，对于人类，对于自我，对于存在的根本信任乃至于信念。这种信任、信念乃至于信仰，是成为一名教师的基石。

正是在这个意义上，新教育人喜欢说"相信种子，相信岁月"。如果说种子是希望与愿景，岁月是坚守与意志的话，那么这两个词前都用了"相信"，则表达了这种对世界对生命的根本信任，是对自己职业的最终的体认与认同，是坚信自己所从事的这一职业，终将如草木萌芽、开放，成为宇宙创造韵律中的组成部分。有了这种信任，这种信仰，那么，职业生涯中冬的寂寞与夏的严酷，都能够从容地面对。

五、危机与遭遇：迎接挑战

与重建信念相伴随的，是对意义感的寻求。这就是"我为什么要做老师"甚至"我为什么而活着"。

或许，对于意义感的思考，要从退休甚至于死亡的那一刻开始。当你垂垂老矣或者弥留之际，回想起一生的时候，是欣慰与幸福，还是遗憾或痛苦？许多人会发现，原来自己一生汲汲其中的东西，可能并不重要；而过去弃如敝帚的东西，或许才是最需要的。这些生命最深处的需要，只不过曾经被岁月的尘埃，被无谓的功名遮蔽了而已。而它，恰恰是自己人生意义之所在。

对待教师，有三种境界。

一是把教师作为职业。这种类型的教师，把职业视为付出劳动交换薪酬养家糊口的谋生手段。既然是谋生手段，便少不了斤斤计较，患得患失。

---

① ［法］罗曼·罗兰著，张冠尧、艾珉译：《名人传》，北京：人民文学出版社，2003年，第210页。

二是把教师作为事业。这种类型的教师，把职业作为实现个人价值的舞台，他们渴望来自他人尤其是学生的肯定，工作往往会成为他们生活的核心，关系着他们的喜怒哀乐以及成就感。

三是把教师作为志业。这种类型的教师，把职业视为宗教，为意义之旨归，职业与生命融为一体。对于教师职业的深刻理解和执着信念，会驱使他们通过学生的卓越发展，使自己的生命得以丰富扩充。

这三种类型的教师的形成，往往与他们对于教师职业生涯里的危机以及意外之事的不同态度与不同处理方法有关。

有些教师习惯于将职业生涯中的危机与遭遇视为麻烦，视为生命中需要加以回避排除的意外。因此，他们或者躲避，不去正视和解决问题，而是倾向于忽略问题，任其病菌般在内心堆积；或者简单应付，得过且过，过了一日是一日，而不去思考长远解决之法；或者转嫁责任，将问题归咎于他人或外在原因，通过指责抱怨他人或者相关组织来缓解内心的压力，获得心理平衡和自我欺骗；或者变得麻木，懒于思维，随波逐流，工作日趋机械化……

其实，从教育人类学的角度来看，对危机与意外之事的回避，乃是对自身发展的回避，从根本上讲，即是对我们存在本身的回避。这种回避，将会使我们陷入到非存在的焦虑之中，一天天地远离真实的自我，日益退化并变得麻木、机械、因循守旧、缺乏创造力，这正是职业倦怠的深层根源。

反之，如果以积极的姿态直面这些问题，并调动原有经验以及吸纳新的经验去应对这些问题的话，我们对自身存在的敏锐感觉就有可能被恢复，思考能力会得到加强，职业经验以及存在经验会得以丰富更新，职业自我进一步形成，这也是教师专业发展的本质。

其实还有另外一种危机，更难突破，那就是优秀。从某种意义上讲，优秀是卓越的最大敌人。从平庸走向优秀并不是最难的，最难的是从优秀走向卓越。因为从平庸走向优秀，往往会有许多外在的压力会转化为动力，例如同行竞争、领导评价、学生满意度等等，这些因素会推动着那些渴望拥有职业尊严的老师从平庸走向优秀。但对一个优秀的教师而言，要能够从鲜花与掌声中感受到自己的不足，则需要有更大的勇气，更强烈的责任感，需要不断地主动寻求和拥抱问题，不断地向自己提出更高的挑战，向自我的极限不断地冲刺。

职业生涯时时处于危机之中，时时会遭遇各种各样的挑战。在这场挑战中，是心怀恐惧消极回避，还是满怀信心积极面对？换句话讲，作为教师，你将如何不断地书写你的职业故事，尤其是当它被不断地打断的时候？你是重新调整写法，不断地摒弃一些东西，又增加一些新的元素，以使故事更为丰富和波澜起伏；还是不断地退回到原来的叙事中，让故事显得单调重复，甚至杂乱不堪？这需要每一个教师做出自己的选择。

六、专业阅读、专业写作、专业发展共同体

生命之花的绽放是绚丽的，生命之果的采摘是幸福的。但是，从种子之破土，它所穿越的一个个日夜，一个个四季，都是寂寞的，是需要我们用信、用爱去承受、去担当的。如果没有高度的专业发展，爱何以实现？如果没有高度的教学教育技艺，我们如何能把一个幼小的生命，带到卓越的境地？如果我们自身不是优秀者，我们如何培育出优秀？如果我们自身不是卓越者，我们如何培育出卓越？

与许多教育实验不同，新教育实验一开始就把教师的专业发展作为实验的出发点。我们认为，没有教师的发展，永远不会有学生的成长；没有教师的幸福，永远不会有学生的快乐。教育成败得失的关键在于教师的专业素养。也就是说，只有高度的专业发展，对职业的认同、信仰，对教育的热爱，以及生命的激情，才最终有了落地生根、开花结果的保证。

通过几年的探索，新教育实验逐渐摸索出一条“专业阅读＋专业写作＋专业发展共同体”的教师专业发展的“三专”模式。新教育实验认为，不同学科与发展阶段的老师，需要阅读不同的专业书籍。它还认为，可能存在着一个教师专业知识的合理结构（这里的知识，主要是如波兰尼的《个体知识》中所说的通过经验内化了的“默会知识”，而不是可以通过书面试卷测试的显性知识，更不是各种信息的大量堆积），

而许多教师在某一方面存在着“短板”，因此阻碍了自身的专业发展水平。为此，新教育实验开始着手研制一张“新教育教师专业阅读地图”，即用书目的形式，在充分考虑到个体成长的特殊性和序列性的基础上，构建一个理想的教师知识结构模型。从而更有效地解决不同水平与学科的教师分别该读什么和怎么读的问题，以及专业阅读如何为专业实践服务的问题。

所以，教师专业阅读的根本任务，就是构造一个合宜的大脑，它需要在教育教学生活中，对心理学的经典思想，教育哲学的基本观点，人类最好的教育经验，他所教学科的知识精华，他所教学科的成功案例，人类的基本价值，中国文化的精髓，等等，有一个丰富的了解，再逐渐上升到透彻的理解。

专业阅读的关键，是必须回到对根本书籍的研读中来。新教育实验认为，所谓根本书籍，也称原典型书籍，是指奠定教师精神及学术根基，影响和形成其专业思维方式的经典书籍。此外，那些在童年至青年期出现过的，深刻地影响人的生命以及精神气质的书籍，也被称为根本书籍。

“不是所有的经典书籍都能成为某位教师的根本书籍，成为一个人的根本书籍意味着，你深刻地理解了这本书，而这本书也成为你思考教育教学问题以及阅读其他书籍的原点。构成一个老师思考原点的根本书籍的高度，往往会影响到这个老师的学术高度。”①

强调对根本书籍的阅读，其实就是强调恢复原初思想的能力，恢复教师重新面对根本问题，从根本问题出发思考当下问题的能力。无论是人类的根本书籍、生命的根本书籍，还是专业的根本书籍，都有助于教师深刻地理解人类、理解世界、理解自身、理解生命、理解教育。这种根本研读，能够培育教师的一般能力，为解决专业问题提供深厚的背景，避免了在词语中飘移。

在阅读方法上，新教育实验主张知性阅读，这是一种带有咀嚼性质

① 魏智渊著：《教师阅读地图》，北京：文化艺术出版社，2011 年第 1 版，第 4 页。

的研读。是指阅读者通过对书籍的聆听、梳理、批判、选择，在反复对话中，将书籍中有价值的东西吸纳、内化到阅读者的结构之中，从而使原有结构得到丰富、优化或者重建的过程。

在强调专业阅读的基础上，新教育实验认为，一个人的专业写作史，就是他的教育史。我们的教育生活由无数的碎片组成，这些碎片往往会形成零碎的未经省察的经验，使教育教学在比较低的层面上不断重复。而通过专业写作，就能够有效地对经验进行反思，从碎片中提取有意义的东西并加以理解，形成我们的经验融入教育生活，使之成为我们专业反应的一部分，使我们的教育实践更加富有洞察力。这样，这些碎片就可以经过拼合成为美丽的图景，就像散落的珍珠串成美丽的项链。

新教育的专业写作具有以下特点：

一是强调理解与反思，反对表现主义。专业写作是为了对教育教学现象进行反思研究，因此调动专业积累，理解教育教学现象是非常重要的。理解的过程同时也是反思的过程，反思意味着对教育教学现象以及教师的应对情况进行基于教育学、心理学以及学科理论的专业评估，对其中的复杂因素以及因果关系进行梳理。在这个意义上说，专业阅读是专业写作的前提。

二是强调与实践相关联。新教育认为，只有做得精彩，活得精彩，才能写得精彩。专业写作的根基是专业实践，专业写作的目的也是服务专业实践。实践水平决定着专业写作的水平。专业写作是对日常教育教学的观察、记录与反思，是无法脱离专业实践而单独存在的，因此专业写作与实践始终是编织在一起的。

三是强调客观呈现，反对追求修辞。专业写作是学术性写作而不是文学写作，因此更注重事实、学理和逻辑，强调客观地呈现问题，反对任何形式的抒情化、浪漫化写作。所以，教师的专业写作需要忽略丰富性，淡化“戏剧性”，强调简单性，突出逻辑性。

四是主张师生共写随笔。即师生通过日记、书信、便条等手段，相互编织有意义的生活。在儿童课程中，学生写作被称为“暮省”，并包括了绘画在内的多种多样的方式。师生共写随笔的本质是“共写”，也就是共同生活。共同生活意味着彼此围绕共同的话题，通过共同的密码分享意义。在许多新教育实验学校，教师通过书信、便条的方式与学生和父母沟通，已经成为一道亮丽的风景，如常丽华老师每天给父母的共读便签，我曾经说是她写给父母们的“情书”。

五是注重案例研究。在要求全体实验者进行日常教育叙事的同时，新教育实验正研究对典型教育案例进行多角度的理解和解释，并日渐积累成一个“中国典型教育案例库”。在教育过程中，我们会不断地遭遇层出不穷的问题并忙于应付。其实，这些问题有很大的相似性，在一间教室里发生过的事情，在其他教室里往往也发生过。甚至，这些问题的类型也是有限的，比如早恋、作弊、上课说闲话、教育惩罚、学生竞争、亲子交流等问题。如果对这些典型问题进行集中的案例研究，就可能为任何教师在处理教育问题时提供一个丰富的可供参照的资源。

目前，在绝大多数学校，一方面同事之间讳莫如深，教室的门始终向他人关闭，教师之间仍然是生活在同一个校园里的陌生人。另一方面，一些渴望成长的年轻教师仍然处在孤军奋战的状态，他们个人的摸索往往由于自身的思维局限而无法看清问题的本质，他们个人的反思也往往由于自身的理论功底而无法对自己导致问题的思维方式进行剖析。所以，新教育实验认为，打破教师之间的这种隔膜，形成对话的传统，在专业阅读、专业写作的基础上，借助专业发展共同体提升教师的专业化水平，是教师成长的必由之路。

其实，教师专业发展共同体的问题一直是古今中外教育学者关注的重要问题。古人早就讲过“独学而无友，则孤陋而寡闻”以及“三人行必有我师”的道理，教师的成长“生态”也得到现代教育学者的关注。美国斯坦福大学的格鲁斯曼教授（Grossman）等以案例研究为基础，对教师专业共同体的内涵、特质及组建过程进行了较为详细的描述与说明，明确指出了“教师专业共同体”和“一群教师”之间的本质区别；迈克劳林（McLaughlin）则对教师专业共同体对于学校发展的作用进行了研究，指出专业发展共同体可以支持和帮助教师改进和完善自身的教学实践，帮助他们解决由于学校的改革和变化而出现的危机感和不确定感，以使教师去应对变化的环境和新的挑战，从而为学校走向成功提供了适宜的组织与精神资源。

新教育认为，教师专业发展共同体必须建立在自觉自愿、积极主动的基础之上，这是形成良好共同体宽松氛围的土壤。如果只是利用行政命令，而不是“尺码相同”的人的相聚，共同体就会流于形式。同时，共同体成员的共同愿景非常重要，在活动中应体现其整体性的目标及阶段性的目标。每个成员都能在心中明白共同体的价值与方向，在团体活动中要不断证明自己存在的理由与意义，在活动中体验成就感，这是持续参加共同体活动的动力，也是激活其持续发展最主要的因素。

新教育还认为，教师专业发展共同体需要引领与榜样。任何共同体都需要引领，引领者可能是校长，也可能是普通的老师。运城新教育实验学校的一位老师曾经这样描述他们学校的困惑：“如何读透一本书，如何将所读书目与实际教学活动有效结合起来。如果在共同体中缺乏引领，会造成知识性的链接缺乏，使水平相当的共同体无法进行深入研讨，从而使活动大打折扣。”所以，在共同体内部缺乏这样的引领者的时候，要么主动寻求外部的引领者，把共同体放在一个更大的共同体之中；要么共同体内部的人尽快成长，用阅读和写作擦亮自己，主动推进共同体的发展。当然，教师专业发展共同体也是需要约束的。这些约束是通过共同体成员的协商制定的，是大家的“契约”。

当然，教师专业发展的三个方面，都是建立在反思性实践的基础之上的，而这种反思性实践，又是以专业阅读、专业写作、专业发展共同体为支撑的。专业阅读是一种吸纳，专业写作是一种梳理表达，专业发展共同体是一种境域，是专业发展之背景。专业阅读是站在大师的肩膀上前行，专业写作是站在自己的肩膀上攀升，专业发展共同体则是站在集体的肩膀上飞翔。

从生命叙事的角度来说，每个教师都会不断地遭遇问题，这些问题你有可能解决不了或者解决得不够好。这时候，他可能要通过围绕这个问题的阅读来协助解决，需要通过与共同体成员的对话或者协作来解决，并要通过有意识的书写对问题进行梳理反思。而每一个问题的解决，都增进了他的个人经验，丰富了他的个人知识。

所以，教育生活中的危机与遭遇，教师的困惑、思索、探索与解决这些危机与遭遇，就是我们生命叙事中的波澜，是我们生命意义的源泉。所以，重要的不是生命有没有遭遇困境、问题，而是生命如何将这种遭遇书写为创造意义的叙事。就像每一部打动人心的小说一样，我们的生命正是在解决不可能的任务中，成为动人的故事的。

七、生命叙事的诗、思、史

生命叙事，就是“诗”与“思”交织出一个或完整或破碎的“史”。

任何生命，最初都蕴含着无穷的生命力和可能性，蕴含了独特的生命密码，这是生命的浪漫阶段。但是，当生命被抛入世界，或者被抛入职业之中，往往会经历各种各样的迷失。或迷失于名利场，或迷失于另外的各种喧嚣之中，生命的可能性因此被抑制，人往往找不到自己。因此，生命必须经历一个不断地思的过程，这是生命的精确阶段。生命通过反思、梳理，不断明确方向，拒绝各种诱惑，从而不断地蓬勃向前。最终，生命仍然会朝向诗的方向，在“诗”与“思”的交织中进入真正的自由之境，并唱出一首伟大的歌，这是生命的综合阶段。

教师的职业史，也是这样的一个“诗”与“思”交织的过程，或者说，也是一个“浪漫—精确—综合”不断交织循环的过程。

一般而言，教师总是先感性地、直觉地、自发地进入教育场景，这时候，教育教学对教师而言，是朦胧的、新鲜的、整体的，教师凭借着在师范时学到的知识，凭借着对学生的爱进入教育教学之中。这是职业史的浪漫阶段。

许多教师终生处于浪漫阶段。但是一个教师，不可能仅仅依赖于直觉和生活经验去面对孩子，也不可能仅凭热爱，他必须去理解孩子、理解生命、理解教学，这需要一种精确的修炼，这一过程，即是专业发展的过程。例如，他可以通过不断地学习教育学、心理学、课程理论，以及本学科的专业知识来迎接挑战。这是职业生涯的精确时期。

经过浪漫期的大量积累，经过精确期的专业训练，教师可能会形成丰富的专业素养，拥有比较自觉的教育哲学和专业方面的个人知识，能够凭借专业技能解决大部分专业问题，即在一定程度上达到自动化水平，这是职业生涯的综合阶段。

新教育实验认为，理想的专业发展路径是，拥有足够丰富的浪漫时期，并能够进入足够清晰和深邃的精确时期，最终进入足够丰富和开放的综合时期，形成足够卓越的专业洞察力和解决问题的能力。

“浪漫—精确—综合”不是一种机械的阶段划分，而是职业史中不可逃遁的内在的发展结构或者说节奏。从本质上讲，教师专业发展，不是单纯给予教师不断增多的知识，而是在教师内部形成一种“深刻的状态”。这种状态，可称为信仰与智慧。信仰属于职业认同，包括对工作的热爱以及对自我的认识，智慧是指处理工作问题的能力。

一个完美的生命史，既是诗与思这两股生命之绳的永恒纠缠，同时也是“浪漫—精确—综合”不断循环的过程。但无论哪一种生命，只要不失其本来面目，那么它就必定不能丧失生命的“诗”与“思”，而艺术与哲学（以及从这里分化出的科学），就是生命本真的“诗”与“思”的学科化。这种学科化既是对生命的精确化，也隐含着对生命完整性的可能的损害。当“思”极端地发展为体系哲学，以及科学主义的时候，我们已看不见生命的面目，把体系本身当成了真理，把对自然的研究当成了全部意义。当“诗”否定“思”，并以一种粗俗的方式出现的时候，我们同样看不到那种深邃、清澈的生命。

如果童年和少年时期是一个人生命中“诗”“思”未分的浪漫期，那么职业生涯就意味着步入精确（分工、学科本身都是一种精确），但是，生命还告诉我们只要我们愿意与努力，就还能在这特定的职业中实现生命的意义，达到生命的综合时期——也就是“诗、思”实现并重新一体的状态。

任何人的生命，如果得到完美的实现，那么它都孕育着一首伟大的诗，这就是生命之歌，存在之歌。在生命的混沌的童年与少年时期，是由我们身为教师者，传授、给予他生命叙事的元语言，告诉他何谓英雄，应该以谁为榜样，什么是本质的诗。而我们自己，也正是从这样的童年少年中走来，直到某一天，我们站在人生的楼头：

“昨夜西风凋碧树，独上高楼，望尽天涯路。”人生首先需要寻找，寻找你的“良人”。这个“良人”不是别人，而是你自己，是你的榜样、范本，是你的自我镜像，是未来之你，是你要走向的地方，是你要成为的人。你终生都在寻找，并渐渐长成他的样子。

“衣带渐宽终不悔，为伊消得人憔悴。”这是你调理弦索，为这首伟大的歌曲做准备的阶段。你需要经过痛苦，经过艰辛的练习。你必须学会向崇高之物俯首，以谦卑的姿态修炼自身。同时，还要学习远离那些轻浮的音符的诱惑，在不断地选择中形成自己。

“蓦然回首，那人却在，灯火阑珊处。”[①] 最终，你会找到自己，会唱出你的生命之歌。你的生命之歌，一定不在万众瞩目的地方，那倒可能是异化或迷失之所。相反，它始终在你的内心深处，需要足够的寂寞和艰辛才能够真正找到。

八、像孔子一样做教师

有没有一位老师曾经在他的一生面临重重困境时却依然如此信任世界，如此信任生命？

有没有一位老师曾经在他的一生中孜孜不倦地学习，不知老之将至，生命将息？

我们知道，至少有一个人曾经那样，自觉地把一生视为修炼的过程，努力地让自己的生命与“天”“道”或“真理”融为一体。他就是我们的先师孔子。

孔子的一生，是一个伟大教师的一生。他曾这样描述自己的一生：

“吾十有五而志于学，三十而立，四十而不惑，五十而知天命，六十而耳顺，七十而从心所欲，不逾矩。”[②]

“吾十有五而志于学”，这是指生命要进行漫长的学习修炼，这种学习，是终身学习，是“吾日三省吾身”的学习，是“朝闻道，夕死可矣”的学习，是朝向真理，朝向生活的永恒探索。同样重要的是，孔子所讲的学习，乃是原初意义上的学习，即一种反思性实践。《论语》

---

① 陈鸿祥著：《人间词话注评》［M］．南京：江苏古籍出版社，2002年，第76页。

② 杨伯峻译注：《论语译注》，北京：中华书局，1990年，第12页。

中有这样一节：

“子夏曰：贤贤易色，事父母能竭其力，事君能致其身，与朋友交言而有信，虽曰未学，吾必谓之学矣。”①

由此可见，孔子的学习是知行合一的学习。孔子不但开创了终身学习的传统，同时还开创了学以致用、知行合一的实用主义传统，与几千年后美国实用主义哲学家、教育家杜威在许多方面遥相呼应。

“三十而立”，何谓“而立”？立，即生命独立、独特地站立于天地之间，成为一个充沛的个体。在孔子身上，它主要体现为成为“礼”的信守与张扬。对今天的教师而言，则体现为能够熟练地处理各种事务，拥有基本工作能力。一个教师因何立于讲台甚至立于世？这种基本修炼，是职业生涯的基础。因此，“而立”既是一个职业的境界，也是真正意义上职业生涯的开端。

“四十而不惑”，“不惑”，即是指不再迷惑。有了信仰，有了绝对的信念，人就不会再被种种声音所迷惑。这些迷惑，既有外界的种种诱惑，又有内心的种种困惑。为何先是“而立”，然后再是“不惑”？为何先是专业发展然后才是职业认同？因为专业发展是技艺之事，而职业认同关系到生命最深的意义感，它是对真理的体悟。没有道（真理、神性）在心中，人便既不能对付世界的喧嚣，也不能对付内心的躁动。让一片土地不生荒草的办法是种上庄稼，不惑的办法是获得信念，是培植对生命、对世界、对人类历史的根本信任。

“五十而知天命”，“知天命”是指皈依之后，经历西天取经般的漫长历程，最后获得的对自己来世一遭使命的清晰认识。“理一分殊”，真理与大道，在每个时代，在每个独特的生命里，总会呈现为不同的实现方式。这一独特的实现，就是天命。它对于孔子而言，就是在礼崩乐坏的时代，重新弘扬一种超越的准则，不屈从于功利主义与现世主义，不屈从于强权与武力，而以道德（仁）的绝对价值来规范社会和人生。在当今这个时代，对我们站在平凡的小小教室中的每个教师，我们的天命是什么？它也必然同样是真理与大道在此处的一种显现与规定，问题

① 杨伯峻译注：《论语译注》，北京：中华书局，1990 年，第 4 页。

在于，对它的认知与体认，需要我们用一生的时间来完成。

“六十而耳顺”，在担当天命的过程中，生命既已洞察对自己内在奥秘的认识，又已洞察对天时、地利与他人的认识，它就能够倾听各种不同的意见，理解不同意见背后的合理性但又不失自己的原则判断。同时，这也意味着生命获得一种新的姿态，一种对于整个世界的同情与悲悯，以及不失原则的与世界上的一切和谐相处的态度。

“七十而从心所欲，不逾矩”，这可能是儒家人生之最高境界，生命之圆满状态，也就是自由之境。也许对此一境界，我们终生不能企及，但是，它的存在，让我们的生命以及职业，也有了一份共同的高贵与神圣。

在这里，孔子用简洁的语言把他自己的生命，以及职业之进阶，勾勒出来供我们阅读。我们在这里读到的，是不同于耶稣反抗、牺牲、成圣的宗教先知叙事，不同于苏格拉底追索、启迪、批判、献身的哲学先知叙事，更完全不同于康德等学院智者的叙事，而是一个丰富、丰盈，既娓娓动人，又不断超越乃至悟得大道真理的独特的生命叙事。

细读孔子的一生，他没有作过一首诗，但是他的整个生命呈现为本质的“诗”性，他没有写出一篇正式的哲学论文，但他的整个生命呈现为本质的“思”的状态，他没有波澜壮阔的生命经历，但是却提供了一个在平凡生活中由最普通的生命达到至高境界的叙事与史诗。

和后世许多写出一部部专著的哲学教授相比，孔子的生命有着更多思想原创性。和后世许多以音乐或其他艺术为生的艺术家相比，孔子的生命更经常地呈现出本质的“乐”（诗）。这种诗性与思性，贯穿于成熟后孔子的全部生命，我们在《论语》的大多数语句中，可以体悟到这种深切的“思”与“诗”。如《论语》开篇说：

“学而时习之，不亦乐乎？”①

“乐”，源自音乐之乐，是生命与艺术、与自然万物、与知识、与他人乃至与真理的共鸣。这种“学”与“习”的状态，因为“乐”，就处于本质的“思”中。

---

① 杨伯峻译注：《论语译注》，北京：中华书局，1990 年，第 1 页。

“有朋自远方来，不亦说乎?”①

“说”，是语言的“兑现”，是拥有共同的语言，是语言的共鸣。二人为仁，这种生命与生命之间的“说”“共同语言”“共鸣”，使得孔子的生命与道家消极遁世不同，使得儒家的道不局限于道家的道（自然之道），而是基于共同天道的人道。

“人不知而不愠，不亦君子乎?”②

虽然世间的“圣人”是儒家的最高标准（不同于基督教与佛教的神），但是孔子一生只以追求成为儒家君子自诩。或者可以说，君子才是儒家知识分子所追求的真正目标。而这个君子，既学而时习之，以达到与知识共鸣，存在于真理之中；又与友朋相说，以达到仁的标准；更人不知而不愠，以内在与道的体认为真正的尺度。

如何做到人不知而不愠？为何要把人不知而不愠称为君子的一个尺度？因为孔子在告诫门人，生命的价值需要向内寻求。如前所述，孔子的一生，不是一个官阶不断上升的一生，不是一个财富不断积累的一生，不是一个声誉不断增添的过程，而是自在生命体悟逐渐深入的一生。

我们可以相信，孔子会赞同生命需要保持于一种“诗”与“思”的状态中，而真正的叙事说到底是内在精神的叙事。同样的，他也一定会赞同，虽然我们追求共同的大道与真理，但是因为际遇的差异，生命终将呈现出不同的历史面貌。因此子路与子贡，宰我与颜回，注定会以不同的方式叙事，并拥有不同的叙事风格。

是的，这个叙事确实在向世人宣告“道不远人”“非道弘人，人能弘道”的内在超越的道路。它告诉我们，在平凡的教书育人工作中，一个生命就可能悟得最深的真理，获得最高的成就。作为中国第一圣人，他的平生之志，居然就是“老者安之，朋友信之，少者怀之”。让长者、尊者对我们安心，愿意把事务交托；让朋友、同事对我们信任，愿意与我们共事、共同创造与承担；让年轻的生命在离开我们之后，会对我们共同经历的岁月念念不忘，并从中受益终身……这看似朴素的人生

---

①② 杨伯峻译注：《论语译注》，北京：中华书局，1990 年，第 1 页。

志向，不正是一个教师的最高梦想吗？

同时这个完美叙事也正在穿越时空向我们宣告：生命短暂，时光匆匆，在彷徨犹豫之际，岁月正大踏步地走向终点。如果我们每一个人此刻用最简短的文字来勾勒出自己的生命叙事，那么这已经过去的三十年或者四五十年，我们又已为自己写下了什么？还将为自己写下什么?!

九、结语（海门宣言）

在任何一个时代，理想主义为了让世界变得比昨天更为美好，也为了让自己偶然的生命具备恒久的意义，总是主动和世俗进行着或宁静或激烈的抗争。在这种永恒的争斗中，理想主义从来没有完全地胜利过，也没有彻底地失败过。但是，秉承理想或者背弃理想，却永远是人类裁定生命意义的重要标尺。

成为一个理想主义者，成为一个知行合一的理想追求者，这几乎是一个教师的宿命。因为教育一事本为理想而设，我们无法想象教育之事可以放弃理想主义而依然存在。为改造社会而终身奔波的孔子和孟子，最后也都把"得天下英才而教育之"当成了他们人生的归宿、意义的所托，并最终成就了自己的生命意义，为中国社会不断更新提供了永久的资源。

以孔子为职业榜样，为人生典范；重新体认以儒家精神为主体的依然有生命力及超越意义的思想传统，把它们作为自己生命叙事的元语言；把自己的生命看成一首由自己书写的诗歌，一部精神的小说（传奇）；选择一种优美与崇高兼具的生命文风；无论如何，对世界抱以一种开放的信任，对生命抱以一种坚定的信念，对职业抱以一种深沉的敬畏；既让自己的生命恒久地处于"诗"与"思"的状态，又不断地修炼自己的职业技能，以努力达到在教育教学之事上左右逢源的自由之境；并最终把这一职业生涯锻铸成一部精致而隽永的历史……这就是新教育教师专业发展项目对理想教师的一个概述。

面对生无所息的职业倦怠与现时代的精神危机，是自甘沉沦还是自我救赎？新教育实验提出这个问题，把对教师职业的思考逼到一种"非此即彼”的信仰抉择的处境之中，就是为了重申教师职业的崇高天命，让每一位新教育教师对这个问题进行自己的追问与解答。谁向着生命深处提出这个问题，谁就是开始对之作出最初的解答，而最后的答案，是他最后的整个叙事，由他自己在今日书写，由他的学生们和后人们阅读与流传。重要的不是这阅读与流传，而是他在自己有限的人生中，最终体认到真理在自己生命中如此确定的实现。

非常高兴的是，我们已经看到，以常丽华老师为代表的一群年轻的新教育人，已经开始自觉地以孔子为职业生涯的榜样，成为我们民族元语言的守护者和传播者。五年以来，她和她的 30 多个孩子，读了 500 本左右的图书，许多书是与父母亲共读的。2007 年，她又领着孩子们用唐诗宋词、用音乐图画穿越 24 个节气。前不久，她又和孩子们一起完成了孔子课程。一年多的时间，在小小的教室里，他们一起走过了春夏秋冬，走过了孔子的人生，感受着诗词的温暖和气息，触摸着一颗颗伟大的灵魂，在农历的天空下，他们唤醒了唐诗宋词，唤醒了中国文化，也唤醒了自己。

我们也看到，越来越多的新教育教师，开始自觉地将自己的生命与学生的生命编织在一起，把自己的生命汇入由孔子开创的伟大的传统之中，汇入正在形成的新教育传统之中，真正地摆脱种种虚无与倦怠，过上一种幸福完整的教育生活。

其实，这就是新教育人的承诺，也是新教育人的梦想。

带着这种承诺与梦想，愿所有新教育人联合起来，书写教师的生命传奇，也书写新教育的传奇，书写中国教育的传奇。

（2009 年 7 月于江苏海门，第九届新教育年度研讨会）

第八章

文化为学校立魂

每年的新教育年会，都是新教育人的庆典，也是新教育再出发的新起点。

每年的年会，都有一个共同的话题让大家铭记。2006 年，我们在北京提出了新教育实验的核心价值“过一种幸福完整的教育生活”；2007 年，我们在山西运城提出了新教育儿童课程的主题“共读共写共同生活”；2008 年，我们在浙江苍南提出了新教育理想课堂的境界“知识、生活与生命的深刻共鸣”；2009 年，我们在江苏海门提出了新教育教师专业发展的追求“书写教师生命的传奇”。至今，新教育虽然远远没有完成自己的理论构架，但是，从教育价值到课堂境界，从教师发展到学生生活，教育的一些主要问题，已经初步涉猎。现在，我们有必要从整体上，从根本上思考新教育学校发展的问题。

这个整体性、根本性的问题之一，在我看来，就是“学校文化”问题。这也是为什么今年的年会要把学校文化作为主题的原因。

一、文化与学校文化的界说

1. 什么是文化

文化是一个众说纷纭的概念。1952 年，美国人类学家克鲁伯和克拉克洪在其著作《文化，关于概念和定义的检讨》中统计出，1871 年到 1951 年的 80 年间，关于文化的定义就有 164 个之多。2004 年，英国学者英格利斯在《文化》一书中也指出，文化或许是人类活动和交流过程中“意义的各种声音”。[①]

在中国，文化一词最初是分而言之的。“文”本义指各色交错的纹理，一引申为包括语言文字在内的各种象征性符号，进而具体化为文物典籍、礼乐制度；也引申为彩画装饰、修饰、人为加工和经纬天地之义。“化”有改易、生成、造化、变化和化育的意思。“文”与“化”并联使用，较早见之于战国末年的《易·贲卦·象传》：“刚柔交错，天文也。文明以止，人文也。观乎天文，以察时变；观乎人文，以化成天下。”[②] 在这里，“人文”与“化成天下”紧密联系，“以文教化”的思想已十分明确。汉代刘向的《说苑·指武》把文与化合为一词：“凡武之兴，为不服也；文化不改，然后加诛。”[③] 意思是说，用武力征服那些不臣服的，并用文明来教化他们，如果再不改正，就加以诛灭。晋朝束皙《补亡诗》说：“文化内辑，武功外悠。”[④] 也是把“用武力征服”和“用文化教化”二者并举。所以，中国传统意义上“文化”，就是指“以文化之”，以文明教化之，是相对于武力与法律而言的精神层面的改变人、润泽人的途径与方法。

在西方，“文化”在拉丁文（culture）里包含几个语源学意义：（1）耕种；（2）练习；（3）居住；（4）留心和注意；（5）敬神。古希腊罗马时期，文化的意义丰富起来。古罗马著名演说家西塞罗的名言“智慧文化即哲学”，使文化具有了改造、完善人的内心世界的内容。这样，西方的文化概念，其初始意义大体上包含了对自然（耕种）和人自身（培养）的改造这两个方面的意义。它们都具有改变和摆脱自

---

① ［英］弗雷德·英格利斯著，韩启群等译：《文化》，南京：南京大学出版社，2008 年，第 118 页。

② 商姬昌著，朱熹注：《周易》，上海：上海古籍出版社，1987 年 3 月第 1 版，第 26 页。

③ ［汉］刘向著，王锳、王天海等译：《说苑全译》，贵阳：贵州人民出版社，1990 年 9 月，第 650 页。

④ 梁萧统著：《文选》，北京：中华书局，1997 年 11 月，第 1067 页。

然（外在的自然和内在的自然）状态的意思。

17 世纪，德国法学家 S. 普芬多夫（1632 ~ 1694）首先独立使用“文化”概念。在以后的一段时期里，文化主要被理解为对身体、心灵和精神的培育，这一概念在 18 世纪后期为欧洲思想界广泛接受。真正从文化学的学术意义上提出文化概念的，是英国文化人类学家泰勒。他在 1871 年出版的《原始文化》中给出了一个经典定义：“文化或文明，是作为一个社会的成员所获得的知识、信仰、艺术、法律、道德、习俗及其他能力与习惯的综合体。”① 以后，文化学说风起云涌，蔚为大观，但歧义众多，莫衷一是。

目前，文化概念的“群星灿烂”已经使众多文化概念构成了一个文化“家族”概念或“族概念”，它们相互对话、参照、补充，同时也集结在一起，汇合成一门科学整合的综合性学科——文化人类学，它几乎成为一门关于人的全面研究的科学，正如美国文化人类学家罗杰·基辛所指出的那样：文化人类学“是唯一能够广泛透视种种文化经验的学问，又具备兼跨生物科学和社会科学的基础，因此有资格对人类、人性、人的生活方式提出问题并加以研究”②。文化科学的这种综合趋势对人类文化的创造和整合也会产生深远的影响。

各种文化科学的概念对我们思考学校文化的建设当然都有重要的启迪作用。但我们不妨先看一下龙应台在就任台北市文化局局长时，面对一位议员提出的究竟什么是文化的问题，曾经做出的解释：

“文化？它是随便一个人迎面走来，他的举手投足，他的一颦一笑，他的整体气质。他走过一棵树，树枝低垂，他是随手把枝折断丢弃，还是弯身而过？一只满身是癣的流浪狗走近他，他是怜悯地避开，还是一脚踢过去……如果他在会议、教室、电视屏幕的公共领域里大谈民主人权和劳工权益，在自己家的私领域里，他尊重自己的妻子和孩子吗？他

---

① ［英］泰勒著，蔡江浓编译：《原始文化》［M］. 杭州：浙江人民出版社，1988 年，第 1 页。

② ［美］罗杰·M. 基辛著，北晨编译：《当代文化人类学》第十章。

对家里的保姆和工人以礼相待吗？在没人看见的地方，他怎么样……文化其实体现在一个人如何对待他人、对待自己、如何对待自己所处的自然环境……品位、道德、智能，是文化积累的总和。文化不过是代代累积沉淀的习惯和信念，渗透在生活的实践中。”①

可以看出，龙应台这里所说的文化，就是指通过人的行为表现出来的人的习惯、信念等精神气质。文化构成了一个人的基本风貌、基本特质，是一个人有别于其他个体的特点。也正是在这个意义上，康德、怀特等哲学家认为，文化是一种精神性的符号体系。

也正是在这个意义上，我们认为，文化其实就是指一个群体、组织在长久的共同生活中形成的生活方式，包括他们的思想、理念、行为、习俗、禁忌、传说、建筑、制度、一切作品……这个群体整体的一切活动，都将是这个方式的某种体现。

2. 什么是学校文化

教育本来就是一种文化活动。德国教育家斯普朗格早就说过：“教育也是一种文化活动，这种文化活动指向不断发展着的主体的个性生命生成，它的最终目的，是把既有的客观精神（文化）的真正富有价值的内涵分娩于主体之中。”②

学校文化具有文化的一般特质，又具有自身的规定性。它是一种特殊的组织文化，是学校精神的活生生的体现，是学校进而也是学生与教师生存与发展的根本之道。皮特森（Kent D. Peterson）指出：“学校文化是一组规范、价值和信念、典礼和仪式、象征和事迹，这些因素构成了一所学校不同于其他学校的个性，正是这些不成文的因素随着时间的流逝促使教师、管理者、家长和学生一起工作，一起解决问题，共同迎

① 摘自《读者欣赏》，2011 年第 12 期。

② 邹进著：《现代德国文化教育学》［M］. 太原：山西教育出版社，1992 年。

接挑战和面对失败。"① 据此，我们认为，学校文化是学校组织成员的精神皈依，是他们认同的信念、观念、语言、礼仪和神话的聚合体。它决定着人们的使命担当、价值追求和发展目标，同时显现在学校的一切教育行为（学校的节日、仪式、庆典、教学，以及各种具体的行为规则等）、各种物质载体（建筑、logo、色彩、绿化、教室、课桌、座椅、装饰、校服、网站甚至校徽、纸杯等）和全部的符号体系（校训、校歌、校徽、学校吉祥物，以及校风、教风、学风的语言表达）之中。

学校文化是学校发展的一种"软实力（Soft Power)"。提出"软实力"概念的美国哈佛大学教授小约瑟夫·奈指出，一个国家的综合国力既包括由经济、科技、军事等表现出来的"硬实力"，也包括以文化吸引力体现出来的"软实力"。"硬实力固然重要，但是在信息时代，软实力正变得比以往更为突出。"② 学校文化软实力是与学校的物质条件、硬件设施、教育技术、制度规范等硬实力相辅相成的，它既以独特的风貌展现学校的精神魅力，又为学校各种物质、技术、制度等实体力量的增长提供强大的动力。学校文化软实力一旦与学校物质硬实力有机结合，将刚柔相济，形成强大的综合力量。

学校文化软实力的形成来源于学校师生的文化认同，它意味着学校师生接受、内化并归属学校的核心价值理念及其相应的文化样式。学校文化认同一旦形成，就会表现出强烈的稳定性、聚合性、亲和性，其精神结构、价值系统、心理特征和行为模式，具有极强的渗透力和吸引力，能够产生巨大的弥漫和辐射效应，会超越时空，持久地支配每个师生员工的思想和行为。学校文化认同是维系学校秩序的"黏合剂"，是培育师生员工学校意识的深层基础，是任何刚性的物质力量、制度力量都无法替代的。

---

① 波达林著，范国睿主译：《理论与战略——国际视野中的学校发展》[M]．北京：教育科学出版社，2002 年，第 158 页。

② [美] 约瑟夫·奈著，吴晓辉、钱程译：《软力量：世界政坛成功之道》，北京：东方出版社，2005 年，第 152 页。

因此，新教育认为，应当坚持学校文化建设的价值追求，以追求卓越之精神为动力，以富有最高价值指向的文化精神为引领，努力促进学校文化的国际性、现代性与民族性的高度协同，挖掘一切可以利用的文化资源，将其精华融注到学校文化中来，建构一种积淀厚重、情理交融、充满活力、风貌独特的学校文化，为学生、教师和学校的长久发展打下坚实的精神基础。

二、学校文化建设的误区

1. 人类文化危机与学校文化缺失

我们之所以关注文化，不仅是新教育自身理论建设的需要，也是在全球化语境中文化的貌似繁荣而实质缺失的大背景下，新教育人的一种文化自觉。

在科技日益发达，人民生活水平日益提高的同时，人性的异化和精神的危机已经成为新的社会问题。物欲横流、价值幻灭、理性俗化、灵魂枯萎、情感沉沦、信仰丧失、精神荒芜。这仿佛是人类在现时代不可逃脱的宿命。马克思、恩格斯早就指出了现代文明进程的这一“二律背反”现象，西方许多学者也都清醒地看到，人性危机、精神危机、意义危机、价值危机，本质上都是文化的危机。胡塞尔提出科学危机时代命运攸关的“意义问题”，韦伯提出工具理性统制和价值理性失落的问题，福柯提出的“人之死”问题，斯宾格勒提出文化和文明誓不两立、缺少了文化内涵的西方文明已成一具僵尸的问题，等等，都是在提出警示：文化危机是人类危机中最可怕的危机，作为从根基上影响人类生活的力量，文化危机有可能导致人类精神世界的坍塌。

与文化的问题相似，形形色色的教育教学变革虽然创造和提供了令人炫目的新知识、新技术、新工具、新方法和一些似是而非的新观念等，但同样没有为教育灌注深刻而恒久的、能令学校世界所有的个人安身立命的文化精神。

2. 学校文化建设的形式主义

在一些学校，我们还看到了一些虚假的、停留在口头和纸面上的“学校文化”。它主要表现为三个方面，即物表化、文本化和标语化。

（1）物表化。我们看到，许多学校的建筑非常豪华现代，富丽堂皇，与宾馆无异。但是，如果学校的建筑、走廊、墙壁、庭院、塔亭、钟楼、绿化等景物，没有真正成为“文化”标识，没有真正成为师生生命和记忆的组成部分，没有具备深刻的文化内涵和教育意蕴，它们就只是一个建筑、一个图案、一个景物或者只是一种装饰或摆设。

（2）文本化。我们还看到，许多学校在应付各种检查的时候能够拿出完完整整的台账、制度文本。但是，如果这些制度只停留在文本层面，只是供检查参观之用，只是纸上谈兵，没有真正地成为规范学校成员行动的力量，它们也只是没有灵魂的台账、纸张。

（3）标语化。我们也看到，许多学校努力让每一堵墙壁能够“说话”，写满了各种标语口号，琳琅满目。但是，如果这些标语只是挂在嘴上、贴在墙上、印在宣传册上，没有成为师生的自觉追求，甚至行动方向与标语内涵南辕北辙，就只能是游离于学校文化的外在之物。

这样就形成了当前学校文化的一种怪现象：有些学校向你介绍的，总是一套高尚、圣洁、似乎也有条有理的学校教育理念。这套理念从使命愿景到校风校训，无不生动深刻，里面可能有儒家思想，有道家思想，有共产主义精神，也有西方的人本主义、建构主义，可以说是琳琅满目。但是，它真的是这所学校据此而存在、而生活的根本吗？它真的是这所学校朝向所在，并且在每日的努力中，有所体现的吗？事实上，那些言说的东西从来就没有成为校长和教师、学生真正的信仰，只是为别人言说的。在这些学校，往往是应试利益高于心灵发育，功利目的大于理想追求。

还有一种值得注意的现象，有些学校虽然并不是言行不一，有两套话语体系，而且是在努力地通过一个个具体的社团、课程、活动来追求“文化”。在这样的学校里，我们可以看到各种兴趣小组，各种艺术、体育、科技的活动，热闹非常。我们甚至可以看到这个时代所倡导的一切，都刻在了学校生活中。但是，在各种令人眼花缭乱的教育碎片中，我们难以分辨出什么是他们所真正追求的，而学校也不能觉察出自己在这些多少有些盲目的追求中，所缺乏的一种统领性、一以贯之的内在精神与文化理想。

在文化危机的时代，在学校文化荒废的时代，如何坚守文化精神，如何建设真正意义上的学校文化，是摆在我们新教育人面前的一个非常重要的命题。

3. 拯救之路：学校文化的自觉

新教育认为，文化是当代社会和当代教育面临的重大而急迫的课题，拯救学校文化的危机，是我们责无旁贷的神圣使命。

学校文化的好与坏，与学校是否具有文化的自觉有很大的关系。我们想要评价一种学校文化是好或者不好，就必须运用某种价值标准。我们认为，那种能够促进教师与学生的生命在学校中得到舒展、成长的文化，就可以称之为是好的文化。反之，那种压抑个体生命，并使整体生命也处于平庸的文化氛围，就是坏的学校文化。

我们认为，缺乏文化自觉的学校永远沉湎于学校的事务怪圈、技术操作、规章制约、任务完成，而具有“文化自觉”的学校，则清楚地知道自己在秉承什么，知道自己想要用一种怎样的理念去贯彻到学校的方方面面，去影响全体师生的生活，它关注的是呼唤教育教学的精神追求和皈依，反对任何形式的精神奴役，拒斥心为物役的精神扭曲，崇尚扎根于心灵深处的对自由、高卓、尊严、纯真、圣爱和诗意的精神祈望与眷注。

三、新教育学校文化的使命

凡致力于学校文化建设的校长和教师都知道，确立学校文化的核心理念，是学校文化建设中最为困难的一件事。因为它是最根本的，它的偏颇或者浅陋，将使得现任校长和老师们辛辛苦苦的努力，在不久之后被斥为不合时宜或者目光短浅，或者因为没有个性，没有自己的特色而不得不全部抛弃。而对它的抛弃，将使得依附于它而得到阐释的全部学校生活失去存在的理由与依据，而被继任者全盘否弃。

所以，确立作为学校文化的核心理念，确立作为学校文化之魂的使命、愿景和价值观，乃是新教育实验学校文化思考及建设的第一要义。

1. “过一种幸福完整的教育生活”——新教育学校文化之魂

新教育其实就是一种新文化。

对新教育实验而言，个体生命和共同体生命的良好状态，是一个绝对的原点。而倡导“过一种幸福完整的教育生活”，就是为了能够最大程度实现这种良好的生命状态。我们把它作为新教育实验学校的立校之魂、兴校之本、强校之基。为此，新教育也努力为自己树立起一个绝对的标尺，一切其他的因素都要以此为尺度，并从这里得以澄清与阐明。而这个标尺，就是作为新教育共同体成员必须共同遵守的学校使命。

在 2006 年 7 月新教育的北京会议上，我们正式提出了“过一种幸福完整的教育生活”的主张，并且从本体论、价值论和方法论三个方面初步阐释新教育的哲学主张。本体论反映人们对什么是教育的理解和认识。从本体论来说，我们认为教育是一种特殊的生活，这就是所谓的教育生活。价值论反映人们关于教育的功能与意义的认识。从价值论来说，我们认为新教育所追求的教育生活，应当是幸福而完整的。方法论反映人们对于如何实现教育的价值的对策。从方法论来说，我们主张通过营造书香校园等六大行动，以及“晨诵、午读、暮省”“毛虫与蝴蝶”、教师专业发展等项目，来实现过一种幸福而完整的教育生活。

新教育认为，儿童的学习不应该只是“为将来的工作与生活作准备”，教育本该是生活的基本方式，儿童今天在学校里所接受的教育，在为长远的人生与社会理想服务的同时，本身就应该是幸福的生活。而今天教育生活的质量是否幸福，将影响今后的生活质量和幸福指数。

强调过一种幸福完整的教育生活，不仅仅有对教育终极意义的思考与追求，更有我们对当下某些教育问题的担忧与不满。应试教育是单向度的、是畸形的、是片面的、是唯分数的教育，其中最大的问题是缺乏作为人的教育，把人作为应试的机器，忽视了人的幸福感和完整性。

强调过一种幸福完整的教育生活，是因为教育生活的主体是人，而人的生活“是一个整体，一个总体”。人有多种需要：生存的需要、安全的需要、交往的需要、创造的需要、成就的需要等。随着人的需要不断发展，还会不断产生新的需要，满足这些需要，才能够有幸福感可言。

在“幸福”后面加上“完整”二字，主要指的是教育要促进受教育者“身、心、灵”的完整，新教育实验认为，过于偏重静态学科知识而忽略心灵与身体的教育是不完整的；即便在智育中，割裂的学科、分裂的知识本身也已经不再是完整的。新教育实验试图通过自己的努力，能够实现人的“全面和谐的成长”。

2. “信”：新教育实验学校的文化认同

我们坚信，新教育提出的“过一种幸福完整的教育生活”“促进个体生命和共同体生命的良好状态”，这个原点、使命是经得起时间考验的，是能够指导日常教育教学和教研生活的。而认同这个核心理念，坚守这个精神，把它作为学校的共同使命，是新教育共同体成员必须坚守的方向。

对于教育的信任、信心、信念、信仰，是新教育的根本概念，也是新教育文化的基本特征。一旦我们的教师拥有了这样的“信”，他就能够书写自己生命的传奇；我们的校长和师生拥有了这样的“信”，就能够真正让学校拥有灵魂。

这种“信”的建立过程，其实也就是学校文化的形成过程。而这种“信”一旦形成，成为学校血脉的一部分，那么，它就会影响到学校生活的所有方面。而所有学校内生活的个体的一切行为，都与这个文化整体保持着一种张力：或者遵循它，或者对抗它，或者在与之对话，进行着一种不易察觉的改写。

3. 用新教育精神践行新教育学校的文化使命

在2006年新教育的海门会议上，我们正式提出了新教育人必须遵循的四种精神，即执着坚守的理想主义、深入现场的田野意识、共同生活的合作态度和悲天悯人的公益情怀。我们提出，新教育人是一群为了理想而活着的纯粹的人，是为了帮助他人不断地走向崇高从而也让自己不断走向崇高的人。

我们要求所有的新教育人，努力用新教育精神践行新教育的学校文化使命，以执着的理想，合作的态度，扎根于田野，做一番公益的事业；要求所有的新教育教师，努力成为一个所教学科的虔诚的传教士，一个卓越课程的开发者，一个完美教室与完美校园的缔造者。

新教育主张相信种子相信岁月，执着是一颗神奇的种子，坚守是一株顽强的野百合，理想主义是一片丰沛的气候土壤，当执着坚守的理想主义汇合在一起，我们就可以看到妙不可言的教育的春天。

4. 月映千川：新教育学校文化的共性与个性

我们知道，对于每所学校文化建设的过程中，只有属于自己的，那么书写下来的，才是一个自己的故事，而作为这个故事的书写者兼主角，才有书写的激情和愿望。同时，只有属于真理的，那么书写才可能获得成功，才可能让自己的故事成为一个卓越的故事。

在明确了把过一种幸福完整的教育生活作为学校的使命以后，如何在坚持一种真理性的文化愿景和价值观之下，打造属于自身特色、彰显个性生命的学校文化，就成为我们需要思考的一个问题。

这同时也是一个哲学问题。佛教和儒家都喜欢用一个比喻“月映千川”，意思是说，月亮是只有一个，但是河流却有无数条。同一个月亮映在不同的河流上，会呈现出不同的风景。但明月毕竟还是这一轮明月，只是哪一处风景是完全相同的呢？

如果说“过一种幸福完整的教育生活”是这一轮高悬的明月的话，那么每一所学校就是一道河流。问题在于，这一轮明月在照亮具体一道河流的时候，它将呈现出怎样独特的教育风景呢？

四、新教育学校文化的表征

文化既至高无上，微妙至深，又鲜活自然，无处不在。古人所谓

“道不远人”，所谓“道散为器”，所谓“体用不二”……就是这个意思。新教育的学校文化也是如此，它需要把新教育之魂加以外化或对象化的表达，也就是说，要在学校的每个细微领域，如物质载体、制度规范、行为方式、符号表达等等，氤氲新教育文化的生机，浸润新教育文化的精神，真正让新教育之魂在学校生活的方方面面体现出来，换而言之，学校的日常生活，应该努力把新教育之魂“活出来”。

1. 使命、愿景、价值观：新教育学校文化的核心

走进校园，首先看到的虽然不是使命、愿景、价值观，但是，他们却是一所学校最根本性的东西，学校的一切，都是建立在使命、愿景和价值观的基础之上的。

使命，就是学校的责任，或者学校为什么而存在。

愿景，就是学校的蓝图，或者学校在未来较远的时间里，要抵达哪里，成为什么。

价值观，就是学校对于好坏、善恶、美丑、成败、是非的一种基本价值信仰和评价标准，对事物的意义、重要性的总评价和总看法。把学校中许多价值作一个清理，排一下顺序，确立一个优先原则，就是学校的价值观体系。

一所学校的使命、愿景和价值观，体现了新教育学校文化的理想追求和精神境界，它往往是学校经过长期追寻、苦苦思索，经由充分的酝酿讨论，然后由文本固定下来的。

包含使命、愿景、价值观的文件，应该是一个学校的“基本法”，是指导全校师生行为的根本大法。这个基本法是一所学校不可以轻易更动的。从某种意义上讲，更换了一个学校的使命、愿景、价值观，也就是更换了一所学校。纵然地点还在，建筑还在，名字还在，但是我们所面对的，却已经不再是文化意义上的那个学校了。

而且，这个学校的“基本法”，应该超越任何一任校长，它应当规定校长以何种程序，才能恰当地重新处理、阐释这些理念。而不至于任何一任校长走马上任，首先都是费尽心机另搞一套话语系统。

对于一所具体的新教育实验学校而言，认同并且自觉践行新教育实验的文化使命“过一种幸福完整的教育生活”，应该是加盟新教育的前提条件。需要的只是不断加深对于这一使命的解读、对话，从信任走向信仰。

在明确了使命以后，描绘愿景是建设新教育学校文化的关键。一般而言，一个好的新教育学校的愿景，必须具有前瞻性，体现学校未来的发展目标；具有清晰性，如麦当劳的“成为全世界每一个社区的最佳雇主”，盛大的“网上迪斯尼”，长江商学院的“中国 CEO 的‘西点军校’”等等，都是人们耳熟能详的“愿景”；具有激励性，让学校师生员工能够激情澎湃，愿意为之全力以赴。

如果说愿景描述的是我们要抵达哪里、成为什么，那么价值观要描述的就是如何抵达，靠什么来实现愿景和使命，它回答的是我们为什么只能这样做而不能那样做，哪些事情可以做，哪些事情坚决不能做。价值观是为实现使命、愿景而提炼出来，并予以倡导、指导师生员工共同行为的准则。

2008 年初，新教育研究院研究中心和翔宇教育集团合作，在宝应实验小学搞过校中校试验。当时他们曾经集体决议，为共同体拟定了一份学校的“使命、愿景和价值观”。

其中的“使命”是这样表述的：在学校内实现“过一种幸福完整的教育生活”的教育理想。

其中的“愿景”有四个：一是在不采取应试教育（题海战术）的前提下，学生素质及成绩均居江苏省一流水平（并可对此进行质性及量化评估）；二是成为全国范围内的卓越的专业发展共同体；三是全方位领跑新教育实验，成为新教育实验的示范学校；四是成为新教育实验的培训基地、观摩基地。

而其中“价值观”（集体承诺）有五个方面：第一，不存在高于学生成就的教师荣誉和集体荣誉——我们把促进每个学生的进步，当成是教师的最高荣誉（一个孩子的进步，胜过教师或学校获一个全国一等奖）；第二，对每个学生怀着高度的成功期待，并悉心跟进对其学习的指导；了解每个学生的学习困难及潜能；第三，不采取题海战术（事先检验每一道学生即将用时间去完成的练习），引导家长提高家庭教育品质，但不将教育责任推诿于家庭；第四，确保课堂教学的高效，呈现所教学科的丰富性与魅力，在各学科教学中，促进学生的理解力（在可理解的学科里，反对死记硬背）；第五，认同新教育实验理念，恪守新教育人的理想、公益、田野、合作精神。

在此基础上，这个文本还提出了学校的阶段目标、教师标准、学生标准、价值优先顺序等。

这份文件是由执行校长起草，全体教师在阅读草稿并提出修改意见后，再由校长通读修改稿，全体教师举手表决通过的。

学校的管理层表示，自己的一切行政行为，都只是对这份文件的守护。即他们所做的，就是让这份文件的精神成为活生生的事实，而不成为一纸空文。

同时，任何教师都可以以这份文件为根据，批评任何一位管理人员和同行。不存在高过这份文件的个体意志——当然这份文件在起草与集体通过的时候，也不会让文本逾越人道的边界，逾越法律和道德的边界，以致侵害到个人的利益，尤其是个人的自由意志。

尽管这个文本有许多不成熟之处，但是这份旨在实现和捍卫“过一种幸福完整的教育生活”的学校制度，仍然可以成为我们思考与行动的参照或者起点，尤其是学校的使命，应该成为所有新教育实验学校共同的追求。我们渴望在这次会议以后，有更成熟的试验和文本出现在新教育实验学校中。而我们即将诞生的芦滩小学，也将全面实践新教育学校的使命、愿景、价值观。

2. 校风、校训：新教育学校文化的精神之窗

与使命、愿景、价值观一样，学校的校风、校训有时候也是看不见的（尽管我们可以用文字的形式在校园里呈现出来），但却是学校文化精神性的纲领，是学校使命、愿景、价值观的一种诗意化、简约化表达。

一所学校的文化有两种来源：一种是学校优秀的历史积淀——一所好的学校，在它写下的自己的历史、自己的故事中，总有一些精彩的部

分，有值得后人继承、发扬的东西存在；另一种是学校有意识的追求——即从某一任校长开始，学校把某个理念当成全校师生追求的梦想或标尺，然后大家朝着它不懈地努力。从这个意义上来看，我们所说的“校风”（学校风气），其实是从历史积淀下的文化的实然状态来说的；而我们所说的“校训”，其实是从学校应该朝向的理想境界，即学校文化的应然境界来说的。所以，校训应该秉承了学校的使命、愿景、价值观的基本精神。

我们重点考察一下校训。校训应该是学校提出的对全校成员具有规范、警策与导向作用的行动口号。一个好的校训，不仅能够体现一所学校的办学传统，也能够反映这所学校的价值追求。所以，它往往是我们打开一所学校历史文化之门的钥匙，是我们眺望一所学校精神家园的窗户。一个好的校训，同时能够成为师生共同遵守的基本行为准则与道德规范，成为激励师生积极向上的力量源泉。

我们都非常熟悉许多著名学校的校训。如清华大学的“自强不息，厚德载物”，复旦大学的“博学而笃志，切问而近思”，南京大学的“诚朴雄伟，励学敦行”，如北京林业大学的“养青松正气，法竹梅风骨”，北京舞蹈学院的“文舞相融，德艺双馨”，如南开中学的“允公允能，日新月异”，郑州正始中学的“人生正始，伟业我待”等。

那么，一个好的新教育实验学校，应该具有怎样的校训（及其所象征的学校使命、愿景、价值观）呢？我们认为，它应该要具备以下几点：

第一，它应该从一个特定的角度，阐释“过一种幸福完整的教育生活”的新教育理念，或者说，它至少是和这个理念不相违背的。那种只要分数，认为有分数就有一切，另外的所有追求都无足轻重的教育观点，那种为了明天的幸福可以牺牲今天的快乐的教育观点，以及体现这些观点的格言，显然是与新教育实验的宗旨南辕北辙，背道而驰的。

第二，它应该与中国文化的精神内涵相一致，尤其是和儒家自强不息、仁心充溢的精神高度一致。我们应该相信，我们的教育思考和教育叙事，是在这个土地上的教育思考和教育叙事，我们所用的语言和精神资源，首先是属于这片土地的。只要我们还守在这片精神文化的土地上，我们就必须从中汲取积极向上的能量，成为我们安身立命的根据。

第三，它应该具有独特的个性。一个好的校训，总是完全地属于自己的，甚至是只属于自己的——它越是只属于自己，也就越能够启迪其他学校，越能够完美地实现其教育理念。我曾经就读的苏州大学前身东吴大学，把“养天地之气，法古今完人”作为校训，以及本节开头引用的一些校训，都彰显了这些学校独特的文化历史、文化成就和文化个性。

第四，它应该富有诗意，言简意远。好的校训总是一种较诗意、较含蓄的表述，总是可以不断地阐发，不会停留在这个时代的局限里。同时好的校训要有充分的想象空间和展开的余地，不能只是对于某一个细微的局部的关注。譬如说，它可能用“端正”作为校训，因为“端正”作为一个尚未被阐发的价值，可以渗透到学校的一切生活中，但是如果把“字要写端正”作为学校的校训，就显得狭隘了。

第五，它应该有向上的力量。校训最好是一种积极、高远的表达，具有精神引领的作用。即它要具备有激励人生出浩然之气，从而意识到生命的尊严，进而去为之努力的作用。如有些学校喜欢“草根精神”，但是让十来岁的处于花季的孩子们去像草根那样默默无闻，不求花开，这事实上是对生命发展阶段的误解。

作为校风、校训的语言往往是格言式的，具有高度概括性与抽象性。所以，虽然它能够被无尽地阐发，却也同时因此而显得抽象、单调，尤其对学生而言，它有时似乎只是一个没有生机的教条。因此，校风、校训应该与特殊的学校文化象征物，学校文化的榜样人物完美地结合在一起，成为一组可触可摸，任何人都可以理解、感受到的文化表述。校风、校训揭示出文化象征物、历史榜样的精神内涵，文化象征物和历史榜样则演绎出校风、校训的具体精神，让它们不再抽象而变得具象，不再单调而变得有声有色、有血有肉。

浙江省平湖县的广陈镇广陈中学，在石明生校长领导下，学校文化的建设过程可以给我们许多启发。

它的校训是：广德陈善，端正致和。

广陈这个名字，最初是源于元朝时这里设立了广陈务和芦沥巡检司，“番舶列肆于此”，故名广陈。它的原意仅仅是许多船只陈列在这里的意思。但是学校非常智慧地用“广德陈善”这四个字，赋予了“广陈”全新的含义。广德，培育扩充自己的德行、仁心；陈善，汇聚美好事物、书写自己美好的故事。这是一个相当具有文化意蕴，也与新教育理念高度吻合的表述方式。

这种赋予原本并无文化意蕴的旧校名以具有高度文化意蕴的新含义的方式，是值得借鉴与提倡的。在石家庄桥西区也有这样的案例。如位于城乡结合部的四维小学，四维的原来含义，就是四个村庄共同建造了这所学校。但在学校进行文化建设的过程中，他们把《道德经》中“道、天、地、人”四个元素和谐相处，共奏出生命之曲当成了四维的新含义，以进一步阐发学校原先确定的“和”的思想。

广陈中学把“天行健，君子以自强不息”和“地势坤，君子以厚德载物”这两句取自儒家经典《易传》的名言刻在了墙上。这两句格言是对“广德陈善”的另一种表达。广德，就是要培植、扩充人内在的德行仁心，这不是“天行健，君子以自强不息”吗？陈善，就是要汇聚美好，书写美好，这不就是“厚德以载物”吗？

广陈中学的学校文化建设之妙，还在于他们善于利用当地文化资源来阐述学校文化。他们认为，元代赵孟坚的人格与书画诗歌，正可以看成是“广德”“陈善”这四个字的具体体现。所以学校在校园里为赵孟坚塑像，建立相关的文化庭园，这样，抽象高深的文化理念就化为活生生的人物，化为活生生的故事，以及可欣赏可触摸的文化建筑了。

与此同时，他们选择了一个特别的学校文化的吉祥物：稻草。学校的稻草艺术，原来只是一个课外兴趣活动，后来慢慢地被美术界欣赏，终于登上美学的殿堂。但是，当学校意识到稻草乃是稻的精魂，是稻奉献一生之遗骸最后一次升华的时候，稻草艺术于是就有了文化的意蕴，再一度成为阐释“广德陈善”的解释者了。

从种子到萌芽，到稻禾之美，到稻花之香，到洁白的稻米养育了一方人民，再到原本以为无用的稻草成为脚下的草鞋，成为屋顶遮蔽风雨的材料，再成为可以挂在墙上的美学艺术品，或者成为灶中的火焰与灰烬，成为土地中的肥料，这一个完整的稻的形象，岂不正是“广德陈善”的最好诠释?

于是，从“广陈”这个原本没有深意的名字，到“广德陈善”的校训，再到它与效法上天的“自强不息”，与效法大地的“厚德载物”的文化阐释，再到与本乡本地的文化英雄赵孟坚的联系，再到所有人可以欣赏可以触摸可以制作的稻草艺术……一个学校的文化理念，或者说校训以及文化象征系统，就鲜明起来了。

3. 制度：新教育学校文化的“契约”

为了保证学校的使命、愿景、价值观落到实处，需要制定一个规范和激励学校全体成员的制度。

制度是硬文化，文化是软制度。制度是文化的体现者和守护者，只有学校管理制度清楚地意识到自己是文化的守护者，那么学校文化才能够得以保护、发展，而制度也同样会受到文化整体的保护与滋养。

新教育学校文化十分重视学校各种类型和层次的制度规范的建立与完善，更重视在学校制度规范中注入新教育的文化内涵。我们主张，学校制度规范的制定，应该是一个平等参与的过程，应该是学校管理者和师生共同遵守的“契约”，而不能够把校长的意志强加给师生。制度规范一旦通过，就必须共同执行，没有例外。

在具体的制度运作过程中，新教育实验遵循的是“底线 + 榜样”的管理原则。所谓底线，就是基本的要求。而管理的秘诀正在于，它总是表扬从这个底线中涌现出来的优秀者。这些优秀者，这些最大程度超越底线的人，就是我们新教育实验所说的“榜样”。新教育永不表扬达到了底线的人与事，它甚至极少直接批评没达到底线的人与事，因为它不会将目光与精力，耗费在消极的因素上，而只是毫不吝惜言辞与诚意，去表扬榜样，言说榜样——当然，是呈现榜样的故事，榜样的细节，而不是笼统地说某某某是榜样。

新教育主张应该用榜样激励新的榜样，以故事引发新的故事，让细节推动新的细节。只有用榜样的精致引来更多精致，用榜样的精彩引来更多精彩，用榜样的专注引来更多专注，新教育才会像滚雪球一样不断发展。

“底线 + 榜样”是一个不可分拆的联合体，彼此依存，相互促进。如果没有底线，没有最起码最基本的要求，就没有基本的环境与氛围，也很难产生真正的榜样。即使出现了个别榜样，也会感到孤掌难鸣、孤立无援，甚至是墙内开花墙外香，不利于榜样自身的成长与发展。同样，如果没有榜样，只抓底线，有可能导致新教育实验失去方向，难以持久，甚至堕入形式主义。

底线一定要有检查与奖惩，否则就会流于形式。榜样一定要有扶持与展示，否则就会失去动力。底线一定要保证所有的人能够做到，要求太高就会负担太重，失去底线的意义，最后也保不住底线的最低要求。

同时，一定要关注榜样，倾听榜样的声音，让榜样及时言说，让榜样及时引路。不能让榜样孤立无援。从新教育实验区的经验来看，一个有效的方法是，将榜样组织起来，形成区域新教育实验的核心团队。一线的榜样教师以及有榜样潜质的教师，与教研室的联合行动，并与研究中心始终保持一定的联络，在合宜的情况下，将会爆发出巨大的能量。

4. 师生行为：新教育学校文化的气质

一个学校有没有文化，通过教师与学生的一举手一投足，通过教师与学生的各种行为表现，可以看出一个大概。如师生的笑容灿不灿烂？学生能不能主动与你打招呼？从中都可以看出学校的文化水准。

学校行为主要由两个相互关联、不可分割的领域也即教师的教育行为和学生的学习行为构成，它们在日常道德实践、课堂教学、课外阅读、社团活动、社区与野外活动等时空中展开。

（1）新教育学校的行为文化，体现在师生的道德水准上。

新教育，首先是心教育。美好的心灵是幸福完整的人生的前提。新教育倡导“师生与人类崇高精神对话”，倡导“理想的德育”，体现了我们的一种文化担当。因为文化是与道德的崇高内在关联的。康德认为，崇高道德才是文化的本质。他所谓“自然向人生成”，或作为自然最终目的的人，也就是“文化—道德的人”。他在《判断力批判》中指出：“善的意志是人的存在所能独有的绝对价值，只有与它联系，世界的存在才能有一最终目的。”① 文化人是摆脱了自然的欲望束缚，超然物外，按照自己的自由意志也即道德意志达到自我实现这一终极目的的人。因此，道德教育的文化视野和价值追求必然是高扬道德的理性力量，并将培育具有崇高道德的文化人作为教育的最高使命。

（2）新教育学校的行为文化，体现在课堂的境界上。

课堂是学校最重要的场所，教与学是师生最日常的活动。新教育实验认为，课程不是简单的一堂课，而是一段旅程，是教师带领学生一起去“吻醒”知识，把那些美好的事物真正融入教师和学生生命的过程。课堂、课程和教室文化是新教育学校文化的主要组成部分，这是学校每天最日常的生活。如果课程和课堂没有形成新教育学校的独特风景，独特追求，如果教师仅仅是课程的执行者，而不是卓越课程的开发者，就永远不可能形成真正意义上的新教育学校文化。

新教育为什么要倡导“理想课堂”？就是为了不让课堂这个传承文化的重要殿堂失去“理想”；就是要“超越知识，走向智慧，激发创造，健全人格，为学生将来拥有终生幸福的精神生活打下坚实的知识基础”；就是要“使教学活动走出分数的误区，培养学生的科学精神和人文情怀，使学生成为人类文明之火的传薪者”；就是要“使学生关注窗外的世界，校外的天空”，获得心灵的“解放”；就是要让课堂“充满活力、情趣与智慧”，实现“知识、生活与生命的深刻共鸣”。在这个意义上说，“理想课堂”其实就是“文化课堂”。

这些年，我们倡导“教室文化”，它实际上是“理想课堂”的一个延伸。一个教师，转身进了教室，在师生共同组成的班级共同体中，他的角色就起了变化。他就是那个教室文化，班级共同体中的使命、愿景、价值观的倡导者和守护者。教室不能成为工厂，教师与学生不能是

---

① 李泽厚著：《批判哲学的批判》，北京：人民出版社，1985 年，第 348 页。

一位监工头和一群疲惫厌倦的工人的关系，他们生产的产品也不能只是分数的产品。

我们认为，一个教室，一群生活于同一个教室中的人，应该是一群有着共同梦想，遵守能够实现那个共同梦想的卓越标准的同志。他们彼此为对方的生命祝福，彼此为生命中偶然的相遇而珍惜珍重，彼此作出承诺，共同创造一个完美的教室，共同书写一段生命的传奇。

理想的新教育实验的教室文化，就应该是这样的——在“芒眉”的教室里，在“小风习习”“桃花仙子们”的教室里，我们已经阅读过这样的美妙；在雷夫“第 56 号教室里”，在克拉克的班级里，我们曾经眺望到与我们相似的理想……

（3）新教育学校的行为文化，体现在师生的阅读生活上。

一个人的精神发育史就是他的阅读史；一个民族的精神境界取决于国民的阅读水平；一个没有阅读的学校永远不可能有真正的教育；一个书香充盈的城市才会是美丽的城市。这是新教育关于阅读的主要主张。

一所学校有没有文化，首先看它有没有阅读。教育，首先就在于构建真正意义上的阅读生活。新教育为什么要倡导“书香校园”乃至“书香班级”“书香家庭”？同样也是基于提升个人、班级、学校乃至整个民族文化气质的战略考量。新教育实验通过改善阅读环境和物质条件、开展丰富多彩的阅读活动、正式或非正式的组织推动、阅读进课堂、评价“阅读之星”“书香班级”“书香家庭”等途径或策略建设书香校园，目前新教育实验已经形成了区域行政推广（江苏省海门市教育局等）、民间推广（新教育研究院“毛虫与蝴蝶”等）、学校推广（深圳南山央校“天堂鸟书林”等）、网络推广（“教育在线”）、班级推广（常丽华老师等的“十佳教室”）等阅读推广模式。阅读改变人生，提炼人的精神气质与文化品位。新教育的“营造书香校园”，倡导的实际上是一种“文化阅读”，进而打造一种学校的“阅读文化”！

（4）新教育学校的行为文化，体现在教师的行为方式上。

一个教师，在学校教师文化共同体中，如果校长的角色是唐僧，负责着使命、愿景、价值观的倡导与守护，那么他的角色就是孙悟空（如果他同样足够忠诚于团队，但能力有限，那么他就相当于沙僧；或者他忠诚于团队，但不免偶有私心，那么他就相当于猪八戒），他们都是卓越标准的执行者，同时也是愿景的守护者与实施者，是共同梦想的实现者。

无论是兼任着班主任或者只是某个学科的学科教师，我们都知道这样一个事实：学校并不只是一个关系亲密的人生活在一起的地方，它不是家庭，也不是心理治疗所，或者某个俱乐部。学校是学习的地方，学习是由教师作为指导者和监督者，年轻人学习人类发展进程中积淀下的人类知识的地方。最终，决定一所学校之卓越的，主要不是这所学校的人际关系有多亲密，而是这所学校在人格与知识的学习以及创造上——也就是说通过人格与知识的学习和创造，生活于其中的学生最终有多优秀，工作于其间的教师又有多卓越。

新教育人曾形象地把学校生活比喻成一个汇聚在伟大事物的篝火旁边的一种特殊生活，在其中熊熊燃烧着的，应该是那人类在漫长历史进程中积淀下的知识。而生活于学校中的人，应该是那沉睡了的知识的复活者，和新的知识的创造者。所以，在理想的新教育学校文化中，教师应该成为某一门或者几门学科的“疯狂”的热爱者，成为所教学科的虔诚的“传教士”。在学校生活的这几年中，他们应该以此为乐，以此为世界赠予自己的一份厚礼，而废寝忘食，只恨岁月匆匆，自己还不能穷尽这个领域的全部奥秘。而不应该是知识的厌倦者、逃避者，而把兴趣转移到肤浅的领域，或者停留在人际关系的亲密上。

（5）新教育学校的行为文化，体现在教师的教研活动上。

任何一个群体要成为真正的文化共同体，就需要拥有共有的语言与密码，也就是有共同的使命、愿景、价值观，有共享的故事、榜样、活动与仪式。对于教师来说，成为真正的教研活动，真正的学习型组织的积极参与者，是成长的重要途径。新教育学校文化的一个理想目标，就是把所有身处其中的人，打造为“终身学习者”。不仅是进入学校的学生在在校期间学习知识，而且还要把他们培养成终身学习者。

我们认为，一所学校的教研活动方式，以及有无教师文化共同体的专业学习，是决定身居其中的教师能不能成为终身学习者的关键。而除非身为教师的教育者自身成为真正的终身学习者，否则想要让学生成为终身学习者就不可能成为事实。那种满足于按机械的程式把课上好，按考试标准把知识传授完，按社会流行的方式进行教研活动，每个人心不在焉地总结三个优点两点不足的做法，将让教师丧失研究的兴趣，进而丧失终身求知、终身学习的原动力。

有人说："平庸的教研造成教师的平庸，卓越的教研成就教师的卓越。"这话说得很简洁，它说出了一所学校的教研氛围对身处其中的每一个教师的影响。这种氛围就是一所学校的学校文化在教研生活中的体现。如果一所学校的教研活动是平庸的，走过场的，甚至是死气沉沉或者装模作样的，我们怎么能够相信，这所学校可能拥有真正优秀的教师文化呢？

所以，在理想的新教育实验学校的教师文化中，教研活动应当被视为教育教学活力的真正源泉而被高度重视，日常的教研生活应当就像是教师们的节日一样被热情地对待，而全校教师在每个学期中，将共同研读优秀的文学、教育学、心理学、管理学等方面的著作，不同的学科共同体，还将共同研读相关的本体性知识方面的专著，每一个学科始终能够追踪着本学科的研究前沿……除了少数滥竽充数于其中的南郭先生，身居其中的每一个人都致力于成为终身学习者，整个团队呈现出卓越的学习型组织的面貌。

在这里，我想介绍中央教育科学研究所南山附属学校（简称"央校"）的教师文化共同体的建设。加入新教育实验团队以来，他们不仅在生命教育、公民教育、书香校园、理想课堂、个性发展等方面进行了尝试和探索，而且卓有成效地开展了教师文化共同体的建设。他们从建设"文化央校"的高度，根据"文化强师"的价值取向，依托学校的"教师文化中心"，全面改革传统的培训和科研管理方式，将校本研究、校本培训融入教师文化共同体的建设中，探索"以文化为本位"的文化研修与培训模式，通过大量的文化鉴赏、文化阅读、文化沙龙、文化考察、文化休闲等活动，与学者进行思想碰撞，跟大师徜徉艺术殿堂，随学者共涉人文境域，携同行在对话中创生智慧。引导和鼓励老师追求高卓的人生情怀，涵育典雅的精神气质，生长鲜活的田野智慧，打造了一个独树一帜的以价值认同、信念共存、个性互补、经验分享为特质的教师文化共同体。他们根据新教育“理想教师”的理念开展的“燕晗山大讲堂”大师学术报告会，“相约星期二”教师文化沙龙，“周末佳片有约”影视欣赏，以及“田园撷英”的田野式教研活动，异彩纷呈，富有特色，教师受益很多，很值得新教育实验的兄弟学校借鉴。

当然，学生文化共同体和教师文化共同体，在很多时候并非各自独立的，而是彼此交叉、相互渗透、不可分割的。他们又事实上结成一个充满生命活力和张力的师生文化共同体。“教学相长”的古老信条在新教育的文化共同体中获得了新的意蕴。在这里，学生永远是自我发展的主体，而且是“成人之父”“教师之师”。教师不单单是学生成长的引领者，指导者，同时也是永怀童心的学习者，探索者。是学生对自我发展的渴望，让教师充满创造的欲望；是学生的学习过程，让教师不断审视内心，提升自我；是学生的热情参与，让教师对课程开发充满信心和期待；最终，是学生的巨大进步让教师看到了创造的喜乐和教育的意义，从而坚定了执着前行的勇气和信念。所以，这个过程是师生共同体验和相互扶持的过程，是师生对知识共同探索、质疑和分享的过程，是师生生命共同完美的过程，更是师生对教育真实诠释的过程。

5. 仪式、节日与庆典：新教育学校文化的“节气”

“郁郁乎文哉!”[①] 新教育学校文化一旦走向成熟完善，都会拥有美妙优雅的仪式、节日和庆典。它们是学校文化传统的活标本，也是学校生命中最值得关注的重要时刻。

在新教育学校，仪式、节日和庆典往往是这样一种时刻，它通过包孕性强、极富意味的、有象征意义的程序和形式，使有意义的事情或者伟大的事物能够拥有一个伟大的时刻，获得神圣、庄严与尊重。仪式、

① 杨伯峻译注：《论语译注》，北京：中华书局，1980 年 9 月，第 29 页。

节日、庆典作用于我们的心灵，它唤起我们内心的神圣感，使我们的生命能够经常与伟大事物交汇在一起，从而形成长久的动力。简单地说，就是一定的文化通过一种固定的模式供大家演习重复。

通过仪式、节日和庆典，学校的文化、愿景被一次次强化、确认，形成了新教育学校文化特有的“节气”。像农历的二十四个节气对于农民的耕作的意义一样，仪式、节日、庆典对于学校师生的生活也具有特别的价值，通过它们，师生被联结在一个共同体中，凝聚成一股向上的力量，学校的日常生活也因此被赋予了意义和目的，而不仅仅是一系列时间的堆积。

所以，如何对待教育生活中的那些重大日子：开学典礼，开学日，毕业典礼，欢迎新教师参加工作岗位，欢送退休教师并感谢他们为学校所做出的贡献……以及那些标志出自己学校独特文化的特殊日子——这将是一所学校的文化是否成熟、成型的标志。

在苏霍姆林斯基的《帕夫雷什中学》一书中，我就看到了许多作为“我们的传统”的节日、庆典、仪式，如“首次铃声节”“最后铃声节”、母亲节、女孩节、歌节、花节、鸟节、无名英雄纪念日、堆砌雪城的冬节、首捆庄稼节、新粮面包节……所有这些节日，都是他们在漫长的历史中逐步创造并且固定下来的。我想，孩子们在毕业之后，无论走到天涯海角，将永远不会忘记在这所学校中度过的那些激动人心的时刻，以及那些触动过他灵魂的因素。

早在2007年8月下旬，新教育研究中心儿童课程项目组就通过论坛发出“写下明亮诗篇的第一行”的号召，希望每一位新教育教师，每一个新教育教室，能够从新学年的第一天开始，郑重其事地书写教育诗篇的第一行，并且把它书写得明亮、庄严。其中有这样一些文字：

每一个新的学年、新的学期，都是孩子们无可替代的人生中无可替代的一段岁月。它们将是明亮的诗篇，抑或沉闷的文章，这一切，首先取决于您写下的第一行。

一个生命的成长，就像是一棵橡树矗立在四季中，每一场风雨，每一缕阳光，最终都会以年轮的方式，铭刻在他的记忆里。而现在，这把岁月的刻刀，就掌握在您——一位老师的手上。

9月1日，对于中国的家长、孩子和老师来说，其实早已经成了一种仪式，它意味着新学期的开始，意味着在金色的秋天，我们将种下一颗饱满的成熟的种子，并给它以期待，相信在岁月的沉淀中能开放巨型花的奇迹。

但是许多老师会说这几天实在太忙太忙了，忙得我们只是在像应付一切生活中的琐事一样对待这个日子，而忘了它本该是我们生命中一个最最重要的仪式。现在，我们恳求您，为了每一个教室里那几十双明亮的眼睛，在2007年9月1日这一天，新教育“毛虫与蝴蝶——儿童阶梯阅读”项目组向所有的老师们提出建议：

让您和孩子们、家长们一起重新拥有这朴素而热烈的仪式；

让9月1日这一天对于您和孩子们、家长们都非同寻常；

选择一首别有意义的童诗，让它开启新的学习旅程的第一个黎明；

选择一个别有意义的故事，让它为孩子们带来对未来生活的满心期待；

选择一个别有意义的绘本，让故事与图画为孩子们展示另一个世界的神奇；

选择一本别有意义的童书，让您和孩子们怀揣着梦想一起上路。

同时，你要从这一天开始，在一年的时间里，隆重地对待每一个孩子的生日。并将每一个开始，每一个结束，每一次憧憬，每一次胜利与失败，精心地打造成一个个隽永的仪式，让它们换来一次次真正的心跳与微笑……

每一个开始都是永恒的，每一个9月1日都是永恒的。让我们一起，用激情点燃创造，写下我们明亮诗篇的第一行吧！

非常欣慰的是，当我们在今天重温这些文字的时候，我们已经确确实实地看到：每年，有数万名孩子的9月1日，因为新教育实验，因为“毛虫与蝴蝶”项目，而成为一个终生值得珍惜的盛大的节日。

那么，一所学校可以有一个怎样生动隽永的开学典礼呢？美国电影

《蒙娜丽莎的微笑》中有一个片刻，那所女子学院的开学典礼，可以为我们借鉴——

教堂式的大厅大门紧闭，教师们身穿礼服肃立于前方的两边，正中站着校长。

一个女生走到紧闭的大门前，打开木盒，取出锤子敲击大门。

校长问："谁在敲求知的大门？"

女生答："我代表每一个女性。"

校长问："你要寻找什么？"

女生答："通过辛勤工作，唤醒我的心灵。并将我的生命，贡献给知识。"

校长说："欢迎您，那些和她追求相同理想的都可以进来。"

于是，学生们涌进了会场。

校长说："现在我宣布，新学年开始了。"

钟楼的钟声响起来了，被惊动的鸽子，扑棱扑棱地飞向了天空。

令人遗憾的是，在《蒙娜丽莎的微笑》中，虽然这所女子学院保留了这样神圣庄严的开学典礼，但是校长和大多数老师以及受她们影响的学生，却已经丧失了承诺中对知识的渴望，并没有能够遵守"通过辛勤工作，唤醒我的心灵；并将我的生命，贡献给知识"的承诺。仪式，如果没有了真正的日常生活，它就会沦为形式，成为形式主义的繁文缛节。

而与之相反，现在越来越多的新教育实验班级中，我们能够读到那种真正的心灵息息相通，生命彼此在庄重的仪式中相互镌刻出诗意的仪式——新教育实验特有的生日故事、生日赠诗。而且，在许多新教育实验学校和新教育实验班级，已经拥有了自己的节日，如"旺达节""榴花节""犟龟节"等这样一些源自自己环境和生活的独特节日。

在教育生涯中，最隆重的节日就是毕业典礼。毕业，对于一个成长中的生命是具有特别的意义的，它是一段旅程的结束，又是一段新的旅程的开始。所以，古今中外，都把毕业典礼当成学生生命成长的重要里程碑来郑重对待。

这里，我们介绍一下新教育的榜样教师——常丽华老师的五（3）班去年7月份的毕业典礼。

五年的时间，他们遇到过无数次或大或小的庆典，毕业典礼，无疑是最为隆重的一次。常老师邀请了所有家长参加，两个多小时的毕业典礼上，他们真诚地诠释了“结束”和“开始”的含义。

孩子们用自己创作的毕业诗朗诵拉开了典礼的序幕——回忆、留恋、不舍，以及对未来的憧憬，浓缩在了十几分钟的朗诵中。为了这个朗读，孩子们不知道悄悄排练了多少次。最后，当孩子们敬礼向老师表示感谢时，很多孩子泪流满面。

这是一个极为特殊的开启。孩子们的毕业诗，不过是一些断行的句子，却是五年岁月里开放出的极为绚丽的花朵，孩子们用这种方式告诉老师，也告诉自己：今天，我毕业了，我会继续写好我生命的每一首诗。

接下来，常老师则用了一个多小时的时间，慢慢地和大家回顾了五年的点点滴滴。从一年级开始，常老师用“成长”的长线串起了散落在岁月里的一个个碎片。一年级的照片已经找不到了，孩子们纯真的笑脸，却一直留在她的心里。二年级，常老师带着孩子们开始班级共读，开始共写日记。三年级结束时，他们共读了两百多本经典童书，师生之间、亲子之间的共读共写已经成为他们的生活方式。四年级，他们的阅读添加了历史、科学、人物传记的内容。冬至那天，他们拉开了农历课程的序幕。五年级下学期，又开始了儒家课程的穿越。这是五年的历程，三百多张幻灯片，每个孩子的笑脸都在这一个多小时中闪现，很多已经被遗忘的成长瞬间也在这里铺开，有欢乐，也有伤痛。诗歌、故事、音乐、大自然，所有美好的事物都在常老师的讲述中再一次醒过来。

一个多小时的回顾，大家蓦然发现，生命的年轮就是在每一季的花开叶落中一圈圈沉淀下来的。回首之际，大家也都发现自己拥有了如此弥足珍贵的经历——未来的日子，常老师和孩子们彼此约定，要永远朝向伟大的知识，朝向明亮那方，朝向仁与恕，一天天地修炼自己。

然后是孩子们的毕业告别演出。这是孩子们的舞台，他们用诗、用歌、用音乐，诠释着成长的含义。常老师原打算用《青鸟》的演出作为告别，终究没有完成这个浩大的工程，这是她最大的遗憾。

最后是孩子们的卓越承诺。这也是常老师送给孩子们的毕业礼物——一个精美的相框里，是孩子们最后一天小学生活的合影，上面有这样一句话："作为五（3）班的一名学生，在小学毕业之际，我向老师和家长做出郑重承诺：将来，无论我站在什么岗位，无论我从事什么职业，我都承诺自己成为一个幸福的人，一个卓越的人。"

在常老师的引领下，孩子们把这句承诺说给老师听，说给父母听，说给自己听，说给未来听——一遍又一遍，孩子们的神情也越来越郑重严肃。这是一个朝向未来的承诺，是为他们五年，甚至十年，几十年之后相聚时做出的承诺。我们的教育，最终就是要让每一个走出校门的孩子，不但要成为一个幸福的人，还要成为一个卓越的人。

《放心去飞》的音乐响起来，常老师和五（3）班的每一位老师一起为孩子们献上这曲告别的歌："放心去飞，勇敢地去追，说好了这一次不掉眼泪……"可是，歌声中，所有的人都掉泪了。好像有谁在无声地指挥，孩子们走到最亲爱的老师面前，和老师一一拥抱告别。泣不成声的孩子，泪流满面的老师和家长，就这样告别过去，走向未来……

写下明亮诗句的第一行，写下明亮诗句的每一行，写下明亮诗句的最后一行……就这样，一个个节日，一个个郑重隆重的仪式，那些理想主义的新教育人，把教育写成精致动人的诗篇。而这，就是真正生活出来的学校文化。

6. 建筑：新教育学校文化的物质载体

学校首先是一个器物化的环境。它的自然、设施、技术、建筑等并不是外在于人的，相反都打上了人的意志的烙印，折射着人的价值追求、审美趣味、思想方式，彰显出特定的文化意味。马克思曾经多次指出，人是环境的创造者，甚至是自然的建构者，通过创造和建构，人把自己的生命力量对象化到环境或自然中去，来确证自己，并直观自身，马克思把这种环境和自然称为"人化"的产物。所以，校园的一草一木，一池一塔，一砖一石，一器一物，莫不浸润人的情致，莫不濡染人的品格。这就是文化的力量。所以，我们说，改善学校环境设施，提高教育现代技术水平，自然无可厚非，但仅仅如此还远远不够，还应当在学校的这些器物世界里灌注一种精神的、人文的气息，它对师生才不是一堆外在的、冰冷的、陌生的物质，而成为学校的精神象征，焕发出无与伦比的教育魅力。

我们不妨以学校建筑为例。

丘吉尔曾经说过："我们先是建造我们的房子，然后是我们的房子塑造我们。"学校的建筑传统，不仅是学校记忆的一个组成部分，也是学校教育的主要组成部分。

有时候，最好的教育，往往曾经发生在某棵大树之下，某间临时帐篷之中，或者在几间最朴素的土房里。在学校发展的历程中，我们应该尽可能保留这些记忆。我在主持苏州教育工作期间，曾经面对苏州中学的扩建问题。这是一个千年府学的遗址，也是百年新学的见证。那些遗址是文物，当然不会轻易拆除。但是那些红色的 20 世纪四五十年代建设的小楼，要不要保存？我坚持，学校应该保留这些建筑——尽管拆除它们建设更加现代更加宽敞的教学楼，无论从视觉效果还是从经济效益都会更好，但是从学校的历史记忆，从学校的文化自觉来看，保存可能更有意义。因为，钱穆、钱伟长、胡绳、叶圣陶、孙起孟、陆文夫、吕叔湘等文化名家以及 30 多位院士，曾经在这些教室里学习、工作过。

我们对贵州石门坎有着特殊的感情。这里曾经创造过中国教育的奇迹。近一百年前，英国传教士柏格理等人，和中国的汉族、苗族等民族的知识分子，在原来最贫困最落后的苗区，共同创造了教育的传奇。他们创造了苗文，编制了中国本土的教材，建了游泳池和足球场，建立了足球队，把体育和卫生带进了还处于奴隶社会的落后山寨。几十年中，这个偏远闭塞的山区，走出了大学生，走出了博士生……

在贵州石门坎民族中学，我们看到，这里的每一棵树，每一幢楼，每一间房，甚至已经倒塌的土墙，都成了文化本身，成了神奇故事的活的见证。我们新教育团队应邀到这里工作了一段时间，我们也非常希望能够延续那个伟大的传统。

在浙江春晖中学，我们看到了一间普普通通的老房子。这间房子有什么价值呢？可是，它是夏丏尊先生在白马湖教书时为自己筑居的，在那里，一些美丽的散文，同样美丽的教育思想曾经诞生，请问，有哪幢大楼能够比它拥有更高的价值？

所以，我们的学校究竟想要怎样的建筑？去追逐时髦与潮流吗？可是时髦与潮流永远比建筑要走得更快。而反之，如果任何一幢朴素的建筑，有我们的故事曾经在那里发生，有我们普通老师创造的动人故事流传，有我们的英雄甚至伟大的人物曾经在那里栖息，那么它就是最美丽的，最值得保留的。

那么，作为一所具体的新教育学校，它的物质层面的文化建设应该如何进行呢？

第一，它应该处处散发着文化的气息。学校建筑确实应该是美的，但更应该是文化的。学校的教学楼、行政楼、食堂、庭园和道路等，都可以用具有文化意蕴的名字来命名。这些命名，要体现学校的文化追求、历史传统，与校训、学校愿景、价值观有内在的逻辑联系。它应该是我们社会主流的优秀文化，最好还同时是传统文化的体现。如我们在杭州萧山银河小学所看到的那样。学校的七幢楼宇以北斗七星命名，七颗星连缀成北斗，连同天文台，体现学校“让每一颗星星在银河中闪光”的愿景。

在学校环境布置方面，应该尽可能多地用作品和照片等本校有生命力的内容，而不只是用文字、标语来彰显文化。即使用文字，也应体现学校的核心理念，而不应该是没有灵魂的拼凑剪贴。所以，作品应定期更换，一般按照月份为宜，最低的频率是按季度，春夏秋冬更换。能有一些地方成为学校师生言说的平台，让学校管理者能够及时倾听学生和教师的声音，让参观者能够重现师生在校期间的生活场景与细节。最好有一些地方能够让学生涂鸦，让学生把意见贴在上面，学生与教师可以在这里对话、交流。

第二，它应该具有鲜明的个性。学校建筑是在属于自己的土地上

“长”出来的。现在的学校，与宾馆已经非常相似，在一个大拆大建的时代，建筑设计师们根本无法定下心来设计一些只属于一所学校的建筑。一张图纸稍加修改，就可以成批使用。许多农村的学校不去寻求田园学校的境界，反而学起城市学校，搞起了水泥森林。所以，在学校建筑文化上，不能千校一面。

第三，它应该是由师生们共同完成的。学校是师生们共同筑居、点缀、生活的地方，它的设计，它的粉饰，甚至它的部分建造，更不必说它的绿化、美化，应该把师生的智慧与劳作融入其中。这本身就是一个教育过程，是学校生活中的大事，有意义与价值的事。现在许多学校把所有美工、装饰全部外包给装潢公司，我们踏进这样的学校，表面看起来很有文化，也很美，其实这里没有生机，没有活力。而真正美妙的教育场所，就是师生们亲自创造的空间，一棵树，一棵草，一堵墙壁的粉刷，一个标志的设计，都是师生漫长生活的结果。

第四，它应该体现对生命的尊重。新教育让生命自由舒展的基本追求，应该体现在包括学校建筑在内的方方面面。所以，我们主张小学校园要有儿童化取向，符合儿童的认知特点和规律，体现对儿童生命的尊重。如一些学校把校训物化为一个孩子易于接受的形象。“力求进步”，在石家庄的一个学校里被物化成“脚丫”，而海门通源小学则以卡通形象“源源”作为学校大小活动的一个标志。再比如学校黑板使用时应以最后一排同学能看到的地方为书写的下限，学校的一些作品的悬挂高度，下框最好与本年级一般学生的视平线等高，等等，这些对生命的尊重，其实都是新教育倡导的学校文化。

7. 故事：新教育学校文化的英雄叙事

文化，最终是以两种方式凝固起来的：文化中的英雄叙事和神圣性的建筑。故事和建筑，往往成为文化超越时间的见证。

一所学校中，谁是大家心目中的英雄？也就是说，在本校所有曾经生活过的人之中，谁是教师心目中的英雄？谁是学生心目中的英雄？换句话说，一所学校应树立怎样的英雄和榜样？

这个问题将是对学校文化真正的回复。因为这是新教育学校文化的一个方向性问题，也是最根本性的问题，在一定程度上体现了学校的核心价值观。

那些如老黄牛般忠诚忠实的，确实曾是我们的英雄；那些冲破重重难关获得比赛荣誉的，也确实是学校的风采人物。但是，一所学校还应该有更伟大也更朴素的教育传奇：像雷夫的第 56 号教室，像爱林·格鲁威尔的“街头日记”，甚至像基丁老师那样“失败”而同样令人尊敬的教育改革。

是的，我们很多学校，可能什么都有，但就是没有真正的新教育英雄、新教育榜样、新教育故事。这也是我想追问所有实验学校的问题：你的学校有自己的新教育英雄吗？你的学校有自己的新教育榜样吗？你的学校有属于自己的新教育故事吗？我始终认为，从某种意义上来说，这是所有新教育实验学校，在学校文化建设中最应该努力的方向。

因为，我们认为，新教育的学校文化能否真正形成，新教育实验能否写入中国教育的历史，取决于新教育的教师能否书写自己的生命传奇，能否拥有真正属于新教育的故事。

五、新教育学校文化建设中校长的角色

一个好校长，就是一所好学校。

校长是学校文化建设的灵魂之人，从某种意义上说，一个校长往往决定着一个学校的基本形象和办学品质。我们看到，一些校长常因陷于琐碎的行政杂务，而无暇问学致思，同时又掌握话语霸权，深陷“权力即知识”的迷误之中。在新教育学校组织的框架里，我们应该致力于新型校长的角色塑造，向人们展现全新的学校领导形象——文化型的校长，展现全新的学校管理模式——文化管理。

1. 校长应当有强烈的文化使命意识

优秀的校长能够认识学校的传统、资源，清晰地意识到学校的文化使命，能够把自己的梦想交给团队，让大家来决定它，哺育它，拥有它，共享它，成为师生的共同愿景与价值观，成为师生自觉追求的

理想。

所以，在新教育学校文化建设的过程中，校长的作用有些像《夏洛的网》中的蜘蛛夏洛。最初，无论是蜘蛛夏洛，还是小猪威尔伯，或者是老鼠坦普尔顿，它们都没有自己的“叙事”。对一只蜘蛛而言，春天出生，夏秋织网捕虫，然后冬天来临时死亡，这就是它的一切。对猪来说，被养肥了之后，在圣诞节前做成腌肉火腿，似乎是它的宿命。而对自私的老鼠来说，吃饱喝足就是一切，另外的问题它一概不想关心也不想过问。

然后，夏洛突然发下誓言：要拯救威尔伯。于是故事开始了——由自己书写的生命叙事开始了。每一个人都在从中经历、从中穿越，并最终找到自己存在的意义。

拯救威尔伯，这就是它们的愿景。而正是愿景，使得他们相聚在一起不再成为散沙。也正是愿景，使得每个人开始去认识自己的使命，并真正地开始进行自己独特的生命叙事。

新教育学校的校长应该记住：也许，这个学校的愿景、价值观最初确实肇始于你，但是除非你把它奉献出来，让它成为超越自己的精神力量，而让自己成为它忠实的践行者，严格的守护者，并且让所有的师生认同和实践，这样才能够把一个人的灵感最终化为学校的文化力量。

在明确了学校的愿景、价值观以后，如何带领学校走向卓越？美国企业管理的畅销书《从优秀到卓越》，讨论的就是这样一个问题。其中一条就是：那些能够使一个团队从优秀走向卓越，或者从危机中走到卓越境界，而且在他离任之后团队能够继续保持着那种卓越业绩的领导，应该是什么样的？

他们的研究成果令他们自己也大吃一惊：许多明星企业家纵然能够创造他在位时的辉煌，也不能让这个辉煌在他之后延续。而更多的情况是，在他成为明星的那一刻起，企业就停留在优秀甚至开始滑坡，而始终走不到卓越的境界。

他们勾勒出的那些能够让企业从优秀到卓越的“第五级管理人”，可以视为新教育学校文化理念中校长角色的一种理想描绘（正如作者所说，他们并不仅仅只是在研究企业，而是在研究一切团体的运营、发展的规律）：

比起表演的马，他们更像拉犁的牛。

当成绩优秀时，他们把成功归于别的因素，归于那些优秀的老师，而非他们自己。当情况不佳时，他们看着镜子责备自己，承担所有的责任。

他们表现出令人折服的谦虚，回避公众的恭维，从不自吹自擂。

他们冷静镇定；主要靠崇高的标准而不靠鼓舞人心的个人魅力来调动员工的积极性。

他们雄心勃勃，想把团队带到前所未有的境界，但从来不把个人的利益，尤其是自己的知名度放在第一位。

他们致力于发现和培养人才，努力为团队将来取得更大的成绩做好准备。①

我们认为，这就是新教育实验学校文化建设的过程中，理想的校长角色：关注使命和愿景而不是首先考虑自己的利益得失，谦逊的个性与坚强的意志，寻找比自己更加优秀的人才，推功揽过敢于承担责任等。

2. 校长应当是特立独行的教育家

文化型的校长应该代表学校和文明社会的良知，不惜为此而饱经艰辛，饱尝孤寂，饱受委屈。他超然物外，淡泊名利，敬畏神圣，崇尚人道，捍卫真理，刚正不阿，热爱公正与和平，并积极地传播它们；他保持独立思考的精神，坚持真理，敢于对貌似合理的现状进行质疑与批判，正如苏格拉底说过的那样：“只要我的良心和我那微弱的心声还在让我继续向前，我就要把通向真理的真正道路指给人们，绝不顾虑后

① 改编自吉姆·柯林斯著：《从优秀到卓越》，北京：中信出版社，2006 年。

果。"①在物欲横流、行政宰制、学校失语的境遇里，校长的独立精神、批判意识对学校的文化品格的塑造意义至为重要。它也是成就教育家的条件之一。原教育部副部长王湛曾经旗帜鲜明地倡导"教育家办学要敢于我行我'素'"，他说："他们敢于摆脱来自各方面窒息创新活力的束缚，把这种束缚的影响尽可能减弱到最小程度，在自己的办学空间里，坚持我行我'素'，坚定而且深入地实施素质教育，坚持自主创新，将国家的教育方针和对人才培养的要求，通过富有个性特色的教育实践活动得到充分有效的实现。这样，才能无愧于'教育家'的称号。我们期望在基础教育领域里，有愈来愈多的我行我'素'的教育家。地上本没有路，走的人多了，也就成了路。实施素质教育的宽广之路，应该是由愈来愈多的我行我'素'的教育家和教育工作者们走出来的。"②

3. 校长应当是行走大地的思想者

一些校长沉湎于琐碎的行政事务，汲汲于行政管理的威权，却缺少对于教育之道的冥思、颖悟。这样的校长绝不可能领导员工建设真正的学校文化。学校的文化领导应当体现校长的哲人风范与气质。校长应当是思想者，有对教育未来乃至人类未来的终极关怀和形上思考，充任精神家园和教育乌托邦的守望者。思想不同于一般的思维，哲理不同于一般的道理，智慧不同于一般的智力，真正的思想就像诺瓦利斯说的那样，是"怀着乡愁的冲动去寻找家园"，因此它永难割舍乌托邦的情愫。当然，校长的思想不是纯粹理性的形上思辨，不是关在书斋里的抽象玄想和空洞观念，而是自觉地把自己的哲学思考融入教育实践，转变为教师的具体行动，成为学校"文明的活的灵魂"。新教育倡导"只要行动，就有收获"，倡导做扎根田野的"农夫"，校长应该信奉这样的"行动哲学"，切己体察，身体力行，和广大教师在既充满睿智又细致入微的日常对话中切磋琢磨。

---

① 冯晓虎著：《苏格拉底之死》，《当代》，2003 年第 5 期，第 5 页。

② 引自《中国教育报》，2007 年 6 月 26 日。

4. 校长应当恪守“文化管理”之道

校长个人单纯具有上述的文化品格和气质是远远不够的，他应当把这种品格和气质融入学校的管理之中，这就是“文化管理”。任何管理本质上是人的管理。但对人的不同的理解会导致不同模式的管理。在古代社会，人主要被理解为一种“政治的动物”，他天生就有一种对团体、对组织的归属倾向，这种基于政治人假设的管理都是一种政治式的管理，或者突出政治的制度或行政管理功能，或者倚重管理者、领导者自身的人格权威。在近代社会，人主要被理解为一种“经济的动物”，人的行为都是为了最大限度地满足私利，他有一种趋乐避苦的倾向，工作是为了获得经济的报酬，建立在这种经济人假设基础上的管理，注重的是以经济手段如奖惩来“购买”团体员工的劳动和服从，刺激他们的积极性。20 世纪，进入了所谓“文化人”的时代，卡西尔关于“人是符号的动物”，而符号又是“通向文化之路”的观点向人们表达了一种全新的人性假设。“文化人”就是主张让人超越自己的自然本性，成为真正意义上的合乎人性的人。基于文化人假设的管理开启了一种全新的管理模式。学校作为天然的文化组织，作为传承人类文明与文化的地带，更应当奉行“文化管理”。

新教育学校文化建设需要以文化管理为前提。它首先把文化管理、“文化兴校”作为学校管理的第一原理。主张学校应当通过“文化植根”（哲学）、“文化塑形”（环境）、“文化育人”（学生）、“文化强师”（教师）、“文化立信”（领导）等方面，将文化的精神、理念、模式和方式渗透到学校管理的所有领域。

其次，新教育学校的文化管理主张一种整合的管理，它强调现代与传统、科学与人文、东方与西方管理精髓的整合，倡导应变的管理、创新的管理、整体的管理、和谐的管理。不为工具理性所拘检，充分体现国际性、现代性与民族性的融合，培育信念与智慧、情感与理性、科学与人文统一的积淀厚重、秩序和谐、自由开放、充满活力、风貌独特的新型学校。

再次，新教育学校的文化管理反对任何急功近利的文化建设观念与做法。强调学校文化建设的过程性、渐进性和历史性。正如荷兰文化学家皮尔森所说的那样："'文化'不是一个名词，而是一个动词。"① 文化本身的特殊性，决定了文化建设是一个从氤氲化生（建立与凝聚）、积淀流转（内化与传播）、革故鼎新（推陈出新）的漫长历练，文化影响（濡染、濡化或"文明化"，culturalization）更是一个潜移默化、由外而内的恒久过程，它最终表现为经典的东西活化在日常中，理性的东西凝结在感性中，历史的东西融会在心理中，社会的东西内蕴于个体中，学校、教师和学生的文化品位、文化气质或文化涵养就这样建构起来了。

最后，新教育学校的文化管理鼓励创新。学校文化建设的最大目的，在于文化的创造，即价值、精神的创造。这有两层意思，一是主张"月映千川""一花一世界"式的多元创造。新教育学校文化建设以缔造"幸福完整的教育生活"为核心价值，同时竭力倡导每个地域、每所学校、每个教师根据自身的历史和现状，创造风格独特的学校文化，体现新教育学校文化的"具体的多样统一"。二是主张不主故常、推陈出新的自我超越。新教育本身绝不是一个封闭自足的体系，它以开放的胸襟悦纳所有先进的理念、模式和方法，进行整合创新，同时不断开拓未知的疆域，获得新的发现，新的领悟，新的建树。我们相信，只有这样，新教育的学校文化才能保持它绵延不绝、生生不息的活力。

六、结语（桥西宣言）

2010 年 7 月，新教育人齐聚桥西，借"学校文化"这个概念，重新审视学校生活，阐明有哪些因素会让新教育共同体日渐变得黯淡，而又有哪些因素能使这个共同体趋向明亮与辉煌。

我们看到——当下，缺失文化的教育已将儿童带入了一个他们倍感

① ［荷］皮尔森著，刘利圭、蒋国田、李维善译：《文化战略》［M］．北京：中国社会科学出版社，1992 年，第 3 页。

陌生、抽象、片面和异己的地带。精神的失落带来的是精神世界的浮躁、迷误、幽暗甚至荒芜，教出来的孩子可能是一些有知识没灵魂、有技艺没根柢、有智力没情怀的“怪物”。而解决这一危机的关键，就是真正地让学校重新发现生命的意义、文化的价值。学校是有生命的，是由充满灵性的人所汇聚的。“教育”“文化”“生命”这三个词在其本质上意义相同，讨论学校文化，就是寻找一种培育年轻生命、塑造未来社会的最佳途径，让学校真正拥有灵魂。

我们认为——一种成熟的学校文化，总是有一个明确的理念统摄着学校生活的一切领域。这个明确的理念就像一轮太阳，照射到学校生活的每一个角落，无论是学校管理、班级文化、教研风气，乃至于各种活动，都是这个灵魂的体现与实现，是朝向这个灵魂的一种努力。没有这个统一的学校文化之魂，无论多丰富多彩的学校生活也都是一种华丽、零乱的碎片。对于新教育学校来说，应该对“我是谁”“我要抵达何处”等使命、愿景、价值观的问题有一种明晰的意识，而不应让自己处于一种文化的冥睡状态。只有这样的文化自觉，才能使学校共同体和其中每一个个体的生命都处于舒展的状态，趋向明亮与辉煌。

我们强调——校风是学校已经形成的文化；校训，是学校想要拥有的文化，是学校借一句警言，把自己带往一个理想之境。一个好的校风校训总是完全地属于一所学校自己的，甚至是只属于自己的——因为只有越属于自己，才能越鲜明地启迪其他学校，越能够完美地实现具有普世意义的教育理念。教育的目的，首先就在于让每一个生命、每一个共同体成为他自己，实现在特定环境中的最大可能性，而不是简单复制别人的基因。所以，新教育实验，并不是千校一面的实验，而是共同理念下的百花齐放、百校争鸣。如果说“过一种幸福完整的教育生活”是一轮高悬的明月的话，那么每一所学校就是一道河流，它映照着这一轮明月于自身之中，而形成属于自己的独特风景。

我们发现——仪式、节日、庆典是新教育学校的文化“节气”。在每一个节日的背后，是这所学校的一个传统，是这所学校教育理念的一个侧面。而一年年、一代代师生把这些重要的理念转化为行动，行动积淀为传统，再一次次地用节日、庆典的形式来加以复活。基于新教育理念，我们认为开学日、师生生日、毕业日、阅读节，以及学校自己的节日，才是教育生活中最重大的日子，郑重地对待这些日子，擦亮它们，装点它们，将使得教育生活不再平淡，而充满神奇。

我们希望——学校作为师生共同建筑、装点、生活的世界，它的设计，它的粉饰，它的绿化、美化，都应该由师生们来共同完成。真正美妙的教育场所，就是师生亲自创造的空间，一棵树，一棵草，一堵墙壁的粉刷，一个标志的设计，都是师生漫长生活的结果。学校建筑，不应该是一次性完成的工程，而是一个不断雕塑、不断积淀的文化沉积岩层。走进学校，我们能够感受到历史的厚度、文化的厚度，以及活生生的生活气息。所以，新教育的学校应该同时是一个历史博物馆，一个珍品收藏所，是美好事物的集散地，是传奇故事曾经发生过的地点。民族文化的精华，当地文化的精髓，本校历史的叙事，脚下这片大地的特色，都应该在学校里被显现出来，成为学校文化活的语言。

我们期待——作为人类文明成果的传递之所，作为人类知识的创造之地，学校应该拥有这样一种氛围，它弥漫在整个校园，仿佛身居其中的每一个人都渴望着去了解宇宙和人心的奥秘，去了解社会运行的规律，去明白道德和梦想在其中的价值。这种氛围应该浓郁到这样的程度：学校会为又一个新知识的发现，一个课程的创新，一次教研的突破而欢庆鼓舞，以至最平凡的日子里，也洋溢着一种节日的快乐。

我们相信——学校文化，就是讲述，和为了讲述一个关于我们自己的传奇故事。这是学校文化建设的关键。没有自己的英雄叙事，没有自己学校里值得流传的故事，没有这所学校里走出来的英雄，就是这所学校还没有自己成熟的文化。它的故事还没有真正开始。应该通过“底线＋榜样”的新教育管理方式，让那些优秀的师生个体，成为学校的英雄与榜样，成为最有力的教育力量，成为学校叙事中的绝对主角。

亲爱的新教育同仁，学校是一段旅程，建设新教育学校文化是一个艰辛而漫长的过程。我们把视野投向学校文化，标志着新教育正在向纵深发展，走向了一个新的高度，新的起点。让我们用文化的自觉，努力打造群星璀璨的学校文化景观，担当起“过一种幸福完整的教育生活”的使命！

（2010 年 7 月于石家庄桥西，第十届新教育年度研讨会）

第九章

活出中国文化的根本精神

一、迷失了精神的中国人

在新教育实验第11届研讨会的“东胜新教育叙事”中，东胜四小的孩子们在诵出“当文化的晚潮开始催眠，诗歌以新的变音唱出，像一只夜航的鹰”之后，引用闻一多先生的诗句向全场教师追问：

请告诉我谁是中国人，
启示我，如何把记忆抱紧；
请告诉我这民族的伟大，
轻轻地告诉我，不要喧哗！①

曾经，中国人是东亚病夫，几代人为了摆脱这顶帽子进行了不屈的抗争。今天我们开始强大与富裕，但是，我们可曾为自己是一个中国人而由衷地自豪？我们可曾真实地感受到今天这民族的伟大？

2010年7月，新教育人齐聚石家庄桥西区，讨论“文化，为校园立魂”的问题，我们达成了一个共识：只有文化，才能够让学校拥有

① 《闻一多全集》第一卷，武汉：湖北人民出版社，1993年12月第1版，第154页。

灵魂。

在今天，我们再来思考“文化，为校园立魂”这个问题，则又有了新的问题产生：我们用来为校园立魂的文化，该是怎样的文化？

纵观时下学校，我们不无忧虑地发现，传统文化的缺失已将儿童带入了一个他们倍感陌生、抽象、片面和异己的地带。传统文化的失落带来的是精神世界的浮躁、迷误、幽暗甚至荒芜，教出来的孩子可能是一些有知识没灵魂、有技艺没根柢、有智力没情怀的“怪物”。

学校传统文化的缺失，与全社会传统文化的缺失是有密切关系的。从国际的视野来看，我国虽然是一个传统文化积淀深厚的国家，是一个经济大国、文化大国，但不是文化强国。从量的角度来看，目前世界文化市场份额，美国占43%，欧盟占34%，亚太地区占19%，其中日本占10%，韩国占5%，中国和其他亚太国家加起来才占4%。从质的角度来看，我们文化对内的凝聚力不够强，对外的影响力不够强，各种文化相互对比中竞争力不够强。[①] 我们的文化“走出去”和经济“走出去”反差太大了，如果说经济还保持着“顺差”的话，文化的现状毫无疑问只能用“逆差”来描述。世界上“中国制造”已是非常流行，从衬衫到鞋子，从玩具到工艺品，几乎在世界上任何一个角落都可以看到。但是，我们的价值观，我们的文化有没有随之“走出去”？与中国对外贸易的“出超”相比，中国的对外文化交流严重“入超”。以图书为例，2007年我国图书期刊进口2亿美元，但是我国的出口只有3700万美元；2008年我国引进了图书版权15776种，而同期的输送图书版权只有2440种。2009年，我国的版权进出口比为3.4∶1，演艺产品的进出口收入比约为10∶1。文化领域的贸易逆差和经济领域的贸易顺差形成鲜明对比。2009年，韩国的网络游戏出口额是中国的10倍，电影的出口额是中国的7倍，新闻出版、电子音像、艺术品产业的对外输出也走在中国前面。

---

① 蒋建国著：《推进文化体制改革，提高国家文化软实力》，《人民日报》，2011年11月22日。

过去的传统已经丢失，新的文化立于何处？无所着力与眼花缭乱并存，需要我们重新思考探索与重建精神家园的路径。

正是基于这样的考虑，也是在去年的年会上，我们新教育同仁决定，把文化的视野从校园拓展出去，把今年年会的主题定为“新教育与中国文化”。我们的基本信念是，作为龙的传人，我们不应该让中国文化在新教育的校园里消失，我们希望能够在新教育的教室里重新看到书写美丽的方正汉字，重新听见优美的唐诗宋词，希望通过我们的能力，能够重新找回我们的思想基础和精神家园。

文化虽然有多个层面，但是我们知道，文化的各层面是一个由浅而深、由表及里的关系，譬如当我们说古希腊文明、希伯来文化或者俄罗斯文化、法国文化，我们固然有时也会指这个文化中从物品器具到节日等外在事物的风格，但更多的时候，我们是在探讨这样一个问题：这个文化或文明的根本精神可以如何表达？

譬如人们会用谦卑、虔诚、敬畏、友爱来描述真正的基督徒，把它视为基督教文化的根本精神。同样，人们会用隐忍、凄美、精致、认真、民族性极强来描述日本人，把它视为大和民族甚至日本这个国家的根本精神。

同一种文化的根本精神，我们既可以用贬损的词语来描述，又可以用褒扬的词语来描述。譬如我们可以把敬畏改称为对神的无知的恐惧，把隐忍改称为对自己和他人的双重残忍，等等。但当我们在描述一种文化的根本精神时，一般来说，我们总是应该寻找让这个社群得以维系、得以显现的那个积极的作用力，而不是它在黯淡或者趋向消亡时的那些表现。与此相反，在做文化批判时，往往会着眼于它在黯淡或者趋向消亡时的那些表现，有时甚至会无视它曾有过源源不断地创造的时刻。

据此，我们就不应该只把盲目地服从、无知与自大等中华民族在19世纪和西方文明相冲撞时所暴露出来的某些表现，当成是中国文化的根本精神。在不否定这些事实的同时，我们还需要从历史中去寻找这个民族最根本的自我主张，以及这种自我主张所得以实现的程度。

如果仅从我们民族先知们（即民族文化的奠基人）的自我主张来

看，那么我们无疑要把中华民族的根本精神理解为：生生不息，仁义礼智信，道法自然，推己及人，重家重国重土与天下观念的并行不悖等。

但是从一个民族实际显现的文化面貌来说，我们可以说重孝悌、重等级、讲和谐、讲礼制、讲情面等，都是比上述民族先知们的倡导更为显而易见的事实。

那么我们讲中国文化，究竟指的是哪一部分？如果我们可以从中梳理、抉择，我们又该如何去芜存精、去伪存真、去掉那些文化的死皮而保留文化的真精神呢？

这事实上就牵涉到一个文化精神的真理问题了。

二、显现与遮蔽：文化中的真理问题

我们知道，一个事物或一个理论的真理性总是与具体的场景相结合，脱离这一语境，抽象地谈放之四海而皆准的普遍真理，只是一种形而上的奢望。文化作为一种社群的生存模式，它的真理性同样与具体的历史场景、时代问题相关联。我们很容易分辨一个社群及其文化，它是处于一种真理状态，或者非真理状态。我们可以把前者描述为扎根的状态、欣欣向荣的状态、安适愉快的状态、不断创新的状态，而把与这些现象相反的表现，诸如混乱、没有创造力、自我否定与毁灭等，理解为非真理的状态。

但这样是不是说，一种文化处于真理状态或非真理状态，取决于环境，而并不是它本身？就像企鹅在海中成为适然者，而在陆地成为臃肿的笨家伙一样？

显然并非如此，因为人类文化是一种应对困难的灵活机制。对人类来说，重要的不是环境有了什么变化，而是文化作为一种应对机制，有没有在更新的环境中实现自己的“复活”，通过自我创造，从而能够更好地把握环境，在新的环境中“适然”“欣然”“泰然”“自然”。

也就是说，对文化来说，变异的、变化的环境恰恰是有利的因素，它会促进文化精神的自我更新、自我成长，它会从原有的文化资源中汲取某些因素，把它扩展为一种新的程序、新的语言，从而完成环境所带来的挑战。文化精神，总是和困境并生的。就像孟子所说的那样："生于忧患，死于安乐。"①

我们不难看到，正是美丽的周朝礼制面临崩溃，才有了儒家文明创始人孔子以个人道德进业为根本的仁学的兴起；正是战国时期的动乱，才有了百家争鸣的思想繁荣；正是汉末佛学成为形式主义的遮蔽同时又遭遇魏晋时期的战乱，才有了魏晋玄学的兴盛；正因为面对外来佛教的影响力，才有了儒家传人的宋明理学和心学的兴起，并达到几乎和文化创造人相等的程度……

文化的真理，总是由少数文化先知在自己的处境中，创造性地实现与更新的。孔子名为继承周公旦，但他实际成为一个远远超越周礼的仁学的创始人。孟子名为继承与宣扬孔子之学，但他的恻隐之心、对正义的重视，使得他阐发了孔子所没有完整阐发过的某些民族文化的根本精神……庄子、朱熹和王阳明，以及李白和杜甫、范仲淹或苏轼，都是我们民族文化的创造者，他们是"真理性"的存在，而我们则借他们所创造的语言而生存。

孔子对周公旦的诠释、孟子对孔子的诠释，都是一种忠诚的"误读"，表面上的语言有所改变，但其创造性实质却得到了真正的实现。这就是文化的真理性一次次得以实现的原理：它总是需要在新的环境中对真理以及万物进行重新命名。而相反，如果忠实地记诵格言，死搬语言，不理解文化模式如何在过去的时代里实现真理性，这样文化也就成了无法应对新环境的死物，以一种非真理的状态而存在了。

在孔乙己等人身上，文化就是以一种非真理的状态而存在着，虽然他的服饰是中国文化的，虽然他的书法在今天堪称为名家，虽然他能够把全部四书五经背诵出来，但是，他压根没有领会文化的根本精神，无法在更新了的困境中，让文化成为一种创造的原动力，创造出新的自

---

① 孟轲著，万丽华、蓝旭译注：《孟子·告子章句下》卷十二，北京：中华书局，2007 年重印本，第 285 页。

我，亦即新的生命，以真理的状态而显现。

所以，同样是书法家，同样是能够写诗填词的人，同样诵读了四书五经和大量中国古典经典，作为中国文化批判者的鲁迅，倒恰恰是中国文化精神的真正的继承人，因为他把那种生于忧患、死于安乐的精神，把那种生生不息的精神，把那种对土地和人民的热爱，用一种新的批判的方式，活了出来，并创造了这个民族在新时期的新语言。

为了理解我们所继承的，与我们实则是同一的中国文化的根本精神，我们有必要对中国文化的历史作一简略的回顾。

三、中国文化的根本精神

回顾中国历史，一本历史书可以把全部历史描述为一部皇家姓名史，另一本历史可以描述为战争史，第三本历史可以描述为创造发明史……

历史是后人从某个自己选择的角度，对已经发生的往事，作一种过滤式的新描述。而我们如果从文化精神的角度来看待我们的历史，则它可以理解为一部精神的显现与遮蔽史、思想的碰撞和交融史，以及文化模式的成型、打碎又重组然后僵化的历史。

我们民族文化的精神，经过两次奠基：第一次奠基，我们可以通过孔子所尊奉的当时的经典（诗、易、礼、乐、书等），以及中国神话与传说中所讲述的文化创造者的故事来理解。

从盘古开天辟地、女娲炼石补天的神话里，从后羿射日和夸父逐日的神话传说里，我们可以窥见一个民族最初的精神：不惧任何生存困境的创造精神。这些神话可能在成书时代上是后起的，但是任何真正的神话总有更为原始的根源，它无非是在较初的时间里，对这一古老的根源作一梳理并加以记录。在这个意义上，我们完全可以把《西游记》的作为神话原型和结构的那部分，理解为这个民族更为久远的原始精神，以及儒、释、道三家相互影响的历史，而不仅仅是一部相对近代的后起神话。

关于中国最早的部落、帝国的故事，则和神话传说纠葛在一起，事实上，他们是真正的文化原初奠基者，也是各种事物的发明创造者。黄帝，车辆、历法、弓弩的发明部落；炎帝，把农业发明光大的部落；蚩尤，也许是中华青铜器的发明者……而鲧和大禹，则一败一胜，却都是治水的英雄。而已经在《尚书》和《论语》中有所记录的尧、舜、禹，则又是原始国家（部落联盟）的体制建立者，也就是最早的立法者。在那个时候，并没有“中国文化”或“中国精神”这些概念，甚至还没有中国具体的疆域边界，但事实上，那是个充满了原始创造精神的时期，是一个民族的第一次奠基：没有一种无畏的博大的创造精神，是不足以建立起一个可以传承数千年且屡有世界性建树的民族的。相比于这种混沌中的创造性，许多政治性的道德和法制是后起的，是在这种原始的创造过程中，为了维系和稳定的需要，为了结盟的需要，而逐渐地形成的。这也就是夏礼、商礼、周礼的出现。在当初，礼是一个同时具有法制、宗教、道德意蕴的概念。

穿越对我们今天来说还在神话的烟雾中难以看清的夏朝，然后就有了商朝，一个文字得以创造和繁荣的时代，一个以商业为维系，空前繁荣的部落结盟时代。周朝，则是一个农业为主的大家族，把自身扩大成为帝国的模型。商朝和周朝，尤其是周朝，是我们历史、政治和社会形态的重要奠基时期，虽然我们今天不难看到这种农业、家族模式的诸多弊端，但它也确实让中国文化在几千年的动荡中始终得以维系、继承。直到晚近，在梁启超、牟宗三等人所回忆的中国乡村，一直靠这种源自商周的家族方式较良好地运转着。夏商时期的中国文化，以家族鬼神的神学政治为主，文化开始有一个以“天子”所在地为中心向四边逐渐淡化的结构。但随着《易经》《尚书》《诗经》和文字、书籍的普及，各个边缘诸侯小国在文化上的崛起以及形成的差异性，为文化思想的第一次大爆发奠定了基础。

然后在周王朝的“家天下”和“礼乐之美”的稳固政治遭受权力争夺、利益争夺的背景下，中国第一位伟大的思想家孔子应运而生。孔子的学问可以命名为“仁学”，是生命的学问，是以道德人格为主导的完整生命所需要的全部学问。

孔子有他意识里的保守一面，就是他对周礼、对家天下的留恋、维护，因为他的学问是在一个战乱即将来临的时代，作为疗治的药方而开出的，所以求稳定与和平，是与所治疗的社会问题相对而生的。但无论他本人有无清晰的意识，事实上他留给后人的不是保守而是更新，他是显性的中国文化的第一奠基人。孔子把由姓氏血脉决定的“君子（君王之子孙，即贵族）”，完全地转化为了由人格道德决定的君子；他提出的“仁”（己所不欲，勿施于人；己立立人，己达达人[①]），为消极的人际关系和积极的人际关系都立了法。

孔子的为己之学，把一个民族的目光，社会荣衰的责任，从关注他者、上位者转变到每个个体自己身上；孔子的仁学，把人的目光，从关注世界转变到了关注自己的内心。然后再由内而外，从改造自身开始，来改变社会。这在社会政治学上也许是天真与不成熟的，但在教育和文化意义上，则是完全正确的。

孔子对社会责任性的过度强调，对既定周礼的过度维护，容易使得他所强调的另一个方面——生动活泼的人的内在仁心——遭受损伤。所以在孔子的时代，道家就开始作为儒家思想的对立者出现了，他们强调个体生命的保全，强调自然生命高过社会体系、自然权利高过社会道德。显然，这是一个重要的、有益的补充，就像中国的阴阳太极一样，如果说孔子的思想是个包容黑白的大全，那么作为他继承人的弟子曾参等人，则更强调了白的维度，强调了“士不可以不弘毅，任重而道远。仁以为己任，不亦重乎？死而后已，不亦远乎？”（曾子语）[②] 的刚健精神，这确实也是孔子所极力倡导的刚毅木讷的精神。但是孔子及其优秀弟子颜回身上所体现出来的另外一面，即“乐”、从容、和谐的一面，

---

① 杨伯峻译注：《论语译注·泰伯篇》，北京：中华书局，1980 年，第 8 页。

② 杨伯峻译注：《论语译注·卫灵公篇》，北京：中华书局，1980 年，第 152 页。

却似乎在曾子等人那里已经被白的一面所遮蔽了。因此，道家的思想是从儒家自身被遮蔽的一面所生发出来的，它有力地补充了中国文化中个体、自然、诗意的维度，让几千年来的中国文化人，在疲惫的时候得以获得栖息的空灵之地。我们在后世的陶渊明、王维、苏东坡等人身上，可以看到这两种思想的交织，以及由儒至道的一种路径。

战国时期是中国思想最自由的繁荣时期，在各家激烈的争辩中，虽然有不少诡辩，有不少走了弯路的思想实验与思想探索，但是它却是后世中国文化取之不竭的思想宝库。如果我们今天细读那些经典，我们将会惊奇地发现，许多我们今天创造的、讨论的哲学概念，其实也正是几千前我们古人念兹在兹的概念——因为生命存在中的大问题，往往是超越时代永恒不变的。

战国，是一个复数的中华民族（因为还没有真正统一的思想让全部人成为一个社群）遭遇到巨大的生存困境，乃创造各种思想，以期待解决困境的时期。而历史的选择，让儒家成为了中国文化的主流，让道家成为此一主流的必要补充，让法家、墨家、阴阳家等，成为在不同的方面起着局部作用的思想流派。

当战乱逐渐过去，社会再度趋于稳定，于是便有了以上的格局所塑造的，历史上空前繁荣，完全堪与孔子心仪的周王朝相媲美的汉朝。今天所谓汉族、汉人、汉服，其实都是对一个朝代的遥远回忆，事实上在中国文化历史上，至少从孔子时代开始，血统、族裔永远不是至高无上的区分，最重要的，乃是文化的认同。

汉朝是儒家的复兴与繁荣，是儒家思想第一次与政治合作的成果。汉朝的繁荣与强盛、稳定是谁也不能否认的事实，但是汉朝的儒家思想更多发展的是荀子一派的思路，重礼制、重教化，但对个体的灵性、内在道德性，也就是仁学，却领会不深。于是便渐渐地又沦落到一种体制窒息灵性的道路上，存在的真理和文化的真理又一次被遮蔽。而它的兴起，却是以另外一种面目出现的：魏晋玄学和佛学的兴盛。

儒家作为社会的根基，自汉朝开始，就永久性地成为中国文化的事实，但是作为让一个社群成为创造者、成为命名者、成为歌唱者的思想精神，却并不一直是儒家思想来完成的。每次当儒家思想被体制异化或自我异化，总是由道家或中国化的佛教，成为中国人精神中性灵部分的拯救者。

所以由孔子到庄子，是一次道的反动（《道德经》：反者道之动）；而到孟子，《道德经》《易传》的作者（我们依据学术界而非传说，把《道德经》和《易大传》的出现放在战国时期，而不是孔子之前和孔子之作），则是一次思想碰撞之后吸收对方精华的整体性运动。

与此相类似，从以儒家思想为主导的汉朝，到魏晋玄学（道家）的兴起，到魏晋隋唐的佛教之兴盛，是道的又一次反动；而到唐朝的韩愈，宋朝的周敦颐、程颢、朱熹、陆象山，以及明朝的王阳明，则是又一次思想碰撞之后吸收对方精华的整体性运动。

同样我们可以看到，宋、明、清的儒教，在让中国文化社会得到持久维系的同时，却也因为过度自我维护的体制，导致了革新的困难，导致了新思想出现、碰撞的困难，所以中国自近四五百年起，开始远远地落后于西方文化了——西方文明因其多元碰撞更为激烈的特点，在最近的五百年中，突飞猛进，暂时地把包括中国文化、印度文化在内的东方文明远远地甩在了后面。

而这种对峙，其实就是道的又一次反动。我们需要这种反动，来看清我们以往如何走入了文化的遮蔽、沉沦时期，我们应该如何走出自身的见障，借着与异质声音的碰撞和相互融合，再度在新的时代，发出自己的声音，显现出道本真的创造精神。

借着“反（返）者道之动”的规律，依据各个时代的历史事实，我们可以简单地从文化精神的遮蔽与显现，重述我们的历史，也就是我们的“所来径”。“回顾所来径，苍苍横翠微”，这是一条曲折而辉煌的文化之道，犹如黄河般曲折，但无论何时，借着记诵的经典，借着民间的习俗和传统，借着古老的节日和传说，哪怕是中国历史中最黑暗的几个时期，这种文化精神也并没有完全、彻底地消失过。

而我们同样看到，我们今天所处的，正是历史的又一个反者道之动的中国文化的沦陷又回升的时期。关于中国文化的沦陷，自鸦片战争、甲午战争的失利，自打倒孔家店和“文化大革命”的激进的文化变革，从经济狂潮中社会秩序和人心道德的涣散，我们都已经看得十分清楚。但我们同样也必须看清，中国，无论是从经济、政治、文化还是文化本真的内在精神，也同时在经历一个更新、复苏的时期，在20世纪，我们的文化界出现了鲁迅、海子等许多原创性的大家，也出现了熊十力、牟宗三、杜维明等中国文化的重要的整理者，这些无不表明，文化精神已经开始在历史中再度醒来。

再度醒来的中国文化，它会是什么模样？它应该是什么模样？

回到我们前面所梳理的文化作为社群的存在样式，文化的四个层面，我们或许可以这样憧憬地描述复苏了的，或者说自我更新了的中国文化，它应该是：它让中国人拥有尊严，赢得在这个世界上的最新成就，赢得其他文化社群的尊重；它应该同时是文化各个层面的继承者和创造者，它不应该只是执守古老格言以自欺的鸵鸟，而应该同时在这个时代创造全新的文化器具（不应满足于把古老文化器物当成怀旧的点缀）；它应该创造新的文化节日和文化仪式，让名为中国人的社群和个体，拥有自己的日历与天空；它应该在各种艺术领域，让古老的技艺焕发出新的生命活力，像曾经拥有嵇康、徐渭、王羲之、颜真卿、李白和杜甫那样，再度拥有我们民族的梵高、贝多芬、莎士比亚……它应该让孔子所倡导的仁学的十六字精神，孟子的“四心”和社会正义，庄子所倡导的逍遥精神，《道德经》所倡导的“道法自然”的社会政治原则，成为中国人的普遍内在道德词汇与信条……

显然，作为一个总体的中国文化精神的观照，我们不能无视历史事实。我们既不能无视儒家对于中国历史的纲领性作用、对中国社会的框架性作用，也不能无视道家思想、禅宗思想对中国文化精英的熏陶。我们不能不理解这些事实：我们所背诵的，我们所喜爱的大量的诗词，正是这几家思想的交集。只要我们衷心地喜欢王维的《山居秋暝》和孟浩然的《春晓》，我们就不能草率地认为禅宗是一个可以摒弃于中国文化精神之外的无足轻重的思想；而在杜甫、李白、苏东坡、陶渊明等更为复杂的诗人身上，我们更可以看到这些思想的重重交织，就像我们整个民族一样，我们无法在儒家、道家、佛教甚至另外几个思想中，人为地剔除其中某些部分，否定它们已经成为经典中的核心话语这一事实。如果这样做，我们就是把一个生机盎然的文化整体人为地窄化为小小的局部。

因此，儒家的个体担当，儒家的事在人为，儒家的社会责任心，是我们民族精神的精华；而道家的玄思妙辩，道家的个体逍遥和社会自治的思想，也是我们民族精神的精华；而以禅宗为代表的中国佛学，其思绪的精妙，其对超越性念兹在兹的追求，其对眼前物质社会的超越，其对先天灵性的呵护与唤醒，以及其中蕴含着的人类尊严与人类平等思想，都是我们民族精神中必不可少的有益补充。

当然，我们不得不承认，借着西方后来居上、在最近五百年中逐渐超越我们的文化，我们确实看到了我们文化中严重缺失的某些成分。谁想否定这一点，就是自大的夜郎，也是不顾历史事实一头埋进自己文化沙丘中的鸵鸟。

因为历史的偶然，除古代希腊以外，没有民族独立地发展出体系严谨的数学、科学和哲学；因为地理与文化的距离，许多文化社群没有及时地从古希腊取得这些成果。而我们今天所说的欧洲文明，正是把希伯来宗教文化、希腊的数学体系和各地的民族精神整合出的一个新的文明，这个最近五百年来突然发力猛进的文明，就是被我们称为现代性或现代化的文明，并在最近百年达到了空前的高峰，其代表成果，一是举世瞩目的科技，二是民主与自由的体制。

许多文化批判者无视欧洲文明和中国文化一样，是一个有自身根源但又不断融合中的文明，草率地认为欧洲文化在其根源上具备了科学因素和民主体制的因素，因此是好的文化；而反之，中国等文化，在根本上并不具备科学因素和民主体制，因此是不好的文化。这样，就把历史中的偶然缺失，当成了致命与宿命的文化不足。如果把这种观点推到极点，甚至会认为除了希腊文化，人类就不存在其他有价值的、可发展的文化，而西方文明，又是希腊文化的唯一合法继承人，我们的文化必须彻底革掉自己的性命，接受一个既定的更为成功的文化。

但是这样革命的后果，就是我们要从根本上把我们及祖先所领会、所体悟的另外一些美好的东西全部、彻底地否定掉。

由希腊人创立并在西方发展起来的现代数学与自然科学，以及民主的社会政治体制，乃是我们所能够看到的美好事物，西方人可以享用，我们也同样可以享用，我们只是需要思考：我们的文化是否兼容这些美好事物？我们的文化资源，是会妨碍我们接受这一切，还是会促进我们接受这一切？

其实关于前者我们已经不必再讨论，过去的一百年，中国出现了不少伟大的数学家和科学家，而且这些数学家和科学家，往往同时是中国古典文学的继承者，他们对诸子思想和唐诗宋词，有着不俗的领会。中国文化能不能兼容数学与科学，这个曾经在百年之前被人们忧虑、探讨的问题，现在已经由历史事实作出肯定的回答，我们不必再加以讨论了。

现在人们普遍忧虑的，是民主自由的政治体制，能不能与中国文化的根本精神兼容。这个问题确实是悬而未决的，但是我们放眼望去，不难发现，同样曾是儒家文明圈中的新加坡、韩国、日本以及我们的台湾地区，近半个世纪以来的经济发展与民主进程，似乎在作一种暗示：儒家文明并非与民主体制是不相兼容的。

事实上，这完全取决于我们从自身的历史资源中，获取哪些因素来进行重新诠释和扩大扩充。如果我们僵死地执守周朝礼乐的外在形式，而没领会孔子“己所不欲，勿施于人”的仁学核心，没领会《道德经》作者“道法自然”（意谓道的运行法则是让万物以如其所是的方式显现自身）的精髓，那么我们确实无法把民主体制与我们的文化相兼容，因为我们丢弃了文化的根本精神，而把历史与境域的某层已死之皮，当成了文化本身。甚至有人会把我们历史中遮蔽最深的时期，如明清的皇帝大臣制度，三从四德的封建礼教制度，当成我们的文化精神，那么我们确实是取其糟粕，弃其精华，而根本不配在新的历史境域中，成为有文化尊严的国家和民族。

所以，我们从自身的历史中，应该汲取的那些更为根本的创生精神，是孔子的仁字十六字精华（己立立人，己达达人）以及：

《中庸》："天命之谓性，率性之谓道，修道之谓教。道也者，不可须臾离也，可离非道也。是故君子戒慎乎其所不睹，恐惧乎其所不闻。莫见乎隐，莫显乎微，故君子慎其独也。喜怒哀乐之未发谓之中，发而皆中节谓之和。中也者，天下之大本也；和也者，天下之达道也。致中和，天地位焉，万物育焉……惟天下至诚，为能尽其性；能尽其性，则能尽人之性；能尽人之性，则能尽物之性；能尽物之性，则可以赞天地之化育；可以赞天地之化育，则可以与天地参矣。"①

《大学》："古之欲明明德于天下者，先治其国，欲治其国者，先齐其家；欲齐其家者，先修其身；欲修其身者，先正其心；欲正其心者，先诚其意；欲诚其意者，先致其知，致知在格物。物格而后知至，知至而后意诚，意诚而后心正，心正而后身修，身修而后家齐，家齐而后国治，国治而后天下平。"②

《易传》："天行健，君子以自强不息；地势坤，君子以厚德载物。"③

《孟子》："恻隐之心，人皆有之；羞恶之心，人皆有之；恭敬之心，人皆有之；是非之心，人皆有之。恻隐之心，仁也；羞恶之心，义也；恭敬之心，礼也；是非之心，智也。仁义礼智，非由外铄我也，我固有之也，弗思耳矣。故曰：'求则得之，舍则失之。'""人恒过然后能改，困于心，衡于虑，而后作；征于色，发于声，而后喻。入则无法家拂士，出则无敌国外患者，国恒亡。然后知生于忧患，而死于安乐也。"④

《道德经》："故道大、天大、地大、人亦大。域中有大，而人居其

---

① 王国轩译注：《中庸》，北京：中华书局，2007年重印本，第46页。

② 王国轩译注：《大学》，北京：中华书局，2007年重印本，第4页。

③ 商姬昌著，朱熹译注：《周易》，上海：上海古籍出版社，1980年，第8页。

④ 孟轲著，万丽华、蓝旭译注：《孟子·告子上》卷十一，北京：中华书局，2007年重印本，第245页。

一焉。人法地，地法天，天法道，道法自然。”①

……

我们从这些经典的最核心精神处，读不到任何与科学或民主思想的绝对冲突——当然必要的对峙是存在的，譬如道家思想对科学的警惕，不得不说是中国古老思想的一个智慧。但这并不是说，我们必须在二者之间，做出非此即彼的选择，恰恰是要让我们如何从自身的历史境域出发，把握住“道”体现于宇宙万物的生生不息的创造精神，道体现于人心的仁（麻木则不仁）的精神，创造出此时此刻的新的文化样式——宇宙万物，有待我们重新命名。

四、文化中已经存在的“他者”

我们强调我们是中国人，是中国文化的传人，是儒道文明的受惠者和继承者，但同时我们不能无视这个事实：在漫长的历史中，不断有“他者”在进入我们的视野，并成为“我们”中的一部分。

先是在我们自身的文化中，道家、墨家起身与儒家思想对峙；然后是来自印度的佛教，成为中国儒道思想的对峙者，成为中国人实际信奉的主要宗教；同时在我国辽阔的西部，有许多真诚的伊斯兰信徒，而在北方蒙古族，有信奉藏传佛教的，甚至还有原始的萨满信仰……

曾经，某一隅的政治自诩为整个“天下”合法继承人，撰写一部部所谓的正史，把异族视为野蛮的他者。但是漫长的历史却对这种篡位并不以为然，所以中华民族从一开始就是一部众多民族、众多文化模式相互激励、相互融合的历史，在这其中有争斗、有对峙，但最终的事实，却是一种相互启发的民族大融合。

所以中国佛教，是传承于印度，但有自身语言和生存方式的中国思想；而曾经被某些人视为异族的三苗、匈奴、金或满、蒙古，现在都是

① 老子著，饶尚宽译注：《道德经》第二十五章，北京：中华书局，2007年重印本，第64页。

这个大民族中的合法成员，是这个文化的主人。

这种文化融合的最佳样例是儒家思想、道家思想与佛教的对峙、相互启发和最后的各自独立与融合的并存。虽然也偶尔有不正当的杀戮往事，但是整部中国文化史是一部相对宽容的历史——对比于基督教在某个时期的火刑柱和女巫的清剿，我们就可以知道以孔子思想为起点的中国源初文化，确实具有更强的包容性、兼容性，但又不丧失自身的核心精神的优秀文化。与道家的对峙产生了孟子，与佛学的对峙产生了宋明理学与心学。能否有效地融合他者，既可以看出一个文明的气度，更是一种文化能否自我更新的关键。我们相信，与科学思想的融合是过去一百年的既定事实，但尚未完成；而与基督教文明、伊斯兰教文明，与更多思想、更多文化模式的相互对峙、相互启发与高位融合，这正在进行中的文化之重任，而且也是中国文化的先天优势之所在，更是中国文化得以自我更新的契机之所在。我们要有这个信心与气度，既不要丧失自我地膜拜他者，又不能自身羸弱而恐惧、排斥他者。这些他者，最终都将是更为博大的中国文化中的贡献者、历史和传奇的书写者，中国文化本原精神再度复苏的启发者。

对我们今天的中国人来说，我们是黄帝、炎帝的子孙，但同时也是蚩尤的子孙；我们是孔子、孟子的传人，同时也是老聃、庄周、慧能的传人；我们中的部分是汉武帝的子孙，另一部分是匈奴或成吉思汗的子孙，但他们都是我们的文化英雄，是我们的民族故事的源泉；我们既生活在长城的南面，也生活在长城的北面，我们既生活在阴山的南面，也生活在阴山的北面，我们既生活在河西走廊的东端，也生活在河西走廊的西端……

对于过去的神话，对于过去的传说、历史，我们可以有几种不同的态度来面对：

或者我们相信天地是由盘古开辟，人类是由女娲创造的；

或者我们相信天地是由耶和华开辟，人类是由耶和华创造的；

或者我们相信，盘古、女娲、耶和华都是一种神话的隐喻，对神灵的崇拜与对世界起源的追索，乃是人内在的天性，但我们生活在不同的环境里，所以为心中的神灵起了不同的名字，有了大同小异的故事。

显然，在第三种理解中，我们可以既不放弃自己的神话、传说、历史以及命名，同时接受另一种与我们的故事相近的神话、传说、历史与命名。

当然我们很清楚，如果因为接受了安拉创世或者耶和华创世之后，我们不复认为龙也可以是一种慈祥的生灵，而只能依据西方标准理解为邪恶的生物，月亮只能称为阿耳忒弥斯，而不能视为嫦娥；北斗七星从此不能再叫北斗，而只能叫大熊星座……那么我们的后人将终有一天不复理解所有类似“慈母手中线，游子身上衣。临行密密缝，意恐迟迟归。谁言寸草心，报得三春晖”这样的诗句，我们将永不会在这样的诗句中迎风落泪，而汉字汉语的美妙，也将成为遥远的传说。也就是说，中国文化将成为博物馆里的文物，我们的故事将成为不复有人传唱的标本……

如果我们不能既兼容他者又执守自身，那么我们就不复拥有自己，到那时候，只有另一种文明在这片土地上驰骋，而我们的故事在某个时代彻底地宣告结束，就像古埃及的文明一样，成为遥远的令人怀想但不复重现的辉煌。

五、新教育的文化使命

涂尔干在谈到欧洲教育思想和教育体系的演进时说，“教育本身不过是对成熟的思想文化的一种选编”。[①] 这在一个特定的角度对教育进行了重新的理解。也就是说，教育在本质上是对于人类所创造的思想文化的自觉传承活动，这个传承不是全盘的，而是选择的，是在对各种思想文化进行一番审视、选择和编纂之后，才纳入“以文化人”的教育体系中的。而这里所谓“成熟”的思想文化，是指系统的知识、思想

---

① ［法］爱弥尔·涂尔干著，李康译：《教育思想的演进》，上海：上海人民出版社，2003 年，第 23 页。

观念、价值信仰和思维方式等构成的文化体系。

根据涂尔干的“选编”理论，每个民族在不同的历史时代，都必须对自己的思想文化进行“选编”。这样的“选编”，其实就为每一个时代的教育打上了特定的文化烙印，也为每一个时代的文化涂上了教育的色彩。尤其在社会大变革的时代，这种“选编”往往更加大刀阔斧、惊心动魄。几乎每个民族都会对自己创造和继承下来的成熟思想文化进行反思和“再阐释”，使之符合那个时代的精神气质。当不同的思想文化体系发生碰撞和交流时，每个民族也都会根据自己的标准对“异文化”进行“选编”。教育对成熟思想文化的每一次“选编”，都会形成不同的知识和思想体系，留下一批经典文献，而这些“选编”所蕴含的基本价值观念和思维方式，更是培养了一代又一代的人，塑造和影响着一个民族的心理结构。在这个意义上说，一部教育史就是一部思想文化的选编史。

用这个理论来观照中国教育史，我们会发现，中国历史上这样的“选编”一直从未间断。孔子在春秋时期编撰《诗》《书》《礼》《乐》《易》《春秋》六经，应该是第一次自觉的“选编”。董仲舒在汉代“罢黜百家，独尊儒术”，是第二次“选编”。此后，唐代的古文运动、宋代的理学运动和明清的“中学为体，西学为用”运动，也是三次重要的“选编”。这三次“选编”的共同使命都是努力把当时的中国文化从被破坏和削弱的境地挽救出来。其中前两次“选编”的共同背景是在它们的前代，均是被社会文化相对落后的少数民族入主中原，造成汉民族社会文化面临失落的危险，但是没有动摇其根基；而后一次的背景则是西方用坚船利炮轰开了中国的大门，直接威迫签订了许多不平等条约。应该说，前五次的“选编”总体是成功的，孔子与董仲舒的“选编”，奠定了儒家思想在中国的历史地位，成为几千年中国社会的共同价值与精神家园。唐宋的古文运动与理学运动，造就了唐宋八大家的文学与思想高峰，孕育出了美丽的唐诗宋词。而近代的第六次“选编”，则经历了一个从器物到制度再到思想的认识历程，付出了沉重的代价。

新中国成立以后，我们的“选编”走了不少弯路。从社会主义改造运动到三反五反运动，一直到“文化大革命”，“选编”的主导思想是“大革文化命”，不仅我们自己的文化传统被抛弃，世界的优秀文化遗产也与我们渐行渐远。改革开放以来，我们的“选编”兴奋点又从“阶级斗争为纲”转移到了“以经济建设为中心”，文化让位与“物化”，在权力和金钱的旋涡中，许多人迷失了自己，而教育也放弃了自己对文化更新的巨大作用。教育一度臣服于错误的思想、滥用的权力和霸道的金钱，完全丧失了理想与追求。学校追求的是功利化的分数，道德与智慧均被踩在脚下。这说明，我们的教育没有自觉履行起对于成熟的思想文化的“选编”的责任，当今教育人根本没有从中国文化长远的发展来考虑学校的目标，也没有将人性的彰显看成学校的生命。

新教育认为，教育应该是文明复兴的新动力，学校应该是文化发展的新中心。没有教育对于文化的自觉“选编”，就不可能有真正意义上的文化复兴和重建，也就不可能拥有真正的精神家园。所以，这既是国家文化建设与教育建设的重大任务，也是新教育人义不容辞的神圣使命。

在新教育实验发展的历程中，这个使命在不断地清晰和明朗起来，在新教育的理念与实践中，把中国文化作为新教育的根基和创造之源，已经成为新教育人的文化自觉。

第一，新教育实验提出了“过一种幸福完整的教育生活”的价值追求和追寻理想、深入现场、共同生活、悲天悯人的新教育精神，这明显受到了儒家文化厚德载物、自强不息的影响，体现了中国传统文化的道德情怀。

第二，新教育实验提出了“共读共写共同生活”的理念，努力推动书香校园和书香社会的建设，使教师与学生、父母和孩子乃至更大的共同体，有了共同的语言和密码，共同的价值和愿景，为形成中华民族的共同精神家园作出了积极的贡献。

第三，新教育实验把教师的发展作为教育改革的逻辑起点，号召教师以孔子为榜样，书写自己的生命传奇，为中国教师树立了人生楷模。对久居新教育共同体之中的人而言，加盟新教育，乃是选择一种新的生活方式：一种更古老、更本真，与源初思想更为切近的生活方式。在这种生活方式中，教育者努力让自己朝向（或处于）一个“生生不息”“己立立人、己达达人”的境界中。敬畏生命，呼吸经典，与更年轻的生命相互编织有限之生的不朽意义，书写自己职业生涯的传奇……这些乃是身居其中的新教育人的内在体认，一种深切的生命体认、文化体认，同时也就是职业的认同。

第四，新教育实验主张“行动，就有收获；坚持，才有奇迹”，在实验学校推进“营造书香校园、师生共写随笔、聆听窗外声音、培养卓越口才、构建理想课堂、建设数码社区”等六大行动，实践了中国古代“知行合一”的优良传统。

第五，新教育实验通过开发“在农历的天空下”“走进孔子”等课程，提出“知识、生活和生命的深刻共鸣”等主张，并且通过“晨诵、午读、暮省”的儿童生活方式，以及开学日、涂鸦节、毕业典礼等各种庆典和仪式，把自己的根深深扎在中国文化的沃土上。

第六，新教育实验提出“文化为学校立魂”的主张，通过开展“文化植根”“文化塑形”“文化育人”“文化强师”“文化立信”等方面的学校文化实验，将中国传统文化的精神、理念渗透到学校建设的各个领域，让学校环境、教育行为的细微处浸润文化精神，凝练生命精华，令师生沐浴在道德、科学、数学、语言、历史、艺术等人类文化的熠熠光辉里，耳濡目染，行以成之。

近十年来，有一种意识在新教育共同体中越来越明晰：教育必须有根、有魂。而新教育，与其说是想为中国教育打造可以流传数百年的成熟课程，倒不如说是想为“失魂落魄的教育”重新召回灵性、魂魄、神圣性。而任何一个成熟的课程，也必须从文化和生命存在的根系中生出，且与悠久的历史息息相通，才是值得保存与流传的。诚如海德格尔所言，“我深信，没有任何本质性的精神作品不是扎根于源初的原生性之中的”。对于中国大地上的新教育实验，其实就是曾经富有创造性的中国思想在今天这个时代的一次复苏。当然，我们深知，如果我们不能清理这一创造性的思想之源被层层遮蔽的历史事实，我们同样会沉陷在后世的形式主义中，丧失那创造的本质。

因此，新教育首先是一种创造性的寻根，是寻找这一文化的创造根源，使得生生不息的创造在这片土地上重新开始。也同样是在这个意义上，新教育实验，首先是文化的新教育实验和哲学的新教育实验，而不是封闭于某个实验室以采集数据的自然科学倾向的教育实验（新教育实验中会有个体研究人员以这样的方式进行某些实验，但这是从属于上述文化的新教育的局部探索）。

也因此，随着新教育的深入，它将越来越把自己与原初的儒家精神与道家思想关联起来，并以创造性地阐释那些塑造民族精神的经典为己任、为依据。当然，这里没有背诵经典的盲从盲信，自然更不会有认定中国文化是不再具有生命力的死物的武断。作为栖息于此一文化、此一语言中的新教育，它认为自己有责任也有能力，在当前的语境下，重新活出“生生不息”“仁（不麻木，恕与爱）”“恻隐之心”与“浩然之气”的儒家精神，和“道法自然（依据字源，将自然阐释为‘以自己的样子显现’）”“天、地、人、道”和谐四重奏的道家精神。

在此语言和文化的原点上，新教育实验放眼全部人类创造的历史，将自然科学、西方哲学和各种文化的精髓，尤其是心理学成果，纳入到自己的视野中，成为创造当前“具有创造性与本真性的教育”的必须借助的资源与视域。

当“生生不息”与“仁”（我们诠释为“己所不欲，勿施于人”的恕道，与“己立立人，己达达人”的爱道）的本体精神，与人格心理学和认知心理学，以及神话学、传记学、经典文学诠释打通的时候，新教育便有了自己的“生命叙事理论”——一种解释学倾向的教育学，一种把个体生命的成长视为上述精神的扩充或受阻变形的心理学。

新教育实验，将培植此一自强不息、仁心充溢的本质生命，并从其存在的诗意中，开出一系列人文课程；从其存在的思性中，开出一系列科学课程。而这一过程将始终确保“诗”与“思”的统一性，无论是生命早期的浪漫，还是高年龄段的精确分科，都将确保生命的完整与统一。

新教育人深知自己的责任是创造一种好的教育，而首先不是成为创制心理学理论、哲学理论的职业理论家，所以在拥有一个自己体认的文化原点和一个自己确定的解释框架的前提下，更多的是以行动者的姿态，把前人的研究成果、哲学思考，纳入到教育生活的相应位置中，而最终目的始终在于：创造一种本真的教育，“过一种幸福完整的教育生活”。而这种开放的视野，以“复兴源初创造性文化”为己任的天命感，使得它和当前同样冠以“教育实验”之名的其他教育探索有着本质的不同。

因此，最后呈现于世人面前较为成熟的新教育实验，将是一个从幼儿园到高中甚至大学的完整教育形态，一个从学校文化建设到所有学科课程的创制，以及师生、家校共读共写共同生活的独特而完整的教育生活形态。在这样的完全意义的新教育学校里，可能将不复存在当前命名的任何新教育项目，而只有每一个生命的自我叙事不断展开，“晨诵、午读、暮省”，人类创造的最美好事物才能在共同生活和课程穿越中不断复活，师生生命也因此不断丰盈、丰厚。新教育人不愿意错过任何可以企及的人类美好，也不愿意把自己的存在局限于某一局部，更不愿意把自己研究的这一局部与存在整体相分离。

而在此种共同的文化诉求中，每个生命将依据自己的生命密码和存在境域，而成为独一无二的生命叙事者，这一个个创造性的个体，将共同构成一道新的精神风景线。这样，我们的教育使命也在其中得到了安顿，既为中国文化的重建，也为每个人精神家园找到归属。如此，学校将重新回到文化与社会的中心，引领和促进社会的进步与发展。

美国历史学家汤因比曾经说过，“避免人类自杀之路，在这点上现在各民族中具有最充分准备的，是2000年来培育了独特思维方法的中华民族”①。诺贝尔奖获得者集会在1988年发表的宣言中也提出：“人

① 引自《展望二十一世纪——汤因比与池田大作对话录》，国际文化出版公司，1985年，第294页。

类要想在 21 世纪生存下去，必须回到 2500 年前，从孔子那里获得智慧。”①

但如果没有我们文化的自觉，没有我们教育的行动，这些预言和判断将始终是一个画饼，是别人欺我、我又自欺欺人的安慰剂。中国文化能否再度复兴，能否迎来它再度令世界起敬的成就，一切有赖于我们的努力，有赖于我们每一间教室的努力。

六、结语（东胜宣言）

2011 年 9 月，新教育人聚集内蒙古东胜，用文化的视野观照教育，用教育的视角反思文化，用教育与文化的眼光打量我们自己。我们形成了如下共识：

文化，是一个社群曾赖以生存、借以辉煌的模式，记录了这个社群自古至今的爱憎、企求、失败和荣耀。

文化，既有在特定历史中与具体环境相适应的形式部分（如中国文化中的礼乐、习俗、古代法律），也有超越时代的精神实质部分（如仁、义、爱、自强不息、逍遥自然）。

文化即教育，教育即文化。文化和教育的这种高度的同一，正是人类完全不同于、超越于其他生物的最大特征。人之成为人，人类之成为人类，其本质乃是文化，乃是教育。

文化是一条流动不息的河流，每一个人都是某一文化河流中的水滴。没有水滴的河流会迅即干涸；而没有河床，历史将失去方向，每个个体将陷入生物性的本能中简单重复。

我们（任何社群和个体）借文化而拥有语言、拥有自我；文化借我们而得以延续，并获得创生、更新的可能性。

创生、更新文化的，就是文化中的英雄、榜样、先知、楷模，他们创作的或为他们创作的诗篇、传统、故事、传奇，成为一个文化最明

---

① 引自 Canberra Times. Canberra，Australia，24 January，1988。

亮、最动人的部分。

于是我们的先人为我们留下了“仁（己所不欲，勿施于人；己立立人，己达达人）”“自强不息、厚德载物”“道法自然”“老吾老，以及人之老；幼吾幼，以及人之幼”① “为天地立心，为生民立命，为往圣继绝学，为万世开太平”② “天下兴亡，匹夫有责”③ 等最珍贵的精神珍品，留下了诗经楚辞、唐诗宋词，留下了龙飞凤舞的中国书法，留下了黑白之间天地宛然的中国画，留下了四大发明和无数历史景观，留下了石猴成佛的神话传说……

教育的过程也是文化“选编”的过程。一种合宜的教育，在这个意义上，就是梳理自身的文化，对文化进行辨别、抉择，把文化中的创造部分、开放包容部分传授给下一代，让文化成为他们的生存方式，让文化借他们而得以更新、重新显现上述的这些根本精神。

好的教育应该有文化的自觉与自我省察。教育的真谛乃是文化的自我创生。爱历史不是爱历史中的罪恶与挫败；爱英雄与榜样但不是依样在新时代画不合时宜的旧葫芦；爱诗篇是要写出这个时代的新诗篇；爱传奇是要写出这个时代我们每个人的传奇，和“我们”的传奇；爱中国文化，就是要让它在我们身上显现其根本的创造精神。

非道弘人，人能弘道。新教育人的使命，就是自觉地把中国文化作为自己的精神家园，作为我们教育的根基和创造之源；就是通过我们的努力来推动文化的自我创生，让中国文化的根本精神在我们这个时代重新显现并焕发青春。作为教师，我们可能由于各种原因不能成为孔子、孟子、朱熹、王阳明这样的文化重建者，但我们应该努力做到，通过我们每一个新教育人的文化自觉，通过我们自己这个湍急的隘口，让中国

① 孟轲著，万丽华、蓝旭译注：《孟子·梁惠王上》卷一，北京：中华书局，2007 年重印本，第 14 页。

② 黄宗羲、黄百家编纂：《宋元学案》第 1 册，第 664 页。

③ ［清］顾炎武著，栾保群、吕宗力校点：《日知录·正始》卷十三，上海：上海古籍出版社，1980 年，第 218 页。

文化这条河流奔涌前行。

亲爱的新教育人，让我们行动起来，用自己的真诚和信念，把中国文化的根本精神在我们身上真正地活出来，为培养面向世界的中国人，为建设我们共同的精神家园，为中华民族的伟大复兴，作出我们应有的贡献！

（2011 年 7 月于内蒙古东胜，第十一届新教育年度研讨会）

第十章

缔造完美教室

从物理视角讲，一所学校，是由一间间教室组成的。而从社会学角度看，每一间教室都是一所小学校，一个小社会。一所学校的品质，在很大程度上是由一间间教室的品质决定的，新教育实验的最终成就与品质，也取决于每一间教室里的故事与成就。

教室是什么？新教育的榜样教师常丽华曾经说：教室是我们的愿景，是我们想要到达的地方，是决定每一个生命故事平庸还是精彩的舞台，是我们共同穿越的所有课程的总和，它包含了我们论及教育时所能想到的一切。

一间教室，一个个生活于同一间教室中的人，应该是一群有着共同梦想，遵守能够实现那个共同梦想的卓越标准的志同道合者。他们彼此为对方的生命祝福，为生命中偶然的相遇而珍惜珍重，彼此作出承诺：共同创造一个完美的教室，共同书写一段生命的传奇。

一、缔造完美教室的意义

什么是“缔造完美教室”？简言之，就是在新教育生命叙事和道德人格发展理论的指导下，利用新教育儿童课程的丰富营养，晨诵、午读、暮省，并以理想课堂的三重境界为所有学科的追求目标，师生共同书写一间教室的成长故事，形成有自己个性特质的教室文化。

缔造完美教室，就是要让教室里的每个孩子穿越课程与岁月，朝向有德行、有情感、有知识、有个性、能审美，在各方面训练有素又和谐发展的生命，而一天天地丰盈着、成长着。

在新教育人提出“缔造完美教室”时，许多人问我们：为什么你们要把原先的班级、班集体，说成一个原本仅仅具有空间概念的教室？

从约定俗成的定义来看，班级是学校中的班次与年级的总称。班级是学校的基本单位，也是学校行政管理的最基层组织。一个班级通常是由一位或几位学科教师与一群学生共同组成，整个学校教育功能的发挥主要是在班级活动中实现的。而教室（classroom，schoolroom）则是指在学校里教师对学生正式讲课的地方，是学校对学生进行教学的空间。所以，一个是从组织的角度来界定班级，一个是从空间的角度来定义教室，而从教师与学生生命活动的形态，以及师生共同活动的场域而言，两者其实是相同的。

我们在这里之所以说教室而不是班级，是想强调教室是一个师生的生命在此展开的场所。同时我们又不希望这个概念仅仅停留在空间上。因为在这个空间里，不仅世界得以展开，而且历史得以书写，它是叙事的、时间性的，用新教育人喜欢的词语说，它又是岁月的。

缔造，在字源上有最初创造的含义。我们选择这个词语，是想强调作为教室缔造者之一的教师，可能起着比我们原先认识的更为重要的主体作用。在我们喜欢说学生是目的、是主体的时代里，我们往往会忘记一个事实：没有人不是目的，不是主体。新教育实验主张，为了一切的人，为了人的一切。这里所说的人，无疑是包括了学生、教师、父母等所有与教育相关的人。

教室的叙事主体，必然是它的所有参与者。但是，在这个叙事中，教师既是演员又是导演。他不仅仅是主角之一，而且还是参与剧本创作的人。一间平庸的教室并不完全源自一个平庸教师的所为，但一间卓越的教室，一定源自一个不甘平庸的教师的梦想。而且，正是凭借这一梦想，这位教师才可能得以超越自身的局限，自身也抵达卓越。

关于“完美”二字，也有不少质疑的声音。因为很多人认为，完美，是不可能实现的目标，远不如优秀、卓越这样的提法实在。我们认为，这里一方面是为了在我们“开发卓越课程，缔造完美教室”的表述中显得更对称，另一个方面是提出一个愿景、一个朝向。缔造完美教室是我们追寻的理想，是“虽曰不能，心向往之”的前方。所以，完美教室并不是一个苛刻的衡量当下的标准，而是一个使命、一个愿景，并且在这一表达中体现了我们的价值观：我们并不想只是完成上级布置的一些任务，而是想从自身的领悟与梦想开始，创造一个足够美好的事物。

要全面理解缔造完美教室的内涵，还需要把握好几对重要的关系。

一是教室与学校的关系。学校是完美教室存在的大背景，任何教室都不能孤立于学校之外而独立存在，教室文化和理念的确定同时要以学校的文化为背景。在一所学校很强大的时候，教室更要置身于学校的大文化之下，并从中汲取养分。但是，在一所学校的文化不够强大的时候（如雷夫的第56号教室），教室（班级）就要突出自我，拥有自己的文化和镜像。而且，教室不是一个单一的狭窄的空间，操场、图书馆等学校的其他场所，都是教室的延伸。

二是成长与成绩的关系。完美教室与优秀成绩并不矛盾。新教育不把分数作为自己唯一的追求，但是好的分数，一直是对新教育人额外的奖赏。新教育人明白：“缔造完美教室有一个绝对的‘硬指标’：所有孩子在教室里可见的进步——无论是在道德上的、情感上的、智力上的。”没有可见的显性的成长，不是真正的成长，单个的学生个体的成长也不是真正的成长。在德行养成上，孩子们“既质又文，君子堂堂”，他们的一举一动，一颦一笑，从内至外散发的儒雅气质和宁静之气是显性的。但道德人格以外，我们同样需要智力上的显性成就——最终的分数是很好的体现。我们把分数的要求放在灵魂的成长之后，但最终学生的成长一定能用分数来表现。分数将是成长的一个表征。没有合理的分数，世界无法懂得你也无法承认你，如果把分数抛开，完美教室就无法真正完美。当然，在我们已经存在的完美教室中，因为新教育的课程，因为两套教学大纲的相互促进，孩子们最终的分数都比普通班级要优秀甚至卓越得多。

三是教室与家庭的关系。作为有教育学自觉的教室，应该在思想上领导着家庭，凭借专业素养和技能引领父母。在一定程度上，家庭也是教室的延伸，是另外一个重要的教室。没有父母的成熟，很难有孩子的成熟。所以，建立家校联盟是非常重要的，这也是我们成立新教育亲子共读中心的缘由所在。因此，完美教室也一定是教师与父母充分交流、交融的教室，是父母充分参与教育教学的教室，是学校和父母高度认可的教室，没有他们的认可和信任，不是真正意义上的完美。在厘清缔造完美教室的概念内涵以后，我们有必要再来审视一下其价值与意义。

教室与生命联系在一起，是为生命而存在。教室一头挑着课程，一头挑着生命。没有生命绽放的教室，就不可能是完美教室。生命，是新教育最重要的一个词汇。

教室的重要性，一直被低估。生命，在任何阶段，都需要一个自由舒展的领地。最初，这个领地被称为母亲的子宫——一个大生命为一个新的小生命创造的舒适的宫殿。然后，是襁褓，是摇篮和家庭；再然后，是校园和教室；最后，是职场与社会。

摇篮和家庭、校园和教室、职场和社会，在生命发展的不同阶段具有不同的价值和意义。其中，校园和教室对于生命具有特别重要的意义。因为，在这个时期，生命一边在象征着起点与过去的家庭和当前的校园与教室之间往返，一边将触角伸展到自己未来将独自面对的世界（职场和社会）……生命的这个过程，被理解为是从安全到自由的进程，而生命发展中的任何一个阶段，都需要有一个具有双重意义的场所：为了安全的庇护所，和为了自由的训练场。如果家庭意味着更多安全，社会意味着更多自由的话，那么教室正好意味着在这二者之间且同时具备二者功能的特殊领地，是孩子生命从安全到自由的最重要的驿站。

同样是一间教室，或者平庸、冷漠，甚至充斥着暴力、专制、欺骗，或者完美、温馨，对于每个穿越其间的孩子的意义完全不同，对于每个生命成长的意义完全不同。

从某一刻起，一位教师（或几位教师）和几十个孩子相聚在一个叫“教室”的地方，生命中一段最重要的时光在这个叫“教室”的地方度过，大家的成就与挫败、悲哀与喜悦源自这个叫“教室”的地方。我们能够对它无动于衷吗？

日本教育家佐藤学认为：“学校改革的中心在于课堂，真正意义上的教育革命是从一间间教室里萌生出来的。”① 没有哪间教室里与其他教室飘溢着完全相同的气息，或有着完全相同的问题。只有从教室开始，从课堂教学层面的改革开始，才可能有新的课程创造、新的“学习共同体”创造。

新教育人探讨缔造完美教室的意蕴以及可能性，正是希望有更多的新教育教师，能够清晰地认识教室的价值，理解生命的成长，让缔造完美教室的项目成为师生成长的一个契机，在行动中不断朝向完美。希望有更多的新教育教师，能够“守住自己的教室”，让每一个生命在教室里开出一朵花来。

二、完美教室的文化构建

教室，不应该是一盘散沙。教师和学生，不应该只是各不相干的把知识作为商品的出售者和消费者。在教室里相聚的一群人，不应该只是偶然原因的随机组合，或者偶尔因一首歌、一个演讲、一场比赛才聚集在一起，平日里则是一群没有共同思想共同语言的乌合之众，一群没有共同愿景共同价值观的同一个屋檐下的陌生人。教室，注定是一个成长中的部落和社会；教室，注定是一个要形成自己文化与规则的地方。

论及教室文化，大家自然会想起新教育第10届研讨会的主题“学校文化”。事实上，我们在有关学校文化论述中的大多数内容，完全符合教室文化。我们甚至可以说，教室就是一个缩微版的学校，教室具备学校的一切结构与功能。

---

① ［日］佐藤学著，钟启泉译：《课程与教师》序言，北京：教育科学出版社，2003年。

如果要说教室与学校有什么不同的话，那就是我们所说的教室，总是有一个明确的期限规定：或者三年，或者五年、六年，它不但起始时间被规定，而且同样被规定于某一刻完成自己的使命。当然，完成使命并不是宣告这一教室的彻底消失，而是这个教室叙事的完成，而经由这一教室叙事成长起来的师生，将在另外的叙事中继续扮演主角，继续书写各自的生命叙事。学校的绵延性显然要更强一些。如果说教室完全由一群人相聚而成、相离而散的话，那么学校则是在无数人、无数代人的进进出出中，生成自己的文化与历史。套用一句老话，就是："铁打的学校流水的教室。"也因此，教室叙事，是一个比学校叙事结构更清晰的篇章。教室，是一个比学校更应该清晰规划、精心设计好开端和结局的叙事，而文化，就是这个故事中的灵魂、精神。

2010 年石家庄的新教育年会上，我们曾从一所学校的使命、愿景、价值观来观照学校文化，也曾从学校的校徽、校歌、校训、仪式、庆典以及建筑、英雄故事等角度来剖析学校文化。这种观照与剖析，我们同样可以运用于教室。也就是说，一间教室，应该在自己的构建过程中，拥有自己的使命、愿景、价值观；一间教室，应该在自己的叙事过程中，拥有自己的独特命名、象征标志、英雄与榜样，或者说，一套属于自己的形象符号系统。和学校文化对于学校形象、学校历史一样，教室文化是完美教室的灵魂，是一个班级的使命、价值观、愿景的集中整合与体现。在教室文化的思考中，呈现在世人面前的第一形象是教室命名，而最终呈现的则是教室文化的整体构建。一间教室的名字，应该是教室文化的具体承载与体现，是班级成员的自我镜像。

通常情况下，许多学校的教室是用数字来命名的，如一（3）班、二（4）班等，或者如雷夫的"第 56 号教室"。用数字作为教室和班级的代号，无疑是最简单的，但也是最枯燥、机械和重复的。

在新教育的教室里，往往通过具象化的命名，把格式化的数字符号，转化为一种精神意向，赋予教室一种精神力量。教室命名，就像每个人出生时被命名一样，是生命中一件特别重大的事件。也因此，许多班主任老师总想别出心裁，起一个与众不同、独一无二的教室名字。是的，每一间教室应该是独特的，但这里的独特不是非要起一个多么新颖别致的班名，创造一个多么漂亮夺目的班徽或是象征物，让自己的教室与众不同，另类张扬。我们所说的独特，只是相对于这间教室及其特定的老师和孩子而言，它是非同寻常的，是意味深刻的。

江苏海门海南中学有一间教室的名字就非常特别——不一班（般）。班主任江斌杰介绍说，孩子们刚上中学，走进学校就说："校园不一般呢！"他介绍任课老师时，有学生说："这些老师不一般呢！"一天课下来，有学生感叹："真的是不一般呢！"所以，他就想：干脆用"不一班（般）"来命名自己的教室，激励学生做最好的自己，创最好的班级。这样就能够拥有不一般的孩子，不一般的教室。

如果当个性（追求与众不同）与贴切性（就像我们希望的样子）有了冲突的时候，我们建议宁选贴切，不选个性，哪怕与其他教室有所重复也行——毕竟对这些孩子而言，它仍然是独一无二的！而且，因为经历的不同，同样的名字背后完全可以有不同的意向，不同的故事，因为最终它的意义是由师生的共同生活所赋予，而不是有一个名字就自足了的。

在许多新教育学校里，教室命名用了"小毛虫""蒲公英"之类的小动物或者花草的名字，看起来平淡无奇，甚至简单重复。但只要能够从这些平淡的名字、平常的事物中，充分挖掘其不平凡的内涵，通过阅读、课程、活动不断擦亮这些平淡的名字，它就能够在学生们的心中真正地活起来，成为大家共同生活的愿景。正如海子所说，"给每一条河每一座山取一个温暖的名字"。[①] 名字叫什么也许不重要，重要的是能够传递灵魂碰撞而生的温度。

完美教室的命名，并不一定要求教师在学生没有到来之前就已经完全确定。取一个名字等候孩子出生，这在生孩子时是贴切的，但对于已有自己的情趣、性格、历史的学生及其父母而言，教师的这种做法容易

---

① 海子著，西川编：《海子诗全集》，北京：作家出版社，2009 年 5 月重印本，第 504 页。

让教育的另一方感觉过于被动。而且一个一开始就定下的名字，对被动接受的孩子而言不过是个词语，是个空洞的符号。所以，教室命名，可能已经在老师的心里酝酿了很长时间，甚至已经有了非常完备的构想，但是正式命名的时机却仍然需要寻找甚至等候。最好是师生共同生活一段时间之后，教师创造时机，譬如在相关的电影观看或诗歌学习之后，巧妙地提出来，成为一种共同的命名。

没有一个名字是完美无缺的，重要的是它们是我的名字，就像晨诵诗《草的名字》所说："给我喜欢的草取我喜欢的名字，我取的名字只有我在叫。"是的，一棵树，一棵草，一块石头，一粒沙……几乎所有的事物都可以通过这种赋予，成为意蕴深刻的象征物。

所以，比教室名字本身更为重要的是，这个名字或意蕴能够不断被发掘，不断被赋予。譬如罕台有一个教室叫"小鸟教室"，由于同级的兄弟班级叫"小毛虫教室"，当初命名的时候大家打趣说，小鸟吃毛虫，就叫"小鸟教室"吧。小毛虫教室的班主任是原"毛虫与蝴蝶"项目负责人马玲老师，所以，这是一个源自教师历史与愿望的命名，而且它的意蕴就是毛虫最终将羽化为蝶，飞翔天空。相对而言，这个"小鸟教室"的命名就显得有点仓促了。但是它至少意味着这间教室的主人不希望自己逊色于小毛虫教室，而且在相当长的时间里，两个名字成为孩子们的快乐游戏：我是毛虫我刺你，我是小鸟我吃你。然而从更久远的时间来看，除非我们赋予小鸟教室更深远的意义，否则这个命名就成了一个意义单薄的符号而已。所以在一年后的班徽设计时，设计者把毕加索的和平鸽当成了小鸟教室的班徽，而老师则把《快乐鸟的承诺》这个伟大的绘本故事作为教室的镜像故事，并准备在高年级，逐渐地引入凤凰涅槃、荆棘鸟等相关故事。就这样，一个起初显得仓促的命名，因为师生逐渐赋予它深远意义，最终让它持久地成为教室的鲜明形象。

命名只是教室文化建构中的一个事项，和它相关的事务包括班徽、班旗、班歌、班诗、班训、班级承诺（誓约）等，它们是一个有机的整体。

班徽，是班级的图腾，班级的象征物，一般是围绕班名展开，由全班同学集思广益，共同绘制而成。班徽确定可以采取全班征集评选，在优胜方案的基础上修改完善。

焦作市修武县第二实验中学一间名叫“竹节轩”的农村教室，在向全班同学征集班徽的过程中，刘浩楠同学设计的班徽被大家一致通过(见图 1)。图案的下方是两段蓬勃生长的竹节，和班名“竹节轩”相呼应。中间竹叶状的图形，像镰刀，又像号角，像冲浪的风帆，又像挥舞的翅膀。而图案上方那一团跳动的火焰，象征着一颗积极进取的心灵。

图 1　竹节轩教室班徽

对于局外人来说，这只是一个简单的符号，但对于竹节轩班里的孩子们来说，这却是只属于这个班级的，它体现着一个班级精神生命的走向，是由师生亲身经历、共同创造的。而对于刘浩楠同学来说，更是会成为一辈子的记忆。

班旗，是班级的旗帜，在运动会、学校庆典等大型活动时使用，可以活跃气氛，增强凝聚力。一般是把班徽放大以后印制在白色或其他颜色的布上。班旗可以制作成不同规格，有学生人手一份的小旗帜，也有列队展示时使用的大旗帜。

班歌，是与班级愿景、名称的精神气质吻合的歌曲，可以是自己创作、请人创作，也可以是选用现成的歌曲，或者根据现成的歌曲稍加改编的歌曲。如李镇西的“未来班”，是学生们写信请谷建芬老师作曲的；而山西绛县的“山水人家”教室，则选用了《我爱你中国》。班歌歌词和旋律不应成人化，应该符合儿童的志趣。

班诗，与班歌相同，也是与班级愿景、名称等和谐协调的诗歌，可以由班级师生共同创作，也可以选用现成的诗歌。如山西绛县的“小蜗牛教室”的班诗就是《小蜗牛》，激励孩子们不怕慢，只怕站，只要心怀梦想，执着前行，总会遇到属于自己的风景。

班训，与学校的校训类似，是用简洁明了、寓意深刻的语言，阐明班级的价值追求。班训的文字可以成为班徽的有机组成部分，也可以印制在班旗上。

班级承诺，是教师与学生彼此之间对未来的一个美好的约定，它往往是以誓词的形式出现。如马玲老师在给自己学生的父母写的第一封信中就提出：“我是教师我承诺：让每一个与我相遇的孩子，因我而优秀；我是学生我相信：我将在这里品尝到知识的快乐，生命的尊严。”班级承诺在重要的场合和时刻由教师和学生宣誓，具有强烈的仪式感和震撼力。

上面这些内容作为一个有机整体，没有必要在教室成立的第一时刻就预先准备好。最好的方式是在师生共同生活的岁月中逐渐建构起来，这是一个以教师为引导者，师生共同体为主体的自我书写过程。譬如对一间小学教室而言，它的使命、愿景、价值观，就完全可以等到三、四年级之后再来确定，只有等学生的精神境界达到能感受并理解规则的阶段之后，讨论这一切才有鲜活的意义。海门新教育实验区选编的《一间可以长大的教室》一书，就图文并茂地介绍了近 20 个教室的个性化的文化构建，孩子们每天在这些与自己的生命息息相关的文化中穿越，教室文化自然就浸润了每个孩子的灵魂。

教室文化，也会体现在教室的布置上。没有经过精心安排的教室，是缺少文化意蕴的。从总体上来说，我们希望教室的布置要有切合孩子生命的美学风格，比如在班级里摆放一些绿色植物，或者小金鱼等动物，让孩子们能够随时看见生命的成长，与大自然保持联系，感受自己以外的生命呼吸。教室里的色彩也可以丰富多彩，如低年级可以考虑偏近粉红色系，用绘本童话场景和角色来装饰，让孩子直接地感受到亲切、温馨和安全；高年级可以偏近青蓝色系，或者回归黑白，装饰以成熟的字画作品，有一种清澈高远的意境；而中段则可以考虑选择介于二者之间的绿色系列，配以东方风格的清新插画等等。

当然，装饰教室的最重要的事物，应该是师生的作品：大家共同生活过的照片和文字，大家从稚嫩到成熟的艺术作品——甚至许多新教育教室提倡宁可有不完美，也要让每一个孩子的作品上墙，因为这是“我们”的阵地。所以教室布置，应该把教室墙面当成我们自己的杂志社、电视台、档案馆。同时，教室还可以成为我们自己的园艺房、展示厅，大家种植的花草盆景，烧制的泥巴陶艺等，也可以利用这个空间陈列交流。总之，教室里的每一个空间都应该由师生共同创造，或者是一段共同穿越的生命旅程的见证。对于孩子们来说，让他们在其中发现自己，认可自己非常重要。

在 2011 年新教育年会上，我们提出了“活出中国文化的根本精神”的倡议，这对于完美教室的文化构建也十分吻合。“文化是活出来的”，教室文化也是如此，它应该在一以贯之的师生生活的点滴之中，在不断地濡染、编织与生成中活出来。无论多么构思巧妙、令人眼前一亮的班名、班徽、班歌、班诗，如果师生最终没有把那种精神活出来，那么这间教室就与完美教室相距甚远，甚至背道而驰。反之，哪怕教室只有一个平凡普通的名字，只要坚定不移地去做，把一种精神活出来，平凡的名字，甚至简单的数字，也就有了深远的意义。

我们倡导的班级的课程、班级的庆典、班级的活动，班级的共读共写共同生活，都是在将文化一点一点地活出来。活出来，不仅师生享受到过程，享受到成长，同时班级也就有了自己的风格。风格不是标新立异，而是生命在特定的境域中的光辉发扬，生命光辉到一定的程度，也就有了风格。

特别需要提出的是，教室文化，既要从儿童生命成长的阶段性和普遍的人类精神来考虑，也要考虑到一间教室的民族与地方的风格特色。

譬如，对新教育完美教室而言，我们与雷夫的第 56 号教室就处于不同的语言文化之中，五千年的悠久历史，中国儒道释文化的根本精神与特质，是新教育缔造完美教室的文化场域，如果我们的教室将中国文化吸纳得特别透彻，它就必然呈现出一种与第 56 号教室生命精神上息息相通，但文化风格上迥然有异的气质。

三、完美教室与道德图谱

教室是个小社会。有关这个社会的一切：道德规范、行为规则、规章制度、榜样底线……全都与这个社会同步建构而成。虽然教室从更大的社会（譬如学校和社区），或者更久的传统（譬如学校的历史）中承接了许多既定的东西，但它们真正成为教室里的显性和隐性的规则，仍然需要一个漫长的过程。而它们的建立，其实也就意味着一个社会的形成。它们建立起来的方式，它们的实质，则决定这个社会是民主的还是专制的，是共同生活的还是孤立存在的。

一间教室总不是凭空存在的，它总是处于特定的环境中，并且是环境的一部分。也就是说，虽然我们强调完美教室由我们亲手缔造，其实它的根苗，一直孕育于更大的文化系统中。我们的语言文化，我们的民族精神，我们的国家法规，我们时代的习俗与风貌等等，都不可避免地成为我们教室的肤色，成为我们教室自我编织的纺线。

完美教室价值系统的缔造，是一个双向同步的过程：一方面，它是传统和法规中的要素，源源不断地传递到教室，传递到孩子，成为教室文化的一部分；另一方面，它是师生，尤其是学生的不断成长，不断对话，不断取舍与抉择，完全自主地体认某些价值。也就是说，它既是一个传统继承的过程，也是一个民主创造的过程。单纯且过度地强调这两个因素中的某一点，而否定另一点的重要性，必将导致教室价值系统缔造过程中的偏颇。一间真正的完美教室，必然是对话的、革新的、民主的，也必然保存着传统中美好的元素。作为自我叙事的教室构建，它总是基于传统与自由之间，并在二者之间不断穿梭。通过这种来回穿梭，自由拥有了历史的厚度以及力量，历史传统拥有了自由所赋予的当下感与创造性。

应当承认，当下的许多教室，已经或者正在被双重的市场主义所左右。所谓双重的市场主义，第一就是字面意义上的经济市场，也就是拜金主义、拜物教，第二就是隐含于对物质经济的过度追求中的拜分主义，唯分为上，因为分数的后面是好学校，好学校的后面是好工作，好工作后面是好待遇……其实，马克思主义对这一切早已经认识得非常清楚，经济永远是物质基础，必不可少，但是最高的价值只能是人的自由，而不应该是人的异化！所以，有必要而且完全有可能，在教室里开展一种关于大生命的教育，关于人的终极自由或成就的教育，一种关于对人类未来的美好憧憬的教育。一间教室，应该建立起这种对于大生命的信仰，把大生命的生生不息，把人类的庄严与尊严，作为生命叙事的大线索，作为教育的最高目标。

如果说关于生命与人的自由之信仰，是一个比较宽泛、相对隐性的大背景的话，那么一间教室的道德系统应该是显性价值系统中最一以贯之的。

道德系统总是信仰系统的落实和具体化。事实上，广义上的道德系统，包括了类似于习俗层面的行为规范、人与人共同生活所需要的处世守则以及人的内在良知三个相互渗透与交叉的子系统。

对一个教室的师生而言，习俗指的是那些先教室而存在，但并不源自生命之必然的行为规则。这种习俗是无所不在的，它们赋予人们的生活以一定的形态与秩序，但也可能隐蔽地让人服从于某种压制。所以，缔造完美教室，意味着教师对习俗的二重性要有一个清醒的认识。构建完美教室的过程，既不应该是让孩子服从全部的既定习俗，让孩子们习俗化的过程，也不应该是一个鼓励孩子们反抗习俗的过程，而应该是一个让习俗与生命不断对话，既通过习俗规范人的身体（包括言行举止），又让人审慎地对待习俗，不视为理所当然的真理。

我们这里所思考的习俗问题，在相当程度上接近于《弟子规》的“规”。但我们的态度显然不同于《弟子规》编撰者的态度，我们强调的是一种基于生命自由的对话，一种对生命和传统文化的双重尊重，而不是一味地以习俗规训生命。

除了习俗，一群人相处，总会生成一些特定的“游戏规则”。对一间教室而言，显性的游戏规则其实就是班规班约。当我们把班规班约理解为一间教室集体的共同约定时，事实上已经赋予教室民主生活的含义，要求教师不能够将班规班约当成自己旨意的替代品。也因此，一间教室里的班规班约没有必要在一二年级就确定下来。因为依据儿童道德心理的发展规律，人在三年级之前，一般不会进入鲜明的“我要捍卫游戏规则”的道德发展阶段。所以，新教育实验建议把班规班约的制订放在三四年级之间（依据各个教室里的不同情况而定具体时机），而且应该以一种民主的方式进行。它是一间教室的重大事件，也意味着孩子们内在道德发展到了一定的阶段。

为了更好地指导缔造完美教室的工作，更好地形成学生的道德人格，我们在西方心理学家科尔伯格的道德发展阶段六阶段理论和中国儒家文化关于道德三重境界学说的基础上，提出了新教育实验的道德发展图谱（见图2）。

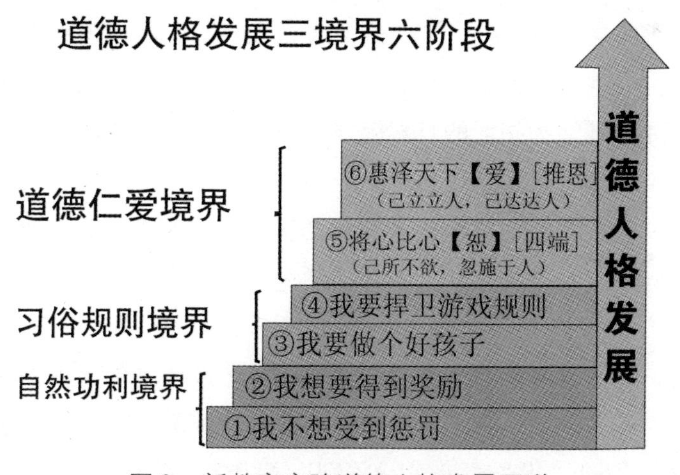

图2　新教育实验道德人格发展图谱

这个新教育道德图谱，可以称为新教育道德人格发展的三境界六阶段学说。我们认为，人的道德发展会经历自然功利境界（包括逃避惩罚和渴求奖励两个阶段）、习俗规则境界（包括“我要做个好人”和“我要捍卫游戏规则”两个阶段）和道德仁爱境界（包括将心比心与惠泽天下两个阶段）这三个相继的境界（六个发展阶段）。

任何一个人的道德水平，总是同时具备六个阶段的可能性。也就是说，圣人也会逃避惩罚并渴求奖励，孩子也会拥有并非只是交易或者笼络的友爱之心。但是，任何一个人当下的道德水平，总是侧重于某一个阶段，虽然在不同的场景中，其道德行为会退行到以前的方式，或跳跃到更高阶段的方式。更为重要的是，决定一个人的道德水平处于哪个层级的水平上，一般需要利益冲突的检验。也就是说，在没有利害关系的情况下出现的友爱行为，并不表示一个人的道德发展已经成熟地进入到第三境界的水平。相反，只有一个人在利害相关的处境下，总是会自由地做出某种抉择，思想和行为已经具有高度的稳定性，这才能反映出他的道德发展处在何种水平上。

自然功利境界，表示它和人的道德自由相对，且和普通生物的自然本能遵循着同一原则。说它是功利的，表示在这一阶段，左右人是否采取行动，主要遵从趋利避害的原则。简单地说，就是有危险、要受到惩罚就设法避免之，有好处、能尝到甜头就去实现它。行为主义心理学之所以被教育界批评，就是这种看似有效的胡萝卜加大棒政策，把人的道德人格下降到和动物相似的自然阶段，而没有能够有效地激发起人的道德自由。当然，无论人的道德上升到何等境界，人终归仍然是动物，这意味着趋利避害将永远成为人进行道德抉择时的重要因素，而且有时候还相当牢固。

但是，人的道德发展的伟大意义，正来自对这一阶段的超越。在共同生活中，作为群居的特殊生物，人在进化中发展共同生活所必须的相关道德力，就是超越个体趋利避害的习俗规则境界。这个境界包括“我要做个好人”和“我要捍卫游戏规则”两个阶段。其中“我要做个好人”“我要做个好孩子”，是依据社会既定的规则标准来看待自己，来规范自己的言行，但人对这些规则是不够自觉，也不自主的，而且更多是为了取悦别人的。可是，在“我要捍卫游戏规则”阶段，人往往更加自主地捍卫游戏规则，其中固然包括那些自己已经认同的先于自己存在的社会规范，但更强调那些普遍的共同创造的游戏规则。就这样，人在道德生活中由被动者开始进入主动的阶段。道德发展的这一境界，相当于孔子的仁学体系中的“克己复礼”。

道德发展的最高境界，我们称为道德仁爱境界，包括儒家的所谓将心比心和惠泽天下两个阶段，即从消极意义上的将心比心，从而不害人，到积极意义上的推己及人，从而惠人、爱人。在中国传统文化中，无论是儒家还是道家，都把“道”视为最高的真理，而把“德”理解为对道的遵循。所以道德一词的本义不是社会规范，而是对宇宙以及人性最高真理的履践。有哲学家曾经提出中国文化中的天地境界高过道德境界，其实这是没有深刻领会中国传统中的道德概念。在儒家文化中，道与德已经是最高的概念，天与地反而只不过是自然的一个称谓而已。据孔子的说法，己立立人、己达达人，人就已经到达圣贤的境界，但他认为自己还没有能够做到，自己能够努力做到的，只是己所不欲，勿施于人的这一阶段。

我们不妨以《夏洛的网》中的几个人物来分析一下：总体而言，老鼠坦普尔顿是处于自然功利境界的，它大部分的行为都是为了逃避惩罚或者得到好处。小猪威尔伯为了让它把夏洛的卵袋拿下来，还必须庄严地承诺让它优先吃食物。它的出发点，始终是以功利为中心的。威尔伯则更多地处于习俗规则境界，它努力想成为别人的好朋友，成为受大家欢迎的猪。自从夏洛开始帮助它，它就努力活得跟它的名声相称。夏洛说它是王牌猪，威尔伯就尽力让自己看上去是只王牌猪；夏洛说它了不起，威尔伯就尽力让自己看上去了不起；夏洛说它光彩照人，它就尽力让自己光彩照人，它是按照社会习俗来行动的。它就是一个孩子，主要处在“我要做个好孩子”这一阶段。而蜘蛛夏洛，毫无疑问是达到了道德仁爱的境界。当威尔伯遇到危险的时候，它总是想办法设身处地为威尔伯考虑，帮助它度过危机。夏洛在回答威尔伯自己为什么要帮助它时说：“我为你结网，因为我喜欢你。再说，生命到底是什么啊？我们出生，我们活上一阵子，我们死去。一只蜘蛛，一生只忙着捕捉和吃苍蝇是毫无意义的，通过帮助你，也许可以提升一点我生命的价值。谁都知道人活着该做一点有意义的事情。”这些语言与行动，直接就是道德第六阶段的写照。所以坦普尔顿、威尔伯、夏洛，正好处于我们道德人格发展的三个不同的境界中。

我们为什么如此详细地阐述道德人格养成的三境界六阶段学说？这是因为对新教育实验所理解的缔造完美教室而言，这一学说意义重大，它是一间教室里最为重要的元素，是师生生命的发展镜像，也是贯通一切道德生活的线索。

新教育一直认为，教育应该人格为先，智育为重。这一区分和中国传统中的德行之知与见闻之知的区分，以及康德实践理性与思辨理性的区分，以及对前者的强调是完全一致的。我们认为，生命的存在是一个并不可分的整体，在这整体中，人格与德行占据着优先的位置，同时它也是思辨理性、见闻之知的领导、向导。这二者的关系，也相当于当代哲学中人文价值与技术（工具）理性的关系——无论后者在创造人类福利的过程中担当了多大的责任，它都不是自足的，都需要道德的引领。

在我们众多的新教育教室中，这个道德图谱并不只是被高高地挂在教室里，而是一个真正的纲领。几乎每一本童书的人物形象分析，以及教室中的重大事件，都将和这个纲领相关联。在一二年级，孩子们被引导“我要做个好孩子”。因为在实际开端时，孩子往往受制于自然功利境界，为得到奖励和逃避惩罚而努力。但道德的引导总是先行一步，应该让孩子们把目光超越行为主义的标准，朝向“我要做个好孩子”这个更高目标，在这个过程中，需要列出“一个好孩子”的德目（良好行为习惯）让他们践行。在三四年级，在巩固“我要做个好孩子”的同时，应该让班级呈现一种“民主的共同生活”，让孩子们共同创建、捍卫与遵守教室里的各种游戏规则，并在必要时对规则进行不断修正（避免让既定规则成为教条）。这样就让孩子自觉地接触以及进入道德第四阶段。而从一开始，利用任何一个伟大的、触及道德第三境界的童书故事，孩子们就被引导认识人性的至高境界：己所不欲，勿施于人的基本守则，以及己立立人，己达达人的无条件友爱他人的道德仁心。利用故事和诗歌，这个道德图谱将不是枯燥机械的说教；利用这个道德图谱，故事中的人物分析也有了一个显明的道德维度的分析工具。

当然，这一切最终要回归到活生生的教室生活。它们永远有待我们和我们的孩子，在共同生活中身体力行，来慢慢地完成。而最终完成的，就是我们的生命本身。事实上，在人的生命中，并不存在着一个可以切割出来被叫作道德的部分，道德，永远是渗透于完整的生命之中的。

在这个新教育道德人格发展图谱之上，我们还发展出另外一些相关图谱以作为它的重要补充。譬如，在许多新教育的教室里引入了马斯洛的需要层次，它和我们的道德图说在内在上完全一致，但视角有所不同（见图3）。

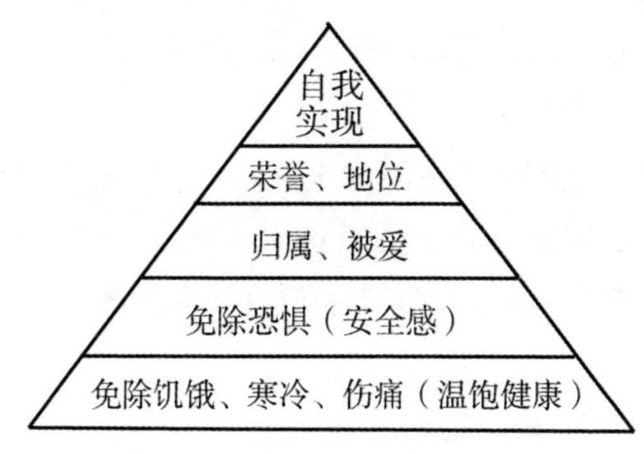

图3　马斯洛需要层次①

在马斯洛的需要层次理论中，生存的需要（温饱健康）与安全的需要相当于道德图谱的第一境界；归属与爱的需要、荣誉与地位的需要，相当于道德图谱的第二境界；而自我实现的需要，与道德仁爱的第三境界类似。在实际的教育过程中，也应该不断提升学生的需要层次，鼓励他们超越低层次的需要。

---

① 孟昭兰主编：《普通心理学》，北京：北京大学出版社，1994年9月，第372页。

杜威曾说："一切哲学都直接的就是教育学的基本原理。"① 而我们新教育则倡导孩子应该成为"小小哲学家"，即他们应该从小开始培育一种世界观的思考，以及反思、批判、建构自我的能力。因此，引入这些由心理学家和哲学家开创的理论工具，无疑将为我们的教室叙事增添深度和生机，并避免走上一条看似热闹喧嚣，其实无法触及心灵的德育道路。

总而言之，一间完美教室的根本是为了生命的绽放，是为了让人性充满道德的光辉。在完美教室中，道德人格的养成始终是基础性和关键性的。具体来说：

1. 一间教室，应该有自己鲜明的价值追求，有一种基于生命自由的信仰；

2. 一间教室，应该是传统文化习俗与孩子生命天性之间的缓冲带——既是训练场又是庇护所，孩子们既能够体认这些传统又能够有资格对这些传统加以审视与反思；

3. 一间教室，应该以民主的方式生成自己的游戏规则；

4. 一间教室，应该有自己的道德人格系统，以及相关的一些用来理解人性的理论工具，并引导我们去理解整个世界，同时以此指导我们在教室中的共同生活。

如果对照上述标准，我们不难发现，像美国著名的罗恩·克拉克——《优秀是教出来》的作者，电影《热血教师》中的原型，他的55条班规，其实强调的正是上面所述的第2点和第3点——这可能是因为他的处境使得他必须强调这二者。而《第56号教室的奇迹》的作者雷夫·艾斯奎斯则更强调第3点和第4点，这使得他的"教室教育学"显得更为深厚与合理一些。

在这个意义上，新教育人的缔造完美教室，要求我们从一开始就观照这全部因素，既关心培养学生的良好习惯与儒雅素养，又关心帮助学

---

① ［美］杜威著，王承绪译：《民主主义与教育》，北京：人民教育出版社，1990年，第78页。

生建立人生信仰与道德追求，从而更理性地缔造一间完美教室。

四、完美教室的课程建设

在当下的学校，无论是班级管理还是道德教育，往往更多通过形形色色的活动来实现。过于偏重活动的展示，已经是大部分学校的一种基本做法，它是一种潮流，其实也是一个误区。展示本身没有错，因为生命在本质上，就是在天地之间展示自己。海德格尔把这种展示理解为涌现、真理，我们新教育人则爱说“向着世界开出一朵花来”。

但如果展示是花，那么叶是什么？枝干是什么？根系是什么？如果说展示是绽放时刻，那么其他的时刻里，我们应该做些什么呢？我们以为，以儿童阅读为根系，以学科教学为枝干，以大大小小的其他课程为绿叶，以生命展示为隆重庆典（即花朵），可能是一个比较适合的比喻。如果说课程是整个过程，那么活动就应该是这道路上的一个个大大小小的站点；如果说课程是整个岁月，那么活动就应该是这日历上的一个个大大小小的节日……

如前所述，教室这两个字，是从空间维度来思考的。但加上课程，就不一样了，因为课程是从时间维度思考的。只有拥有卓越的新教育课程的教室，才可能是完美的新教育教室。如果没有卓越的课程，教室里的生命之花不可能绽放。新教育的课程站住了，新教育就真正地站立住了；新教育的课程体系建成了，新教育的大厦就基本建成了。所以，课程，是所有新教育梦想、理念能否实现的关键所在。

仅仅画一张在理论上精致合理的道德人格图谱，它不会自动地转化为教室里孩子们的道德人格的发展过程——甚至你每天用这张图谱来讲解也不会有多少效果，这种粗暴的讲解反倒有可能会使学生对之心生反感与厌倦。道德人格的发展如此，生命的整体发展，以及其中的任何一个方面的发展都是如此：它不能凭一套理论自动产生良好的教育结果，除非我们拥有了一套将之充实的课程。孟子说：“充实之谓美，充实而有光辉之谓大，大而化之之谓圣。”① 孟子在这里讨论的是人性，我们完全可以借之形容我们的教育，从理念到课程，就是一个充实之、光辉之、大而化之的过程。

而新教育实验之所以被广大的学校和教师所喜爱，在相当程度上，与其说是我们拥有一个美好的梦想、一些创造中的理论，不如说是我们有一套不断修正和检验中的美好课程。我们的晨诵、午读、暮省，我们的“毛虫与蝴蝶”儿童阶梯阅读，我们的读写绘，我们的每月一事，我们的亲子共读，我们的新诗教，还有正在研制的新教育童话剧、新教育电影课等等，这些都是新教育把理论具体化，形成课程的努力。

在讨论课程时，首先有必要厘清一些相关的概念：课程标准，官方教材，地方和校本课程，教室里的课程等等。在这些概念中，有一个概念超越其他概念成为上位的纲领，这就是国家颁布的课程标准。课程标准具有法律的地位，我们另外所做的与课程相关的一切，都要以它为尺度进行裁量。但是，以它为尺度并不表示以它为限度，因为一个统一的课程标准事实上应该被视为教育应该达到的底线，而并不规定教育的最大可能性。国家相关部门审定通过的各种官方教材、地方和校本课程，都不是非此即彼的概念，而是实现课程标准的各种途径。自编教材或地方课程，是在教材体系之外，在知识系统之外丰富孩子的智力背景，丰富孩子的生命体验，达到一种润泽之充实之的教育方法。新教育实验所理解的“教室里的课程”，则是以课程标准为底线尺度，以卓越标准为上线尺度，综合利用所有可用的教材并将之做一定的有机整合，开发出尽可能卓越的课程，实现教室的完美，促进教室里师生生命的自由舒展与成长。

也就是说，政府供给的官方教材只是实现课程标准的工具之一，仅教这些教材是不够的，因为教材的背景不够丰富，特色并未彰显。事实上，目前学校中采用的这些教材不可能全面考虑到每个班级的特性，而

① 孟轲著，万丽华、蓝旭译注：《孟子·尽心下》，北京：中华书局，2007 年重印本，第 331 页。

每个班级的生命都是灵动的、丰富的、变化的，而且有地域性的差异。为了给孩子更为丰富的体验，带给孩子更为广阔的世界，就得教师自己来开发课程、创造课程。开发和创造课程，就是让所传授的内容与孩子当下生命产生共鸣，符合他们的生命特性、生活实际和心理特点。

事实上，无论是官方教材，还是校本教材，其本身都可能是不完备的，而是零碎的，除非有一个渠道把它们有机地贯通，这才是真正意义上的课程。开发和创造课程，就是重组包括教材在内的各种资源。教材从本质上是用来教和学的材料，再好的教材本身都不一定保证实现好的课程，但它们总是编者们精心编辑的极好资源。一个有创造性的好老师，就是要依据自己的教室叙事、孩子们的生命阶段，创造一根神奇的线，把生活中的一切华丽碎片编织成更有教育效益的整体。譬如我们知道，谁也不能凭借一本思品教材就能把孩子教好，但是，像儿童课程中的《夏洛的网》《一百条裙子》等倒是极佳的思想品德素材，一个创造性的教师就是一个能够把思品课与儿童课程自由地相互编织的课程开发者。

因此，我们所理解的课程应该是开放性的。作为一条还有待建设的道路（课程的程，就是路程的意思），课程在新教育实验中同时具备严密的计划性，以及随时修正、突破计划的开放性。没有哪一条道路被简单地指定为新教育的唯一道路，没有哪一种课程实施方案被理解为新教育的唯一课程形态。以共同的理念为背景，以已经实现卓越标准的榜样为鉴，结合自己的历史境域，创造性地在自己的环境中开出一朵花来，这才是真正意义上的新教育的课程形态。

新教育教室的课程，在理念和实践的层面上有两个相关的课程子系统：一是理想课堂的三重境界，一是以人的全面和谐整体发展为旨归的儿童课程。理想课堂的三重境界，是以新教育的视野，重视审视和改造官方教材或者说学科课程，对其进行新的阐释、解读、批判和创造。儿童课程，是针对当前教育的缺失以及生命的无限潜能，开发出一套更人文、更诗意、更整体性的综合课程。在真正的实施中，这两套子课程既相互渗透，又有着不同的风格特点：理想课堂的三重境界在强调“浪漫—精确—综合”这一认知的全过程的同时，侧重于中间精确环节的实现，即具体知识的分解与建构；而儿童课程则在强调这同一认知过程的整体性的同时，更强调兴发感动、生命在场，更强调这三环节中的第一和第三个环节的实现。这样，二者就有了非常有益的补充。我们知道，现行教材最大的缺憾就是过早的精确，以及与生活、生命的疏离感，而儿童课程强调浪漫与综合阶段的兴发感动与生命在场，正好是对这种偏差的有效纠正。

具体到每一间教室，到每间教室的不同阶段，以及不同的每一门学科，就需要有更为具体的课程规划以及实施方案。譬如，在一二年级，许多新教育教室语文改革了入学就教工具性的拼音的做法，而直接在学科课程中强调整体认读与精确识字，在儿童课程中，则引进读写绘课程与晨诵课程，阅读量是普通学校的数十倍，而且都是充满意义感的阅读，而不是工具与程序性的阅读训练，这充分符合我们倡导的低段浪漫整体的特点。而在数学上，不少教师引入皮亚杰的实验，引入集合的概念，在识数和加减乘除的开端，就把隐性的数理概念与显性的数学操练结合起来。

再如，在中高年级，晨诵课程中的“农历的天空下——中国古诗词之旅”已经被普遍地认同、接受；而三四年级通过海量阅读实现阅读自动化，以及以人物形象分析和道德主题讨论为主要手段的全班及亲子的整本书阅读，也越来越成为许多教室的常态。这和高年级语文教学的高度精确化相映成趣。而在数学上，已经有有识之士在三重境界的指引下，开始追求创造数学、发明数学的新的教学。

除了学科课程之外，许多新教育学校还开发了经济学课程、旅游课程、电影课程、童话剧课程、开学课程和毕业课程等形式多样、生动活泼，整合多个学科的课程。

譬如，浙江萧山的银河小学开发了一个别开生面的新教育开学课程计划。我们知道，开学第一周，很多孩子会出现紧张、焦虑的入学不适应症。一般学校过早地（几乎就是开学第一天）进入学科教学，或过严地进行“规则教育”，都会令孩子产生极大的心理反差，从而出现畏学情绪。而畏学、恐惧，恰恰是学校教育的最大敌人。雷夫曾经坦诚地说："第56号教室之所以特别，不是因为它拥有什么，而是因为它缺乏了这样的东西——恐惧。"

为此，银河小学的韩婧老师开发了"以儿童课程为核心的小学入学第一周课程"（见下表）。这个课程试图借助儿童课程"晨诵－午读－暮省"活动，用符合孩子年龄特征的美妙诗歌童谣、有趣的绘本故事以及经典的动画影片润泽他们的心灵，同时用写绘的方式让他们尽情表达所思所想，消除他们对陌生环境的畏惧与恐慌心理，培养孩子爱学、乐学，积极、自信的良好心态，帮助他们顺利迈出求学之路的第一步。

银河小学开学课程一周课程表

	星期一	星期二	星期三	星期四	星期五
上午	1. 绘本《小魔怪要上学》 2. 习惯培养：如何就餐；怎样如厕（班主任）	1. 晨诵《新新的书本》（班主任） 2. 绘本《好饿好饿的毛毛虫》，制作书签（美术老师） 3. 巩固就餐习惯（班主任）	1. 晨诵《蚂蚁搬米》 2. 绘本《笨拙的螃蟹》，画最棒的自己（班主任） 3. 队列训练（体育老师）	1. 晨诵《勇敢的小蚂蚁》 2. 绘本《鳄鱼怕怕》，画最勇敢的自己（班主任）	1. 晨诵《小老鼠打电话》（班主任） 2. 认识自己的学号 3. 学习整理物品箱（数学老师）
下午	1. 参观校园 2. 画我们的校园（体育老师协助班主任）	1. 数学绘本《乱七八糟的魔女城》 2. 练习如何整理自己的书包和课桌（数学老师）	1. 参观音乐、美术等专业教室，看一看、坐一坐 2. 小电影《三个和尚》（音乐老师）	1. 电影：《海底总动员》 2. 鉴赏交流（英语老师）	1. 小电影《小熊猫学木匠》，鉴赏交流 2. 总结一周中最快乐的孩子，举行小型班级典礼（班主任）
放学前20分钟	回顾一天生活，交流学到的本领以及最开心的事	回顾一天生活，交流学到的本领以及最开心的事	回顾一天生活，交流学到的本领以及最开心的事	回顾一天生活，交流学到的本领以及最开心的事	回顾一周生活，鼓励孩子们向下周的正式学习发起挑战

尽管这个课程还处于探索阶段，但是它的创意、思考，显然值得关注和期待。

从新教育中学里，也在涌现类似案例。譬如海门东洲中学百合班，他们开学第一周的课程如下：初一，围绕“我要开花，是因为我知道自己有美丽的花”这一主题，老师朗诵《心田上的百合花开》，赠送每个孩子一枚印有百合花、写有老师寄语的名片，师生一起将《心田上的百合花开》编成课本剧表演，根据文字创作“百合之歌”，教室四周张贴孩子们亲手绘制的心目中的百合图画，孩子在这一系列的活动中感受着百合的美好，自主悦纳着“我要开花，是因为我知道自己有美丽的花”，开学第一课唤醒了孩子对自己未来的无限信任。初二，围绕“我要开花，是为了完成作为一株花的庄严使命”这一主题，师生一起深度共读《心田上的百合花开》，读出百合向上的生命态势，向着明亮那方的挺拔与昂扬，从心底鄙视杂草猥琐的生活，无限憧憬百合生命的美丽与蓬勃，将“我要开花，是为了完成作为一株花的庄严使命”作为自己生命的航标。孩子自己制作名片，将向往的百合的德行放在自己名字的前面向各科老师亮出。初三，围绕“我要开花，是由于自己喜欢以花来证明自己的存在”这一主题进行演讲。师生一起商定本班的宣言为：成长自己，美丽世界；给力自己，给力世界。师生一起制作班徽：红色的心形班徽上，是一朵盛开的百合，每个班徽都有自己鲜亮的名字，预示着每个人都将实现人生的最大价值作为生命的意义。而班徽则佩戴在胸前，自豪地在全校面前亮出自己。

同时，开学课程与结业课程遥相呼应。在百合班，每个学期结束，都是全班师生父母一起在场的隆重的颁奖典礼。根据学年的不同，颁奖的内容有：努力颁奖词、思考颁奖词、最佳学力颁奖词、亲和力颁奖词、成长颁奖词、优秀习惯颁奖词等等，每一个奖项都有一个精彩的颁奖词，除了肯定每个孩子每学期的成长之外，更重要的放学课程是孩子在班级同学、老师、家长面前的“总有一些约定，能照亮未来”的宣言，其实也是假期的自我约定。学期结束，不仅仅是上学期学业的完成，更是假期主动自觉学习、健康生活的开启。

正因为百合班的课程顺应孩子生命的节奏，所以，百合班的孩子，在5·12汶川大地震中，40多人捐献了近2万元的善款；百合班的孩子想当科学家的原因是想发现另一个可居住的星球，把地球上的人们引渡过去；百合班的孩子想当作家的原因是想唤醒人们真善美的心灵；百合班的孩子想当山村老师的原因是因为想改变那些穷孩子的命运。因为，美丽世界已经成为百合班孩子的信念。

在这里，我们要特别强调新教育实验的三个概念或者说三个课程，我们认为，这是值得每间新教育的完美教室一以贯之坚持下去的基本课程。这三个概念或者课程包括：一是被精确编排了的晨诵课程；二是道德人格发展图谱指引下的阶段性的整本书阅读，三是教室里人人成为角色一个都不能少的童话剧。在任何学校，如果能将其落实到教室里，无论三年还是六年，坚持着执行下去，也就成了“课程”。

晨诵课程赋予一间教室每个早晨同时也是精神上的黎明，擦亮生命中的每一天。整本书阅读为生命寻找理想的镜像，在不同的人物自居与穿越中，面对种种人生抉择并作出决断、担负责任。童话剧整合各种艺术元素，让孩子们的生命直接与人物同在，把大家对童话故事的理解呈现在世界面前。这三个课程，正好对应着一间教室的每一天、每一月、每一学期。而这些日子不断地积淀下来，也就成了岁月。

相信种子，相信岁月，种子在岁月中的过程，这就是课程。所以课程的终点，就是教室里的每一个生命，都不仅经历了时间的洗礼，而且通过充沛与丰富，能以开放结实的姿态呈现在世界面前。

五、完美教室的生命叙事

在罕台新教育实验小学正式成立的第一次教师会上，陈美丽老师讲道：

“我和我的孩子们，就是整个世界。我们会珍惜每一个日子：在开学的第一天，我们会写下明亮的第一行；在每一个孩子的生日，我们会用美好的诗歌和故事、真诚的祝福和笑容，把这一个个日子擦亮；而在平常的每一天，我们会像《新教育小学校歌》中所唱的那样，‘晨诵诗赋，午读典章，含英咀华，如品如尝；入暮思省，一天回望，是否勤奋，有无独创……’课程是什么？课程就是岁月。岁月是什么？岁月就是这一个个平凡但不能虚度不能浪费更不容颓废的日子。

“静静地守住一间小小的教室，就是守住来鄂尔多斯的初衷，守住新教育的初衷，守住经历岁月的风霜和洗礼之后，对教育的这点理解和心愿——不让它退化为虚假的文字，不让它蜕变成空洞的口号，实实在在地过好每一天。”

我相信，走得久了，回头再看时，这弯弯曲曲的道路，就是真正的新教育。在那个学期的期末，同在罕台的马玲老师在微博中写道：

“写学期学生评语，就是用手指摩挲这过去的一个个日子啊。曾经的惊喜与欢笑，曾经的眼泪与疲惫，但更多的还是遗憾啊，无尽的遗憾……不断地问自己，不断地反思这 90 多个日日夜夜，但有一点可以肯定的是：师生的生命没有虚度！我们走在路上，我们已经看到了更远的前方…”

这两位新教育实验的榜样教师同在罕台，为帮助那些最需要关爱与照顾的孩子而守护着各自的一间教室。从她们的语言中，我们不难发现一个相同的关键词：日子。每一个日子，一个个日子，组成了我们所说的岁月。如果说教室是空间，日子是时间，孩子则是时间与空间的经纬交织的中心。

无论有多少或深奥或浅显的理论，无论有多少系统、精致的课程规划与资源，缔造完美教室的要义，最后总须落到这一个个原本平凡的日子，以及这些日子里师生们如何共读共写共同生活，如何相互编织。

穿越，编织，赋予，显现……我们曾用无数个美好的词语试图来描绘新教育实验中理想的教室生活的生态，但这一切最终无法替代实际形态的教室生活。而事实上，实际形态的教室生活里，不是只有欣喜，不是只有成就，不是只有一帆风顺的喜悦，反之，越是心怀完美的梦想，就越能够真切地感觉到教室里的另外一面：劳累，怀疑，机械重复，单调，形式主义的束缚，甚至还有考试压力与无数造假工程带来的厌倦与动摇……

因此，新教育的缔造完美教室并非是构想一个完美无缺的童话故事——不，这是我们误解了童话。任何一个伟大的童话，主人公都必须首先经历一次丧失，然后是漫长的历险，最后才是获得拯救：靠神仙的帮助，或者自我的努力。

缔造完美教室，意味着一种宣告：或许我们只能生活在充斥着平庸和厌倦的淤泥之中，但我承诺将带着孩子们日渐脱离这种平庸，在任何处境下实现超越，而任何一点超越，就是生命的一次绽放，彻底与根本的超越，就是我们最终的成就，就是缔造完美教室梦想的实现。

也就是说，我们必须把缔造完美教室视为一个教室与师生的自我叙事：一个童话的构想，一部传奇的书写。所有的伟大童话都将是一间教室与每个孩子的成长镜像，而所有伟大的人物——无论是故事中的还是历史上的——都将成为这间教室里的老师和同学。

一间完美教室的缔造过程，就像一个小说家展开他的梦想，并最终创造出一部伟大的作品。但这并不意味着，它只是一个教师的梦想，而孩子们只不过是他冥想中的角色。如果我们赋予这个比喻以共同建构的特点，那么它仍然是适用的：这个叙事由师生共同完成，但总有一个人，它先于其他教师和所有学生朦胧地构想着这一切，并在和师生共同体的对话过程中不断地修正完善着这个梦想——这个人就是我们今天所称的班主任，无论明天还会有什么名称，他都是真正意义上的教室的第一缔造者，一个行动的梦想者，一个理想主义的行动者。

然后，就像电影《盗梦空间》所讲述的那样，完美教室的形象，无论是空间的结构，还是时间上的成长过程，都像是这一梦想的种子，在孩子们到来之前就被细致地构想。也就是说，远在成为事实之前，它已经在蓝图上成为一座美妙的宫殿。这想象成为一种沉甸甸的渴望，甚至会让你在每个假期过半，就开始盼望着开学，开始想象着“写下明亮诗篇的第一行”，想象着教室的新的设计，孩子们的新的课程，班级的新的生活。

于是为了它成为事实，真正的劳作就开始了。伟大的梦想家与狂热的设计师转化为辛勤劳作的砖瓦匠，开始垦荒、奠基。给还没有到来的孩子及其家长写一封封信，精心地准备好第一个晨诵，第一个故事，第一个单元的教学内容。直到孩子们前来，把9月1日当成生命中的简洁而隆重的庆典。

接下来的教室生活，漫长的一天又一天，一个星期又一个星期，一个学期又一个学期，它们是如何度过的，就是刚才两位新教育榜样教师所说的“日子”：种子怀想着岁月深处，平静地过好当下的每一个日子。

一间教室，应该有一份自己的日历。它肇始于某年某月某日，将结束于某年某月某日。在每一年中，哪些日子将被我们隆重地标注——不是那些追随着新闻和商业炒作的情人节、愚人节，也不仅是这样那样的传统节日，更重要的是真正属于自己教室的日子：每一个孩子的生日，大家春游踏青、秋游赏叶，星星节或者麦子节，结业庆典的日子……另外，每个课程的结束都是一个或大或小的收获节，它被规划在这间教室日历中，像一个必须兑现的美好承诺，一段孩子们值得期望的美好旅程。

教室里的生日祝福是新教育实验中的一个特色，它体现的是我们对每一个生命的独一无二的关注。有没有生日蛋糕等物质载体并不重要。重要的是让孩子感受到生命被平等地尊重和接纳，是让孩子借此机会感受到自己的庄严与美好。在生日庆典的许多项目中，生日故事和生日诗，是最为新教育化的两种形式。生日故事，就是为孩子量身定做，选择一个和这个孩子的经历或内在秉赋有关联的故事，以他生日的名义，讲给全班孩子听。生日诗，就是教师或者改编晨诵中的某些诗歌，或者自己创作，利用孩子们名字中的含义，经历中的曲折，性格中的特征，编织出特别的词语，就像蜘蛛夏洛为小猪威尔伯织字那样，织下最郑重的期许。

每个学期的结业庆典，对许多新教育的榜样教室来说，是所有节日之中最为隆重的。以罕台新教育实验小学为例，结业不是一天，因为每个班级至少要半天时间来展现结业庆典，占用童话剧场，仅有六个班级的学校，要用整整三天来完成结业庆典。每一个教室，首先要进行一个师生互动的“教室叙事”，用照片、录像、重新编辑组合的诗歌，回顾刚刚走过的一个学期旅程。因为罕台新教育实验小学每个班都有教室日历、教室周历，所以这样的回顾注定充满了细节。教室叙事之后，是为每个孩子的生命颁奖，无论学科分数如何，无论性格脾气如何，每个孩子都能够得到一些奖项，得到对自己作为独一无二的生命的特别期许。最后，老师、孩子和家长会聚在童话剧场，观赏由全班孩子演出的童话剧。从一二年级天真烂漫的童话，到三四年级颇有深度与象征的故事，再到未来高年级的经典，他们把最美的童话视为一间教室的自己的故事。不是背诵或念出台词，而是用心倾诉那些话语，真切感受成长所必须的那些曲折的情节，并在主角面对困境与两难情形时的抉择中学会抉择，在主角履践承诺的担当中学会担当。

就这样，一间新教育教室里的所有日子，那些形形色色的课程，因为特别的仪式和庆典而有了温度。其实，仪式和庆典也是课程的一部分，而且是课程中最炽热的日子。仪式让生命或时间停顿，让此时此刻与其他时候不同。每一年中除了国家的重大节日庆典和孩子生命中一些特殊的日子（开学日、入队日、生日）外，每个课程的开启是仪式，课程的结束、回顾是庆典，还有围绕班级课程而衍生的节日也是庆典。除此之外，每一周中升旗和班会、每一天的晨诵都是仪式。因为这些仪式和庆典，让课程更加具有生命的光辉。

在漫长的穿越中，有些特别的日子会沉淀下来，成为一间教室特别的节日。譬如不少新教育教室里有“旺达节”，这是共读《一百条裙子》之后，为了提醒不要对任何人怀有歧视，以及学会作出玛蒂埃式的承诺，所特别设立的旺达节。一间教室每年重过旺达节，可以让师生共同回顾走过的一年：“在过去的一年中，班级中有没有伤害他人的事情？当有不公平的事情时，你是否勇敢地站出来了？在这一年中，你是否画出了属于自己的一百条裙子……”还有不少新教育的教室里有“夏洛节”，这是共读《夏洛的网》之后，为了提醒同学努力成为别人生命中的“重要他人”，学会编织爱的大网，而特别设立的节日。

反之，倒是有些流行的节日，却并不需要年年都同样郑重地过，如教师节、母亲节，只需在整个教室叙事中，特别隆重地过一次就足够了。否则，有些感情一再重复地表述，也就成了廉价的旧分币，徒然留下虚假的形式。也就是说，新教育的仪式与庆典，不是简单地为过节而过节，为仪式而仪式，而是为了擦亮这个拥有特殊意义的特别日子，一经擦亮，从此这个日子就有特别的温暖、特别的味道，从而永存心间。

就这样，我们用晨诵吻醒每一个日子的黎明，用暮省保存每个日子的黄昏，用“含英咀华、如品如尝”的姿态，一天天地汲取人类文化的精髓。

就这样，我们从珍惜每个孩子的生日，珍惜每个孩子的生命，从郑重对待一个孩子的期末评语，超越分数以及纪律，来反观我们的教育观。

就这样，我们用伟大故事的英雄人物作为榜样，用经典童话作为自我叙事的原型，用共读共写共同生活的方式让一间教室里的师生拥有共同的语言和密码。像一条涓涓小溪，穿越岁月，最终汇成大江大河，汇入生活世界的大海，而我们这间教室里的教师，在离别之后，仍将是孩子们心目中那朵最值得怀念的花儿，历经岁月，四季不败。

而孩子们的生命，就如同无数不同的种子，在一间叫教室的花园里，经由我们的守护，经由我们的浇灌，经由我们的守候，而最终将亭亭地开放于岁月的深处，世界的面前。

与我们思考学校文化时曾经说过的一样，没有故事的学校，一定是没有文化的学校。思考完美教室的缔造，与学校文化建设一样，一定要有故事，而且要有伟大的故事。故事源自何处？源自挑战和遭遇，没有挑战和遭遇，没有一颗不安分的心，没有一种创造奇迹的冲动，就不可能有完美教室。完美教室应该让每一个生命创造奇迹，没有挑战不可能，没有战胜各种遭遇，谈何奇迹？如果雷夫不能够把贫民窟孩子组成的教室打造成为快乐的天堂；如果陈美丽不能够使苏雪妮从零分到语数良好，甚至再到优秀，他们的教室就要平淡得多。所以，奇迹发生的过程，就是挑战不可能的过程，就是参与其中的教师和学生共同见证和经历的过程。所有的奇迹都会告诉大家：要永远学会挑战不可能，要让孩子把追求卓越当成习惯，有一颗不甘平庸、不安分的心。无论是今天在教室的学习，还是未来在任何岗位上的工作，都是如此。在人生的任何一段旅途上，应该永远努力成为卓越者和创造者。

缔造完美教室，创造生命奇迹，离不开教师真诚且深刻的爱。对于教师来说，教室就是我们的星球，孩子就是我们的玫瑰与狐狸，或者就是我们的小王子。我们原本孤独的生命，我们原本并无隽永意义的人生，将因为这种彼此归属而拥有意义——就像我们和家人更为持久的深刻的彼此归属一样，这都是相互的驯养。但这种超越家庭间的彼此归属和彼此驯养，不是基因与血脉所赋予的自然禀赋，而是一种人类最高的潜能的实现：为一个原本陌生的人，倾注我们的生命。而我们自己的生命，也将在这样的倾注之际，获得深远恒久的回响。

缔造完美教室，创造生命传奇，离不开教师的真正觉醒。对于教师来说，纵然他今天尚未卓越，也至少有一颗朝向卓越的心，这样他才能带领孩子走向卓越。如果一个教师缺乏能量，缺乏成长，他的教室也就无法获得能量，无法成长。就会像魏智渊老师对于新教育网师学员所说的那样："当我们内心充满软弱与恐惧，教室里就会显现出恐惧与暴力；当我们内心充满茫然与混乱，教室里就会显现出浮躁与无序；当我们远离阅读与思考，教室里就会显现浅薄与轻率；当我们充满借口与不满，教室里就会充斥着抱怨且缺乏责任感……总之，当我们的内心丧失了生机，丧失了滋养，教室里就会丧失生机与进一步发展的可能。"

缔造完美教室，创造生命传奇，离不开教师的深厚学养。完美教室要求教师在成长中努力汲取教育学、哲学等知识，提高教育理论修养；努力研读心理学、文学等人类知识的精华，让自己的爱和使命感更强大；努力实践教育教学，不断地践行、修正，让自己如同雷夫一样，从普通到优秀，从优秀到卓越。正如我们一再倡导的那样：己立立人，己达达人——立，就是生命在大地上劳作、栖息、歌唱；立，就是人类顶天立地，成为天地间最美的风景。只有己立立人，己达达人，朝向卓越的教师才能带出不断朝向卓越的孩子。

缔造完美教室，创造生命传奇，离不开教师的心理修炼。一个教师的内心世界，与一间教室的生活世界息息相通。缔造完美教室的过程，从教师自己的成长叙事来看，同时也是一个不断磨砺生命特质，抛却自我缺陷的过程。教师就如同一个教室的导演，他的优缺点在无形中都会对孩子产生影响，他的性格会在无形中烙印在教室里。如有的教师多愁善感，孩子们也多愁善感；有的老师言语犀利，班里的孩子也个个出语不凡。临淄区齐都花园小学的崔国建老师给我们讲述过这样一个故事：他的学生刚入学一个月的时候，调皮任性纪律差，他的脾气也非常急躁。几乎每天都是心平气和地走进教室，气急败坏地离开教室。开学的第一次家长会上，父母们谈论起孩子上学以后的变化时，几乎都反映孩子们变得比较急躁，动不动发脾气。后来他才认识到，教师的性格会直接影响孩子的性格。所以，千万不要让自己的负面性格气度影响了孩子，一个完美教室的教师必须重新认识自己，不断地自省自己的长处和不足是什么，可发掘的资源是什么，如何把自己的生命能量最大限度地释放给孩子，最大限度地发扬自己的优势，如何矫正自己的缺陷，避免自身的缺陷和不足影响到孩子。

缔造完美教室，创造生命奇迹，离不开教师的独特风格。教师的风格，将成为一间教室特色的最重要根源。有人在评价雷夫老师的教室时曾经说："一间教室能给孩子们带来什么，取决于教室桌椅之外的空白处流动着什么。相同面积的教室，有的显得很小，让人感到局促和狭隘；有的显得很大，让人觉得有无限伸展的可能。是什么东西在决定教室的尺度——教师，尤其是小学教师。他的面貌，决定了教室的内容；他的气度，决定了教室的容量。"

特色是什么？特色的本质是生命风格，即生命密码（独特的潜能、境域、资源）得到充分发展时的风格状态。特色，往往始于共同的穿越，且始终伴有共同的穿越，只是在过程中，渐渐地有了独特的事物、路线，独特的思路、理解。特色并不是大家选择做不同的事，你专攻画画，我专攻书法，他练硬气功……这只能叫特长，一个人可以也应该有特长，一间教室也可以与应该有特长，但这不能理解为是特色。特色应该是一个生命本质特征（及丰富的可能性）不断地实现、呈现于世界面前。一间教室的特色并不是让所有孩子拥有相同的气质、性格与特长，而是一个集体拥有极高的创造，而这种创造的外在表现，就是教室的文化，就是教室的特色。

缔造完美教室，创造生命传奇，离不开教师与学生的共同生活。完美教室的生命叙事，应该是教师与学生的共同叙事，因为完美教室的主体是教师和学生。我们发现，在一些新教育教室的叙事中，往往在过于凸显教师的引导力量的同时，缺少儿童的视角，学生状态往往以群貌呈现。即便是关于学生个体的叙事，也大多由于缺乏对场景的细节描述，而流于表象或想当然地推断，孩子的个性和个体生命状态仍然是模糊不清的，儿童自身的魅力还没有充分展示出来。所以，如何真正地发现儿童，走进儿童，关注每一个儿童，关注每个儿童的特质，是缔造完美教室时应该特别关注的问题。离开了学生个体生命以自己最好的方式独特成长这一事实，任何教室终将无法完美。

六、结语（临淄宣言）

2012 年 7 月，新教育人聚集山东临淄，探讨一间教室的容量与力量，温度与深度，及其对于师生生命成长的意义与价值，研究如何通过缔造完美教室来书写生命传奇。我们形成了如下共识：

缔造完美教室，就是将愿景、文化、课程等融合在一间教室里，就是师生会聚在伟大事物的周围，穿越在伟大事物之中，吻醒故事和经典，编织诗意的生活，最终让教室里的每一个生命走向卓越。

缔造完美教室，就是把这一间教室，当成茫茫宇宙的中心，天地间的所有美好，逐一在这里显现，并在岁月中汇聚成生命的大河。

缔造完美教室，就是要一边关上教室的门，将这个世界的冷漠与暴力拒之门外；一边打开教室的窗，让风带着整个宇宙的信息进来。一间完美教室的容量可以是无限的。

缔造完美教室，就是努力在教室里过一种幸福完整的教育生活。让教师和学生在充满信任、愉悦、和谐的氛围中学习、游戏、创造，超越分数的异化但仍然确保教学的高质量。

缔造完美教室，就是共读共写共同生活，拥有共同的语言与密码。在由班主任、学科教师、学生、父母以及相关人员组成的共同体中，信息与情感、知识与人格充分地交流与交融。

缔造完美教室，就是努力让知识经历重新发现的过程以及相伴随的喜悦，通过唤醒沉睡的知识，进而以知识唤醒我们自己的灵魂，在心灵与知识、与他者、与自我的三重对话中，实现深刻的共鸣，体察到生命与宇宙的庄严。每一个课堂的细节，都是朝向完美教室的努力。

缔造完美教室，就是以文化为自己的教室立魂，让自己的教室，让自己和孩子们书写出独一无二的的故事。中国文化的根本精神，就是这个故事的主题与主旨。要把传统文化中那历久弥新的原创精神作为最重要的财富，灌注到教室之中，使其弥散着母语的芬芳、馨香和温度。

缔造完美教室，就是要呵护每一个孩子的心灵。关注教室里的每一个孩子，关注教室的每一个角落，让每个孩子成为教室的主人，每个孩子的潜能得到最大的实现。

缔造完美教室，就是要守住每一个日子。教室里的每一个日子都值得珍惜，那些看似平凡普通的日子，如果我们用心去做，就能够把它们擦亮。这些日子就会写在学校的历史上，写在学生的心坎上。

缔造完美教室，就是要求我们下最平凡的苦功夫，做最不平凡的大事情。一间小小的教室，一个大大的梦想。新教育是我们共同的金色梦想，而缔造完美教室，就是我们“把这个梦变成现实”的必由之路！

（2012 年 7 月于山东临淄，第十二届新教育年度研讨会）

第十一章

研发卓越课程

如果把教室比作河道的话，课程则是水流。两者相得益彰时，才会有教育的精彩涌现。有了课程的汩汩水流，田间地头也可以成为教室的延伸部分；课程的水流枯竭了，精心布置的教室也会成为禁锢生命发展的囚笼。课程的丰富性决定着生命的丰富性，课程的卓越性决定着生命的卓越性。十多年来，新教育人研发了一系列卓越课程，在课程的理论与实践方面进行了许多有益的探索。现在，我们有必要进行系统的总结与反思，言说和探讨新教育的课程论，为新教育的下一轮发展提供一个卓有成效、科学先进的课程理论的基础。这，也是本次年会的一项重要任务。

一、课程与卓越课程的概念界定

什么是课程？很多时候我们一线教师更愿意用一种描述性的语言来表示自己对课程的理解，譬如有的新教育人可能说：

“请园艺公司在学校种满花草树木，这与课程无关；让学生从种子或幼苗开始，进行种植、培育，这会成为课程的一部分。”

“请装潢公司把学校装点得琳琅满目，张贴满名人像和名言警句，这与课程无关；把一堵白墙交给孩子，却可以成为一个课程的起点。”

“校园墙角的一丛苔藓或一株蒲公英，都可能是一个卓越课程的契机。”

"朗读背诵唐诗宋词算不上新教育课程，在一组古诗词中遭遇活生生的人，古代的农人、旅人、诗人，以及今天因此而生活在古典语词温度里的我们，才是新教育课程。"

……

当我们做这样的描述时，我们对课程与新教育课程这一概念，或许还没有透彻地把握，但其实已经有了一个先行地领会。

在我国古代，"课程"一词合用，现在可查的是唐代孔颖达在《五经正义》里注释《诗经·小雅》时所说的"教护课程，必君子监之，乃依法制"。[①] 比较接近现在"课程"一词意义的是朱熹在《朱子全书·论学》中关于"宽著期限，紧著课程""小立课程，大做工夫"的表述。[②]这里的"课程"一词，显然指的是课业及其进程。

在国外，课程（Curriculum）一词是从拉丁词"Currere"派生出来的，意为"跑道"（Race－course）或"道路"（Career），也有"沿着跑道奔跑"的意思。根据这个词源，最常见的课程定义是"学习的路线"或"学习的进程"（Course of study），简称学程。17 世纪的教育家夸美纽斯在他的《大教学论》中，曾经要求"把一切知识教给一切人"，最早涉及课程的概念。1859 年英国教育家斯宾塞（H. Spencer）在《什么知识最有价值?》一文中也谈到了课程的问题。但是，他们都把课程理解为知识或学科。

现代意义上课程理论的出现，一般认为是以被称作"科学教育学的奠基人""现代教育学之父"的弗里德里希·赫尔巴特的"五段教学法"为奠基、以杜威的《儿童与课程》（1902）和博比特的《课程》（1918）为标志。此后，尽管课程理论层出不穷，但是有两种理论最为流行：一种是以拉尔夫·泰勒（"现代课程理论之父"）和希尔达·塔巴为代表的线性课程观，他们认为课程是一种行动计划或一种书面文献，包括设计目标到评价目标是否实现的不同阶段。另一种是以杜威、

①② 郑金洲著：《教育通论》［M］. 上海：华东师范大学出版社，2000 年第 1 版，第 271 页。

卡斯威尔和坎贝尔为代表的经验课程观，他们把课程理解为“儿童在教师指导下所获取的所有经验”（尤其是杜威的“经验”和“历程”两大思想和概念，深刻、深远地影响了现代教育课程理论的发展和进程），也就是说，学校里发生的所有事情，乃至校外的事情，只要是有计划的，都可以视为课程的组成部分。

从全球视域来看，这两种课程思想是全球教育课程思想和理论的主流。这两种课程思想的融合，构建了现代课程理论的基础。而我国的新课程改革，也在很大程度上吸收了这两种教育思想和理论的成果，比如2001年我国颁布的《基础教育课程改革纲要》与2002年颁布的《教育部关于积极推进中小学评价与考试制度改革的通知》等文件，明确界定了我国教育改革发展的两类目标及其内涵——基础性发展目标和学科学习目标，而这两类目标正是以上两种教育课程思想和理论的具体化和操作化。作为这两种观点的融合，当前作为共识的课程意义，一般是把课程理解为：为了实现学校教育目标而选择的教育内容的总和。[①]

在我国，课程可以从研发的主体和类型来分类。从课程研发的主体来看，有国家课程、地方课程和学校课程三类。国家制定中小学课程发展的总体规划，确定国家课程的门类和课时，制定国家课程标准，宏观指导中小学的课程实施。在此基础上，鼓励地方开发适应本地区的地方课程，学校研发适合本校特点的校本课程。

从课程研发的类型来看，有学科课程、活动课程、综合课程和隐蔽课程四类。学科课程传统上分为工具学科（语文、数学、外语）、社会学科（思想品德、政治、历史、地理、社会等）、自然学科（自然、生物、物理、化学）和技艺学科（体育、音乐、美术、劳动技术、职业指导等）。活动课程一般分为实际操作、文艺创作、游乐表演、调查研究和交流探讨等。综合课程以跨学科融合为基本特征，可以分为知识本位的综合课程和社会本位的综合课程。隐蔽课程是相对上述显性课程而

---

① 顾明远主编：《教育大辞典》，上海：上海教育出版社，1992年，第257页。

言，学生在学校情景中所获得的，在学校政策及课程计划中未明确规定的、非正式和无意识的经验。隐蔽课程具有隐含性、不确定性、强制性和持久性等特点。据统计，在义务教育阶段，学科课程占到总课时的近80%，而工具性学科占时超过50%。

严格地来说，新教育认为的课程，不限于学校教育的范畴，而是以家庭教育为根基、学校教育为主干、社会教育为辅助、自我教育为根本的全方位全过程。而课程最本质的特点，则是教师与学生双方的生命体验。师生共同经历的课程，不是一堆知识的罗列，而是通过他们的共同生命体验，成为有德行、审美、情感和能力的人。也就是说，小到一次治疗、一个事件，大到一个人的一生，只要我们的教育者带着明确目的，自觉地去设计和应对，它就能以课程称之。或者说，有愿景与计划，有行动与策略，有穿越的事实，有一个或好或坏的结果，这就能称之为一个课程。显然，这个意义上的课程必然是相互包含的，是相互渗透的。

我们比较喜欢课程最本初的比喻，即称课程为道路和历程。如果把此刻的教育作为我们教育的“起点”，那么“教育目的”就是一个终点或阶段性终点。在起点与目的地之间的这段道路和历程，就是我们所说的课程。只是，我们强调这段道路两旁的风景，也是道路的一部分，并且是重要组成部分。因此，这段道路的意义，绝不仅是为了抵达目的地，而是行走过程中的每一步都指向未来（目的），同时也指向当下（风景）。从这个意义而言，当下的每一步也是目的地。不唯目的，享受过程，这正是“幸福完整的教育生活”的真正来源。因此，如果说把课程定义为知识是一个“点”，定义为道路是一条“线”，那么，新教育所说的课程，应该是一个“面”。因此，如果把教室作为师生生命发展的重要的“场”的话，那么，课程本身就是赋予师生生命成长的重要能量。课程作为生命成长的能量，通过课堂内外的叠加，学校家庭的碰撞，以各种形式互相作用，由量变而质变，最终知识与社会生活、师生生命达到共鸣而形成。

最后，一系列卓越课程使教室这个“生命场”充满活力。所以，在我们的课程概念中，“起点”首先意味着人，意味着作为课程实施的具体对象学生，也意味着实施者自己；意味着教育要从受教育者那里开始，也意味着教师本人对于课程的理解。而“终点”，则意味着课程目的的实现程度；意味着师生生命的发展程度；意味着社会与国家诉求的落实程度；而居于二者之间的，是历程，是计划、设想、方法、途径、资源、评估、修正……这三者合起来，就是我们所说的课程。

简言之，在我们的课程意蕴中，起点处，是活生生的人，是人的问题，是人的各种可能性；终点处，还是人，是人的问题的解决，是人的幸福完整的实现。活生生的人，并非单指学生或教师，而是师与生。从某种意义上，教师与学生是一枚硬币的两面，是两位一体：没有教师，学生的学习无从谈起；没有学生，教师的存在失去意义。教育中所有遭遇的问题，既是学生的生命难题，也是教师面临的生命难题。

新教育实验有一个项目叫“读写绘”，它所提供的课程研发模式，实验教师都非常熟悉。“读写绘”的起点是：不识字、不理解概念的入学儿童；预定的过程与终点是：可以通过聆听、绘画和讲述，能不拘字词的意义浏览，能结合说话与绘画进行有头有尾的“写作”，也就是实现整体的读与整体的写。在这个模式的指导下，一线教师研发出的许多课程，卓有成效地实现了教育目标。但是，现实中有的老师习惯于照本宣科、亦步亦趋，有的老师则强调“用教材教而不是教教材”，鼓励学生“用教材学而不是学教材”。因此，在理解课程的概念时，我们也必须了解课程与教学这两个经常被混淆的概念。

在我国，有所谓大教学论和大课程论之说。大教学论是比较传统的观点，把课程作为教学的一部分。这是因为，长期以来我国实行的是高度集中的课程管理政策，基础教育的课程由国家统一制定，通过“教学计划”“教学大纲”的政府文件形式加以规定，具有至高无上的权威性。学校教学活动只是借助“教科书”（教学内容）来落实教学计划和教学大纲而已。所以，在大教学论的框架下，课程是国家的事情，教学是教师的事情。教师只是制度性课程的执行者和阐述者，无须考虑课程的问题。大课程论则是把教学作为课程的一部分，把教学理论包容在课程理论之中。这个倾向是从泰勒等人开始把课程作为一门独立的学科研究开始的。在我国，则是伴随着新课程改革的兴起而开始。从课程目标、课程标准到课程编制、课程实施、课程评价、课程管理，教学过程只是课程的事实过程而已。

我们认为，课程与教学是两个密切相关又各有重点的概念，两者互相作用，相辅相成，无法分割。没有教学，课程只是冰冷的资料堆积；没有课程，教学会成为一盘散沙。也就是说，没有教学，是有鱼无授；没有课程，是无鱼可授，两者缺少一样，都无法产生从“授之以鱼”到“授之以渔”的深刻质变。

总之，课程让知识拥有了生命的温度。课程是一个提纲。师生与之遭遇，并将生命体验融入其中时，就将其共同丰富为文章，书写出生命传奇的不同章节。课程是一扇大门。教师牵引着学生推开这扇通向世界的大门，每扇门外都有不同的风景，等待学生的继续探寻。课程是一粒火种。教师将微弱火种燃烧为火苗，与孩子的心灵油田发生作用，最终形成智慧的熊熊火光。课程是一场地震。师生在课堂内外的剧烈互动震碎了心灵地壳，从量变到质变，最终让生命的岩浆迸发。

什么是卓越课程？如果把课程视为以活生生的人为中心，包括起点、目的地组成的道路和历程的话，那么，所谓卓越课程，就是在其中最好地完成了课程的目的，完美地实现了人的完整幸福。

有人可能会问：为什么叫“卓越”课程？“卓越”二字如何体现？难道新教育以外的课程，比如现行的国家课程就不“卓越”了吗？

我们认为，正如新教育实验提出“让师生过一种幸福完整的教育生活”，以及“书写教师的生命传奇”“缔造完美教室”等提法一样，“研发卓越课程”也是我们的一种价值追求，一种生命朝向，一个未来期待和一个庄严承诺。虽然并不意味着我们已经实现了这个目标，或者达到了这个境界，但朝向这个目标和境界乃是我们新教育人的使命与责任。

其实，对于“卓越课程”（Curriculum for Excellence）的追求是许多教育改革共同追寻的目标，也是许多课程专家所说的“优秀课程”“好课程”的意思。2002 年，苏格兰政府曾发起了一场关于教育问题的全民大讨论。在这场大讨论中，人们提出了减少课程内容的混乱堆砌，增加学习的乐趣，更顺畅地衔接 3 岁至 18 岁阶段的课程等建议。2004 年 11 月，苏格兰提出了一套完整的学校现代化方案，他们就把这个方案称为“卓越课程”计划。为此，苏格兰政府还设立了“卓越课程管理委员会”，出台了“卓越课程教学指导纲要”。美国近一百年以来先后出台了多项教育改革计划，课程改革一直是其核心内容，包括著名的《美国 2061 计划》《不让一个孩子掉队法案》等等。后现代主义的课程论也提出，“需要发展一套构成好课程的新的标准”，这个“好课程”就是我们所说的“卓越课程”，也就是小威廉姆斯 · E. 多尔所说的“一种形成性的而不是预先界定性的，不确定的但却有界限的课程”①。他用丰富性、回归性、关联性和严密性四个标准描述了他心目中的卓越课程。

那么，什么是新教育实验的“卓越课程”呢？

第一，卓越课程应该实现新教育实验“让师生过一种幸福完整的教育生活”的使命。强调“教育生活”，第一层含义是“教育即生活”，而且是一种最重要的生活；另一层含义是“生活也是教育”，是一种很现实的广义的教育。新教育强调教育生活，并没有把教育低俗化、侏儒化、平庸化，而是把教育当成是一种常态，像呼吸一样自然。教育生活还强调教育的当下性，它不能脱离当下的教育生活，抽象地指向一个未来的人。强调“幸福”，是强调在学习过程中的愉悦、兴奋、激动，对未来生活的憧憬和向往，不能够以牺牲师生当下的幸福感而追求所谓未来的幸福。但强调当下，却并不表示否定未来，否定终极性设计。强调“完整”，是强调学校应该让学生的身心灵得到和谐的发展，真善美得到全面的培育，学校只有成为汇聚美好事物的中心，只有给所有孩子无限的可能性，才能够实现真正的“完整”。所以，卓越课程应该服务于“幸福完整的人”这个终极的目的。任何一个新教育课程的研发，其目

① ［美］小威廉姆斯 · E. 多尔著，王红宇译：《后现代课程观》，北京：教育科学出版社，2006 年 12 月，第 182 页。

的应该指向“幸福完整”，而具体实施过程，也应该是幸福完整的，而不是痛楚与异化的。过一种幸福完整的教育生活，是让每个学生都感受到自由阳光的轻轻照耀，使每个学生各取所需，各尽所能，各得其宜，都得到应有的发展；通过保证每个学生的幸福，保证每个学生给自己赋予生活意义的自由，来保证民族和社会的整体利益，这应该是新教育的理想追求。

第二，卓越课程应该尊重学生的身心发展规律，以学生的生命发展为本位。相对学生而言，教师是成熟的生命个体，每个课程最后的实施都会打着教师个人的烙印。从课程学习的角度来看，教育者自觉地以学生的生命发展为本位，首先意味着尊重学生身心发展的内在规律。这方面，皮亚杰的“发生认识论”和维果茨基的“最近发展区”理论做了许多有意义的探索。皮亚杰强调课程的可接受性，主张通过课程让儿童在每一个阶段都能够得到实实在在的发展，由形象的具体运算，发展到抽象的形式运算。维果茨基则强调挑战学生的现有认知发展水平，帮助他们由生活概念发展到科学概念。所以，卓越课程应该最大程度地吻合各阶段儿童的身心发展特点，最大程度地开拓学生身心发展的最近发展区，最大程度地满足学生生命成长的需要。

第三，卓越课程应该经历浪漫、精确、综合三个阶段。怀特海的过程教育哲学认为，人类认知包括浪漫、精确、综合这三个循环往复、相互包含的阶段。浪漫，就是兴发感动，就是生命面对事物的“初感觉”：困惑、好奇、美的冲击等。这种“感觉”对于最初的学习具有特别的意义，没有这种“感觉”，学习就难以为继，勉强用纪律等强制手段维持的学习，将破坏学习的美好，精确学习就会缺乏一个浪漫丰富的背景。精确，就是条分缕析，举一反三，使浪漫阶段掌握的内容更为精确，通过“对事实的详细分析”，使第一阶段的认识具体化、系统化。综合，就是摆脱细节，进入自由，脱离知识的细节而积极运用原理，脱离被动的状态而进入主动应用知识的状态。卓越课程必然同时既是全方位的，又是局部精确的。我们没有办法也没有必要穷尽一切知识，但是需要具体做到对某个课程的深透。凡完整地做过“农历的天空下”的老师都知道，一年的穿越，孩子们的生命事实上都发生了根本性的变化，他们变得细腻起来、雅致起来，对语言和生活，乃至对万物都变得敏感起来。所以，在有限的教育时间里，经历浪漫、精确、综合三个阶段，尽可能做到“少而透”，是卓越课程的重要特征。

第四，卓越课程应该充满惊奇，触及灵魂，生命在场。博尔诺夫的教育人类学认为，“遭遇”在教育中具有特别的意义。本质上来说，教育无非就是一种相遇。与学生相遇，与文本相遇，与一种知识、一种解读、一种情感、一种思想猝然相遇。但每一种相遇，都应该是人与知识的相遇，人与人的相遇，应该是一个深刻的事件，而不应该是平淡无奇的故事。卓越课程，不应该是一个资料堆砌的简单拼凑，而首先应该理解为一个心灵事件，一次冲击或一系列的冲击。也许新教育实验外或处于新教育课程实施初级阶段的老师很难理解这个说法，可是深入到课程中的老师们对这一点却是深有体会的。一首晨诵的诗歌，在许多新教育教室乃是一个事件，一本伟大童书的共读，或一场精心酝酿的童话剧，就自然更是一系列扣人心弦的事件，是一系列与美好事物，与自我内在灵魂的深刻遭遇。所以，遭遇惊奇，触及灵魂，生命在场，是卓越课程的重要特征。

第五，卓越课程应该实现知识与生活、生命的深刻共鸣。在最好的状态下，精确规划的课程应该与随机出现的教育问题紧密结合，成为一种生活方式或文化范式。新教育学校和新教育教室，应该拥有一种德行充沛、情意充沛的教育生活，课程与课程之间是彼此交织、互相渗透，而不是用一个个补丁性课程来试图拼凑出一间教室的教育生活，以及儿童健康向上的整体人格。所以，卓越课程应该具有半隐蔽性，应该符合海明威的冰山论：“冰山运动之雄伟壮观，是因为它只有八分之一在水面上。”[①] 卓越课程在水面下的八分之七，是教师与学生以生活经验和生命体验对课程的补充。卓越课程不仅体现在学生最终的成长，同时尤其体现在教师不断将个体生命体验融入课程之中，通过自身成长至成

---

① 海明威著：《午后之死》。

熟，而使得课程从资源的组织到实施都能达到成熟，并由此在这个过程中获得新的成功体验。

因此，新教育的卓越课程强调的是两者：课程内容的当时、当地，将知识、经验变为体验和历程；教者的入境、入情、入理，将体验变为生命的碰撞，师生彼此的启迪，从而教学相长。学生的生活经验和生命体验被不断丰富、不停激发，最终得到真正的成长；教师的生命体验不断被回顾、被丰盈，最终实现真正的超越，这正是师生以穿越课程来共同书写传奇的新教育生命叙事。

二、新教育卓越课程的目标追求

虽然理论的意义总是被我们忘却，我们日常教育活动的一切，背后始终都有理论的影子。正如霍普金斯（L. Thomas Hopkins）在分析哲学对于课程的重要性时所提到的那样："当中学教师给学生布置了他们花六个小时都无法完成的家庭作业时，尽管教师没有意识到，但实际上他们是在实践自己的哲学观；当小学老师让学生放弃学习地理而去学数学时，他（她）也是因为作出了价值选择而在实践自己的哲学观。"①

教育目的，在研发卓越课程中是第一位的。研发卓越课程，首先面对的一个重要问题，就是我们研发课程的目的是什么？我们想实现什么目标？

从课程论的角度来看，有一个完整的目标体系。这就是奥恩斯坦等人在《课程：基础、原理和问题》中提出的目标顺序：哲学观—目的—目标—具体目标。

目的是一个总的表述，为指向某种未来的结果或行为的具体行动提供框架和方向。目的是在哲学观即价值判断的基础上提出的，所以往往比较宏观而原则，而且充分反映国家的意志，一般由国家通过法律法规

① ［美］霍普金斯（L. Thomas Hopkins）著，柯森主译：《课程：基础、原理和问题》，南京：江苏教育出版社，2003 年，第 36 页。

或者行政性文件来规定。

目标是目的的具体化，是对蕴含在脑海里的目的的结果的陈述。如教育目的提出培养具有世界意识的公民，学校往往并没有一个特定的计划可以直接实现这个目的，这时教育目标就要相应具体化，就要组织课程让学生“认识到世界上存在着不同的国家，它们在世界大家庭中扮演着不同的角色”，要学会尊重不同文化背景的人，等等。

具体目标是目标的进一步具体化，具体目标往往是可以描述、操作和评价的目标。具体目标可以分为三个层次：一是课程计划的具体目标，提出的是各门学科（如科学或数学）在各个年级水平要达到的具体目标；二是单门课程（如生物或代数）等具体课程要达到的目标；三是课堂具体目标，主要通过单元和单课计划的具体目标。大到一个国家的课程改革，小到一个教师的课程研发，如果没有正确的教育哲学指导，没有明确的教育目标，就难以真正取得成功。从上可见，课程从其实质而言，它或许诞生于某一个教师或专业研发人员之手，但仍然不是一个简单的学校或者教师的行为。它受教育目的与教育目标的制约，在一定的教育哲学引领下构建。

我们不妨先回顾古今中外的教育，看看它和我们今天的教育目的有多大的相似性与差异性。

所谓“成人之美”，本意是指成全别人的好事。孔子《论语·颜渊》记载：“君子成人之美，不成人之恶。”[①] 不过在中国古代，“成人”具有名词和动词双重意义。名词意义上的成人，是指德才兼备的成熟的人。“故亮以为学者，学为成人，而儒者亦一门户中之大者耳。”[②]“且既自谓不能成佛矣，亦可自谓此生不能成人乎”[③] 都是这个意思。所以，“成人”的境界，一直是儒家的追求。动词意义上的成人，则是指成就人的过程。因此，我们不妨借用这个成语，引申为用那些美好的

---

① 杨伯峻译注：《论语译注》，北京：中华书局，1980 年，第 136 页。

② 宋陈亮著：《甲辰秋答朱元晦秘书》。

③ 明李贽著：《答周西岩书》。

教育（六艺）来培养优秀的人才（成人）。

在《论语》中，子路问孔子，怎样可以成人。孔子就说："若臧武仲之知，公绰之不欲，卞庄子之勇，冉求之艺，文之以礼乐，亦可以为成人矣。"这里的"成人"，就是成为一个真正的人。孔子认为，这样的人是有知识与智慧、且不被欲望所左右的，是有羞耻之心而不辱使命的，是有实际的处世办事的能力的，拥有了这些，还要能够与社会和谐相处（礼），有极高的审美情趣（乐），这样就算得上真正的"成人"了。孔子用"六艺"来实现这样的教育目的，即礼（礼节）、乐（音乐）、射（射箭）、御（驾车）、书（书画）、术（算术）。所以，从另外一个维度讲，"成人"就是要通过一段过程的学习来拥有这六种基本才能。这六种技艺切身性和存在感很强，和社会生活密切相关，是为活泼的生活而设计的，而不是抽象地去掌握生命以外的东西。

远观国外三大教育思想家，从柏拉图、卢梭到杜威，他们则分别侧重强调着人的成才、成长与传承，而当代教育的三大功能也正由此诞生。

我们也不妨考察一下苏格兰卓越课程计划中的目标与课程。在这次改革中，苏格兰明确提出了把学生培养成为"成功的学习者、自信的个体、负责任的公民和社会的积极贡献者"的总体目标。为了实现这个目标，"卓越课程"将包括"表达艺术"（从能跟随音乐咿呀学语，到掌握声乐、乐器并能自信地在人前表演，艺术与设计、舞蹈、戏剧和音乐等）、"科学"（包括地理、物理、化学及当下的科学话题如食品、卫生、气候、能源等）、"技术"（包括技术与社会发展，信息通讯技术，技术发展的商业背景，技术发展的计算机基础，食品与纺织技术与常识，工艺、设计、工程及制图等）、"数学"（数字、货币和测量，形状、位置和运动，数据处理、个人财务管理等）、"语言"（希腊语、拉丁语等古典语言，现代外语、盖尔语和英语）、"社会研究"（人与历史、社会，人与地域、环境，人与经济、商业，公民、创业及经营意识等）、"健康与幸福"（精神、情感、社会性及心理健康；学会负责任地作出选择和改变；掌握体育常识和运动技能；了解食物与健康的关系；

防止酒精、毒品等滥用；性健康和亲子关系等）、“宗教与道德教育”等。

不难看出，这里八个领域的课程内容，与孔子的“六艺”，虽然时空距离如此遥远，但在精神气息上，还是有某些相通的。通过回顾，我们可能会惊讶地发现：今天我们的教育目标，在相当程度上仍然可以用“成人”概括——成为一个真正的人。只是“成人”的具体内涵，可能会有所改变，侧重其中的某些因素以应对时代的特殊要求。

是不是“成人”会有一个普世的结构，即人类所有成熟的社会进行自我复制时，会带有一个恒定的普遍结构，而不是每个文化有着各自完全不同的结构？是不是课程框架也同样有类似的普遍结构？我们相信确实如此。教育目的的逻辑结构和课程结构，都具有某种人类社会的恒定性，只是具体的课程知识总具有时代性。课程内容总是即时的，也就是它必须具有现场性。哪怕同样是背诵《弟子规》，身在清朝的学生，与我们今天是意义、形态都完全不同的课程。

当然，说教育目的和课程框架具有某种人类的稳定性，并不是认为教育目的和课程没有高下之分、错对之别。事实上，任何一种表述总是历史中的表述：它既受一个社会在经济、文化等方面的制约，也受提出教育目的和课程框架的个人或团体的自身视野的局限。一个社会或个体（团体）背后的世界观，将影响教育目的和课程系统，使结构相似的教育目的和课程框架有着迥然有别的表述以及实施。理解这一点，就能够帮我们更好地辨析历史上各不相同的教育理论和教育形态，并在此基础上，提出自己的教育目的和课程系统。

新教育实验的目的和课程研发的目的，就是让所有实验的参与者（师生，亲子，研究者）过一种幸福完整的教育生活。这是置身当下的我们这一群人的表述，它受惠于历史，受制于时代，更受制于我们这群人的自身视野。

新教育实验的“幸福完整”具备一种悖论意义：一方面，“幸福完整”不是一个外在划定的标准，而是生命本质上永无止境的自我修炼，所以它具有永不可企及终点的终极性；另一方面，只要我们对抗异化，致力于保全生命的完整性，在我们走在“幸福完整”的道路上时，就已经企及、当下达成了“幸福完整”。所以，我们研发课程，在课程目的上将受制于“幸福完整的人”这个终极目的，而在具体实施上，则受制于“幸福完整的教育生活”这个当下的尺度。

三、新教育卓越课程的理论基础

以2001年教育部印发《基础教育课程改革纲要（试行）》为标志，我国开始了一场轰轰烈烈的教育改革。新课程改革一开始就明确提出了六个改变，即改变课程过于注重知识传授的倾向，改变课程结构过于强调学科本位、科目过多和缺乏整合的现状，改变课程内容“难、繁、偏、旧”和过于注重书本知识的现状，改变课程实施过于强调接受学习、死记硬背、机械训练的现状，改变课程评价过分强调甄别与选拔的功能，改变课程管理过于集中的状况。由于各级政府自上而下大力推动，社会各界广泛参与，这场以构建“新的基础教育课程体系”为根本目的的教育改革（被简称为“新课程改革”），成为21世纪中国基础教育领域备受关注的重大事件。

新课程改革是在新的课程观指导下进行的。它包括以下几个方面的内涵：儿童是课程的主体；“生活世界”是课程内容的范围；课程是儿童通过反思性、创造性实践而建构人生意义的活动；课程的学习活动方式以理解、体验、反思、探究和创造为根本；教师和学生不是课程的简单执行者，而是课程的创生者。

“新课程改革”历经十多年，积累了不少经验和教训，在相当程度上拓展了一线教师、中小学校长、教育行政人员以及教育理论工作者的课程视阈和教育思维，完全可以将其视为一场以普及课程知识和唤醒课程意识为主旨的教育启蒙运动。其实，这也同样为我们研发卓越课程奠定了良好的理论和实践基础。

有一句话大家非常熟悉但可能总是被误解和误用：“理论是灰色的，

生活之树常青。”[①] 事实上，这句话并不是否定理论的重要性，而是强调生活的完整性是任何一种理论所不能全部包含的。理论只是解决某一方面的问题，而不可能解决生活与生命的全部问题。理论总是指出生活的内部有着怎样的规律，但却无法指明生活本身。也因为这个原因，新教育实验既重视理论学习和理论研究，但更强调：教育即生活，反思的教育生活即教育实验本身。

新教育实验研发卓越课程的理论与实践，正是在认真研读已有的各类课改文本，主动遵循《基础教育课程改革纲要（试行）》和教育部颁布的各学科课程标准，自觉借鉴新课程的学习观、教师观、评价观等相关成果的基础上进行的。在一定意义上也可以说，两者在理论和实践探索方面存在着很多交叉和互补。当然，以新教育理念和思想为指导，以多元智能、认知建构、教育目标分类三大理论为基础，以脑科学、心理学、认知学等理论为依据，我们也在努力建构着新教育课程的理论模型。

由我们研发卓越课程的实践来看，新教育的五大理念是对于“幸福完整”的具体阐释，也是课程研发必须遵循的原则。这就是：（1）无限地相信学生和老师的潜力；（2）教给学生一生有用的东西；（3）重视精神状态，创造成功体验；（4）强调个性的发展，注重特色的教育；（5）让师生和人类的崇高精神对话。这五大理念将在每一个卓越课程的完成中，经历浪漫、精确、综合三个阶段，并且这三个阶段循环往复、相互包含。

如整个小学的晨诵是个完整的浪漫、精确、综合循环；小学阶段晨诵之中的“农历的天空下——古诗词晨诵”也是一个完整的浪漫、精确、综合循环；“农历的天空下”里面的百花课程或落花课程，又都各自是一个独立的浪漫、精确、综合的循环；每一首诗，即每一个晨诵，又独立地拥有自己的浪漫、精确、综合这三个完整的阶段。

---

① ［德］歌德著，绿原译：《浮士德》，北京：人民文学出版社，1994年，第97页。

从研发课程的心理学规则上，我们认为，逾越学生身心发展的课程，往往事半功倍，甚至在某种意义上还会适得其反——因为一个好课程的目的不在于接受已有知识，而在于重现知识被创生的特殊时刻；而当儿童的身心没有发展到一定的阶段，这样的目标就成了不可企及的梦想。我们小心翼翼地探索着课程的可接受性，避免脱离儿童身心发展的形式主义课程。与此同时，是教育促进了身心发展，我们不可能等到儿童准备好了再进行教育，恰恰要通过教育，才能让孩子准备好。我们如此探索着课程的积极面，课程所能触及的最远端。

课程的精彩不取决于外在的尺度，而取决于它对于具体生命、具体身心发展的促进幅度。评判一个课程的研发是否成功，一个课程是否卓越，我们就要同时问这两个问题：其一，它多大程度地开拓了学生身心发展的最近发展区？其二，它多大程度地吻合各阶段儿童的身心发展特点？这些强调的都是一个学生作为发展主体的内在历程。也就是说，研发卓越课程的主体固然是教师，但是课程的主体始终是学生，而且是内在的学生，是学生头脑中发生的变化。我们讨论研发卓越课程，如果没有深入地涉及儿童头脑中的微妙变化，那么我们就还只在外面的形式上打转。

近年来，脑科学有了长足的进步，基于脑科学的认知心理学，为我们重新诠释人的认知，乃至整个人格的发展提供了新的理论工具，展示出解释和实践的新的可能性。但是，大脑对于人类来说依然是一个“黑匣子”，脑科学本身还只是一门发展中的有待成熟的学科，但就目前我们掌握的情况来看，或者可以暂时下这样的结论：脑科学的研究结果，在相当大程度上印证着我们的理论。我们也认为，所有哲学都能理解为活生生的教育理论，全部心理学、社会学理论，也在解读着教育的成因。

总而言之，就研发卓越课程而言，我们强调课程研发是一种活生生的教育生活，但从来也没有忽视理论的作用。相反，我们清醒地认识到，没有对人类优秀教育理论遗产的整体性认知和透彻性把握，新教育是走不远的。

我们从21世纪初开始的新课程改革理论与实践的探索中汲取养分，而柏拉图、卢梭、杜威、皮亚杰、维果茨基、怀特海等思想家、教育家，都有着类似的表述。我们更认为，不仅所有我们涉猎过的理论，都在构成我们的认知图式、形成我们的世界观，或直接或间接地影响着我们的课程研发，那些我们涉猎不多、但影响广泛的理论，如建构主义、解构主义、存在主义、社会批判理论、交往对话理论、后现代理论等等，它们深刻地影响了上一世纪，并继续影响着今天的人类思想，也都如蝴蝶效应一般，在我们的课程研发中必然地有所渗透。

但是，我们永远牢记：理论是单色的。生活与生命，才具备包含一切色调的完整性。知行合一。回到生活中去，在生活中创造，这是我们力图汲取一切理论，最终超越于任何单个理论的最重要原则。

四、新教育卓越课程的体系构架

不同的教育理论流派和不同的课程改革理论，都会对自己的课程体系提出构想并且付诸实施。如前面提到的苏格兰的八个领域的课程内容就是如此。其中“技术”课程的学习，就是要努力使学生理解不断发展的科学技术在社会中的影响和作用；运用技术改善自己和他人的生活，保护环境；获得技能和信心，能在家庭内外运用科学技术；具备判断科技产品和服务的价值与作用的能力，成为信息化的消费者和生产者；能就环境、可持续发展、道德、经济和文化等问题作出合理选择；理解信息通讯技术对苏格兰地区乃至全球的作用；发展科技思维，认识工程技术的本质以及技术与科学之间的联系；体验与工作相关的学习，为终身学习、专门研究及未来职业打下坚实的基础。而“健康与幸福”课程的学习，则应使学生从中获得信心、独立思考能力、积极的态度和性格。同时，能够体验挑战和快乐；体验自己健康生活和活动的积极方面；运用在智力、情绪情感、社会和生理方面获得的技能，追求健康的生活方式；成功地过渡到教育的下一阶段；养成终身受益的健康生活习惯，推动下一代的健康与幸福。

华德福的课程体系也颇具特点。在《做适合人的教育》一书中，我们看到了华德福教学大纲涉及的课程是非常具体而微的，如“湿水彩画和绘画”“形线画”“语文”“文学”“宗教”“本地情况研究”“历史”“地理”“数学”“外语”“现代语言”（英语学校中的德语和法语）“古典语言”（希腊语和拉丁语）“科学和自然知识”“优美诗律”“音乐”“艺术”“手工”“体育”“勃斯麦体操”“木工”“园艺”“速记”“测绘”“急救”“技术”等等。这些课程的安排体现了斯坦纳关于人的发展的基本假设。他认为，人类活动的三个主要领域反映在童年的三个年龄阶段中，差不多每个阶段为七年的时间。其中第一阶段的假设：世界是善的；第二阶段的假设：世界是美的；第三阶段的假设：世界是真的。所以，在不同的阶段，道德教育、艺术教育和科学教育应该各有侧重。

新课程的课程框架体系也有不同侧重。小学阶段以综合课程为主。低年级开设品德与生活、语文、数学、体育、艺术（或音乐、美术）等课程；中高年级开设品德与社会、语文、数学、科学、外语、综合实践活动、体育、艺术（或音乐、美术）等课程。初中阶段设置分科与综合相结合的课程，主要包括思想品德、语文、数学、外语、科学（或物理、化学、生物）、历史与社会（或历史、地理）、体育与健康、艺术（或音乐、美术）以及综合实践活动。高中课程与初中类似，以分科课程为主。在开设必修课的同时，设置丰富多样的选修课程，开设技术类课程。从小学至高中设置综合实践活动，内容主要包括：信息技术教育、研究性学习、社区服务与社会实践以及劳动与技术教育。如果把这些课程分类的话，主要包括思想品德、体育、艺术、智力（学科）、技术五大类型。

新教育卓越课程应该具有怎样的体系架构呢？我们认为，以生命的幸福完整为终极目的和当下尺度，以哲学、心理学、教育学、社会学及相关学科理论为潜在的理论工具，以活生生的人为中心，新教育实验在这三个维度的空间里，可以建构起自己卓越课程的体系构架。

我们可以把新教育的卓越课程体系做这样的设计：以生命课程为基

础，以公民课程（善）、艺术课程（美）、智识课程（真）作为主干，并以“特色课程”（个性）作为必要补充。新教育的生命课程，我们将其命名为“新生命教育”，这是一门综合性课程，其目的在于引导学习者认识生命、欣赏生命、尊重生命，进而不断超越，把握生命发展的无限可能性。新教育实验一直关注生命教育的问题。早在2005年，新教育的老师就开设了《生命课》，翻译引进了国外的相关教材进行剖析研究，组织了生命教育的全国研讨会，在教育在线网站开设了新生命教育专题等。新生命教育类似又超越美国的 *Health and Wellness*（健康与幸福）课程，它将高度整合现有的中小学课程教育资源，将体育、生理健康教育、心理健康教育、性教育、防艾教育、毒品预防教育、安全教育、环保教育以及国际理解教育等予以整合，用生命教育的线索来贯穿。同时对青少年的心理问题、青春期困惑、逃逸、自杀等危机状况提供咨询服务、指导和救助。

新生命教育应当有三级目标，那就是：珍惜生命、热爱生活、成就人生。从基础到顶端的关键词，应该分别是健康、安全、营养；舒展、健壮、规则；礼仪与美。

健康、安全与营养的课程，要求我们把操场、食堂、宿舍、医务室都优先地加以考虑，并视为新生命课程的重要组成部分。舒展、健壮与规则，要求我们从另一个维度来审视我们的体育，包括体育课、大课间、课外活动等。如果仅仅把“每天运动一小时”狭隘地理解为一个运动的时间量，这显然是不够的。舒展，强调的是生命节奏中身体的节奏，儿童的身心应该获得足够的舒展，在这个意义上，每天运动一小时就首先应该依据生命节奏，提供学生舒展身体的机会——这对小学低段的儿童来说尤为重要。舒展、健壮和规则这三条，我们提倡以舒展为先，当然并不表示否定健壮与规则，而是说，这三者的关系中，舒展最容易被忽略，但它恰恰是最本质的。体育中的队列和体操以及各种球类运动，则是关乎身体的节律与规则，它们也是生命课程必要的组成部分。如果说舒展是浪漫，那么这就是精确，而达乎礼仪与美，就是最高的综合。身体的礼仪与美，在中国有着悠久的传统，《论语》中有整整一章详细记录了孔子身体的礼仪与美——姿态的美妙，这一点显然没有被很好地理解与诠释。

如果说生命课程主要是解决个体的健康与幸福问题的话，那么，公民课程则是解决作为一个社会人的权利、责任与义务问题。公民课程的目标是培养遵守社会公共道德，认同、理解、遵守与维护共和国宪法，关心及参与公共事务，具有独立思考与敢于承担责任，对民族的传统和文化有归属感的现代公民。包括公民道德、公民价值观、公民知识和公民参与技能四个方面的内容。公民道德方面，包括仁爱、宽容、感恩、友谊、尚礼、诚信、责任、尊严、合作等主题；公民价值观方面，包括自由、平等、人权、民主、法治、正义、和平、爱国、追求真理、与自然和谐共处等主题；公民知识方面，包括国家与政府、民主政治、政党制度、司法公正、社会公共生活、公民的权利与责任等主题；公民参与技能主要是指公民参与公共生活的基本能力，如与人沟通、演讲、讨论、组织活动、参与选举、处理纠纷、维护权益、向责任部门或媒体反映问题和提出建议等主题。

另外，我们研制的道德发展六阶段图谱和引入的马斯洛的需要层次图，在公民课程的道德教育系统中起到提纲挈领的作用。需要层次是一个上行图，道德发展图谱严格来讲是一个下行图，因为我们是以终极道德作为指引来引领我们当前的行为。需要层次的低级需要严格意义上是应该首先被满足的，而道德发展图谱中的低级阶段则是需要被超越的。

这两个纲领，也可以理解为一个是消极的心理学限制，一个是积极的哲学或伦理学指引。在这两个纲领的指引下，新教育的公民教育课程系统除了日常的暮省、班会课，以及渗透到整本书共读和童话剧、电影课中以外，还应该把我们的仪式文化，生日文化，独特的期末庆典都纳入其间。当然，我们经常听到的情商课程、死亡课程、幸福课程等，都应该隶属于此，但我们把这类课程理解为治疗性或矫正性的课程，即它不是预先写在大纲中的课程计划，而是一种“程序性设定”，即在出现相关问题时，我们将启动相关的课程——如果没有现成的相关课程，我们就要依据新教育的理念和理论，来临时研制。

在公民教育方面，我们也曾经进行过一些有益的探索。早在2005年，我们就召开了以“新德育、新公民”为研讨主题的成都年会，并且编辑出版了8册从小学到高中的《新公民读本》教材。这套教材被称为“1949年新中国成立以来，第一套针对中小学生的完整意义上的公民教育读本”。

艺术教育在新教育的卓越课程体系中占有十分重要的位置。正如斯坦纳曾经说过的那样，“艺术是智力、认知和构思能力的重要唤醒者”。那些没有学会以美的方式散步的人，那些不会通过美来捕捉真理的人，“将永远达不到成年人的充分的成熟”[①]。艺术，是无用之大用，它能唤醒人的潜力，有如唤醒睡美人的那个吻。

无论在欧洲古典时期还是中国古代社会，我们都可以看到，一个博学的人往往首先是审美的人、艺术的人。艺术，在完整的人的教育中，同时起着浪漫与综合的作用。新教育的艺术课程，绝不是简单地学一门两门乐器，更不是乐器的考级与加分。艺术应该成为新教育的本质，它应该渗透在教育的所有地方，尤其是在所有课程的起点与终点处。

在小学阶段，艺术教育更加具有独特的不可替代的作用，“整个教学应当受到艺术的激发和带动”。从每天早晨的晨诵开始，到每学期的童话剧课程，每一所新教育的学校都应该具有浓郁的艺术氛围。在罕台新教育实验小学，艺术已经成为学校的一种生活气息，师生在课间，在黎明之前，在黄昏来临之际，在节假日，无不弹琴抚笛，相和而歌，从而让每天充实的学习生活不显得拥挤，而时时有闲暇的意味。哪怕学期考试的阶段，艺术仍然是罕台的主旋律。

艺术能够让机械枯燥的生活变得轻松、美好，把被课表分割的生活重新连缀为一个和谐的整体，让生命在高强度的学习过程中，并不显得紧张与忙碌，而仍然拥有从容与优雅。艺术不仅仅是机械枯燥生活的润滑剂，更是被课表割裂的教育生活的黏合剂。

---

① ［英］琳欧德菲尔德著，李泽武译：《自由地学习：华德福早期教育》［M］. 北京：人民文学出版社，2006年，第41页。

事实上，任何学科都并非枯燥的知识，而是解读世界的一种工具、一门技艺，古人所说的熟能生巧，正是由技而艺的过程。因此，从某种意义而言，艺术教育的理念，必须渗透到新教育生活的所有时刻、所有地方、所有课程。艺术课程，是新教育课程中有待开发的重要组成部分。关于艺术教育的话题，我们将在明年的年会上作为重点研讨的主题来加以展开。

“智识课程”，类似于通常所说的文理课程，主要包括语文、数学、外语、科学（或物理、化学、生物）、历史与社会（或历史、地理）等，这是新教育卓越课程的主干部分。之所以不用文理课程或智力课程的概念，是因为“智识”更能够准确表达我们对于课程本质的思考。因为，课程的根本目的不是传授知识，而是形成用以统领知识的智慧和运用知识的能力。但这个过程又是通过“知识”为媒介的。我们说让知识拥有温度，就是从知识走向智识，走向智慧。

智识课程的实施有其特殊的规律。“知性”的培养与“德行”（公民课程）、“灵性”（艺术课程）的培养，有着不同的特点。在许多学校里，曾经错误地用讲授和考试的方式来实施国家规定的大多数课程，这使得道德、情感，甚至艺术和体育，都变相为一种“智育”：传授某方面的知识，而不是以某种方式生活。但一个可以出试卷考试，然后评定得分的“公民课”或“思想品德课”“艺术课”或“美术课”“音乐课”，是有违教育的基本规律的。在这里，我们必须明确一个关系，即新课程是国家意志的体现，新课标是国家标准，不同的地方和学校可以有不同的课程内容，有不同的课程实施方式，但是作为尺度的课程标准是必须遵循和落实的。

因此我们也许可以这样理解新教育智识课程和新课程的关系：新课程（以课程标准为核心）是国家标准，我们新教育所做的，是依据自己的理念和理解进行具体的落实；在落实过程中，我们会尽最大可能开放性地对一切资源加以整合，对所有现成的理论和实践进行修正和弥补。也就是说，新教育，至少在智育上，应该成为新课程的执行者。其次，因为课程标准是个原则性与纲领性条款，而不是具体的课程，所以我们还同时必须成为具体课程的研发者和修正者——说修正者，是因为地方教育部门往往选择了具体的课程内容来达成新课程标准，而新教育可以依据此资源，再进行深度的开发，使之更完美地达成国家标准。

所以，新教育的智识课程，应该完成两个重要任务：一是成为课程的卓越的二度开发者，或卓越的执行者，在指定的课程内容中实现理想课堂的三重境界；二是在执行规定课程内容的同时，开发弥补性的课程——无论是为弥补浪漫的苏霍姆林斯基称之为第二套大纲的课外知识，还是个人依据对学科的理解，增加自己认为必不可少的经典性知识。“在农历的天空下”就属于这类课程。

当然，假如条件许可，学校或个人也可以完全地创制自己的智识课程：用自己的教材，实现国家的课程标准，并符合地方教育部门的要求，经得起相关部门的检验。

所谓课程，其实在根本上不能等同于教材。同样的一册教材，在两个不同的教师那里，就会拥有完全不同的课程：一位老师，可能带着由衷的赞美去上《一夜的工作》《一面五星红旗》；另一位老师则可能正好相反，是带着批评的观点或批判性思维来解读这些文本，并把这种解构带进课程；而第三位老师还可能是把这些文本当成价值无涉的载体，只用它来完成字词语法的训练。

所以，智识课程的研发，一不能理解为编选校本或班本的教材，二不能作这样的理解：因为我们的教材是规定的，所以我们不可能研发卓越课程。依据我们的理解，任何层面提供的教材都只是课程的资源，而最后呈现的课程所涉及的一定不会限于这个资源。也就是说，无论上级为我们提供了怎样的教材资源，我们才是课程真正的创制者。因为教材不直接就是课程，所以在道理上，几乎所有的教材资源，都有可能创制出卓越的课程。同样，最完美的教材资源也极可能因为老师的不成熟，而变成事实上非常糟糕的课程。

我们做这样的强调，并不是说研制优质教材不重要，事实上，在另外一个维度上，我们会无限强调其重要性，因为只有最好的课程资源（包括教材、解读、辅助材料，甚至多媒体资源包），才能让老师减轻工作压力，用同样的力量创造出更好的课程。

以上生命课程、公民课程、艺术课程和智识课程，基本上已经涵盖了新教育过一种幸福完整的教育生活和成为一个幸福完整的自由人的主要范围。在实际的教育过程中，作为基础的生命教育应该贯穿始终，而在幼儿时期、小学时期和中学时期，可以有相应的侧重点，按照人的身心发展的内在规律，进行善的教育（公民课程）、美的教育（艺术课程）和真的教育（智识课程）。

其实，这个体系构架与几十年前的国家课程、新课程改革后的国家课程、世界上大部分国家的课程，仍然极为相似。人、教育、人类社会的同一性与继承性，远比革命性与差异性要大得多。在课程研发上，若仅仅为了与众不同而一定要与众不同，就是把学生的生命当成了自己的试验品，而不是探索更幸福生活的实验者。

也就是说，我们固然是教育的改革者，但是改革总得在一个既定的公共课程框架中进行边探索边修正。公共课程框架，公共的课程资源，作为一种制度性安排，既具有强制性，也是在自己的教室里创制卓越课程所必需的基础。不是所有的课程都要自己开发，这不仅不现实，而且一般来说是要出问题的。研发卓越课程，在相当程度上，首先要担当一个既定课程标准和课程框架的执行者。我们不必担心丧失自己，因为我们已经优先地，同时也是宿命性地注定成为课程最后的决定者。课程的实施一定会受到教师这个解读者的过滤，一定会地方化、当下化、教室化，也就是拥有自己的课程特色。承认以上事实，并不影响我们做这样的区分与表述：教师应同时成为卓越课程的执行者，和卓越课程的开发者。虽然我们本次讨论的核心是研发卓越课程，但其实对一个老师来说，执行卓越课程是更基础的。

在以上四类课程的基础上，特色课程也具有特别的价值。

我们曾说过，每一个好的课程在本质上都是全方位而完整的，其实我们已经看到，在新生命教育的身体课程的综合阶段，它已经把艺术课程与公民课程融合在一起。我们甚至可以说，在任何一个课程的完成阶段，它一定是超越课程，而涉及生命的完整性的。

以上所讲的课程特色，有别于我们专门列出的特色课程。课程特色，既可以理解为是一个多元解读的宿命，也可以狭义地理解为只是一个个体所能实现的成熟阶段，甚至是最高境界。在这种狭义的理解中，我们可以把与众不同叫作特点，而把拥有成熟的个人风格称为特色。我们有时说拥有特色、真有特色，往往是在这个狭义的意义上使用这个词。因为只有专家才拥有风格，风格是成熟的标志。同样是写字，同样是画画，同样是下棋，但是只有行家与大家才明显拥有自己的生命气质，以至于人们一看就知道这是谁的作品或谁的风格。也就是说，特色并不是去做与众不同的事，而是面对相同或相似的事务，有着完全个人化的而且行之有效的处理程序。而特色课程则与此不同，特色课程专指别人没有唯我特有，或者说大家一般只是点到为止地做一做，我却在此大下功夫，把它做到一般人难以企及的程度。在此意义上，我们有秧歌特色学校，有书法特色学校等千姿百态的特色学校，同样的，我们还可能把轮滑、吹葫芦丝、钢笔书法等，当成一个特色课程来开发。

用特色课程来追求与众不同，这在严格意义上是幼稚的。因为真正的与众不同是在常规性的事务上，我们拥有更为风格化的处理方式。即使我们是艺术特色学校，或有舞蹈、跳绳、书法等诸多特色课程，但如果我们在生命教育、公民教育、智识教育以及学习型组织与教科研等方面极为平庸，那我们就仍然是一所平庸的学校。但这并不表示特色课程没有重要意义。特色课程的开设，在最合理的情况下，是国家或普遍的课程设置中，没有体现我们特有的资源优势，而学校的师资或社区资源中，正好就有某个高质量的资源。一位有书法特长并乐此不疲的老师，就能够拥有一个书法特色课程，轮滑、现代舞、摇滚乐……任何一个艺术、体育或智力领域，一个有特长的老师就有可能开辟一个特色课程。

每个人都是一个世界。每个人的天性都蕴含着不同特质，在某种意义上，特色通常是对不同生命的不同恩赐。因此，作为特色课程而言，无论书法还是轮滑等等，一方面是每个人都可以享受或应该习得的，但另一方面，是只有少数天赋出众的人才可能把它当成一生的技艺。所以全面推广而且深度推广，就有可能以个别学生的成就，掩盖了这背后的浪费与异化。我们建议少做为了地方而地方的地方课程，鼓励以管中窥豹之法做超越地方的地方课程。建议少做高价请来高手传授特长的兴趣特长班，鼓励针对学生个性特长，创造发挥教师个体兴趣或生命特质的特色课程。

显而易见，特色课程是教育的锦上添花，对它的过度强调可能是不妥的，它会遮蔽我们的教育视野，用一朵花来掩盖主体的虚弱。我们这样强调，并不是说一所学校不可以从特色课程入手，先有特色，再解决重点。我们是在逻辑上强调：特色课程只能是整个课程框架的有益补充，在学理或逻辑上，我们应该首先强调解决主要的课程——如果一个特色课程具有更高意义上的实现教育目的的功能，那么它就理应成为课程框架中的主要部分，而不止是特色课程。就像在新教育，艺术应该是最本质上的学校教育，而不应该理解为我们学校要把艺术作为特色来追求。

通过对新教育课程框架的粗略描绘，我们可以看到这是一个宏伟的蓝图。但是，因为课程需要少而透的原则，因为我们自身警惕教育改革的“大跃进”思维，也因为我们作为民间公益机构的客观条件局限，今天我们已经展开并做到的还只是冰山一角。我们会继续努力，把这个蓝图中还只是设想的地方，缓慢而坚定地逐一变为现实。从另一个意义而言，这个蓝图也永远没有彻底实现的可能，因为时代日新月异，生命生生不息，课程随之更迭创新，永远不会停止。但这一构架的存在，也由此作为永恒的蓝图，它总是指导着我们去循序渐进，逐步实现梦想，而不是试图在一两年之内搞个运动，“大炼钢铁”，然后宣布实验取得了空前的突破。

所以，我们认为，现有的这种留白未尝不是新教育实验的“自由”，也就是说，新教育留给所有实验者的空间还非常大。新教育实验始终坚持以教师为起点，我们一直强调，每一个参与者都是不可替代的主体，所有的实验者都可能是卓越的创造者。从严格地按照既定的规范学习晨诵、读写绘等成熟课程开始，然后，每间教室，每个老师，不仅应该、并且完全可能因地制宜，利用自己的地方资源和个体生命特质，成为卓越课程的研发者。

五、一线教师如何研发卓越课程

新教育实验的“研发卓越课程”，是指在“过一种幸福完整的教育生活”的价值引领下，在执行国家课程和地方课程、校本课程的基础上，鼓励教师对教材进行二次开发和新的整合创造，通过课程的创新使教室成为汇聚美好事物的中心。在课程实施过程中带领学生经历体验、合作探究，建立知识与世界、与自我的内在联系，将所有与伟大知识的遭遇转化为智慧，从而使师生生命更加丰盈。

研发卓越课程是新教育的“天命”。新教育要成为一个“百年老店”，就必须拥有真正属于自己的完整的课程体系。虽然我们至今远远没有实现自己的梦想，但是这些年来我们根据读写绘、晨诵、每月一事、童话剧等项目，已经进行了“在农历的天空下”等一系列课程的探索，并在全国许多学校广泛使用，深受欢迎。新教育实验区和实验学校自主进行的诸如萧山银河实验小学的“十品性编织润童年”、绛县的“学校仪式”课程探索等，也都取得了很好的成效。新教育实验之所以被广大的学校和教师所喜爱，在相当程度上，是因为有这样一些不断在检验中成长、修正、朝向卓越的课程。那么，一个实验区，一所新教育学校，一个新教育实验教师，如何研发卓越课程？我们认为，无论集体协作还是单打独斗地研发，归根结底，都是教师作为研发者所要具备的课程理论与操作水平的问题。

第一，研发卓越课程，必须具有强烈的课程意识。长期以来，教学与课程是分离的，教师只是课程的“代言人”，扮演着忠实使用者的角色。许多校长和教师都认为，现在的国家教材、地方教材已经把学校的手脚捆死了，研发课程没有什么空间，而且风险很大。同时，研发课程涉及人力物力财力，需要投入大量精力和时间，教师的任务已经很重，压力本身就很大，缺乏内在的动力，难免产生“拿着一张教育的旧船票，每天重复昨天的故事”和“不求有功，但求无过”的心理惰性，这不仅是许多教师职业倦怠的真实写照，也是许多校长与教师害怕变革课程的重要原因。所以，研发卓越课程，首先要打破这样的心理定势，激发校长和老师的课程意识。

严格地说，无论国家课程、地方课程，以及新教育研发的优秀课程，在任何学校都有一个“落地生根”的问题。如新教育的生日诵诗，就必须根据每个孩子的特殊情况重新编织。因为课程对于学生生命成长如此重要，国家课程地方课程又不能够解决每个学校的“个性”问题，让教师成为具有“创生取向”的卓越课程研发者，就具有特别重要的意义。从消极的课程实施者走向积极的课程研发者，是我们对于新教育实验教师的期待。

第二，研发卓越课程，必须掌握课程研发的基本方法与程序。教师应该掌握基本的课程理论，“我们只有在具备一定的课程理论知识的情况下才能走出复杂的课程本身，以及围绕着课程的各种复杂因素”。泰勒曾经把课程研发分为四个基本阶段：1. 学校应当试图达到什么教育目标？2. 提供什么教育经验最有可能达到这些目标？3. 怎样有效组织这些教育经验？4. 怎样确定这些目标已经达到？所以，确定课程目标，整合课程资源，组织实施课程，评价课程效果，是研发卓越课程不可或缺的基本过程。我们在主报告中已经详细论述了新教育实验研发卓越课程的“教育目的”“课程理论”和“课程框架”，一个新教育教师想要研发课程，就是依据此目的，参照这些理论与原则，择其课程框架中的某些留白，结合自身的能力与资源，进行具体课程的研发。

研发卓越课程有两种基本形式。一是教师对现有课程进行“二次开发”，即根据需要对课程内容进行适当的增删、调整和加工，从而更好地适应学生的学习。二是教师作为研发主体开发出新的校本、班本课程。这两种形式并没有本质的差异，只是程度的不同，应该根据实际需要决定采取何种形式。

第三，研发卓越课程，必须明确课程目的和课程目标。作为校长或教师，我们首先要考虑的一个问题是：为了实现生命的幸福完整，我们还需要些什么？这个问题也可以这样表述：我们应该以怎样的方式推进课程？我们还缺失哪些必要的因素？对生命或生活之幸福完整的认识，是新教育研发卓越课程的绝对前提，是我们课程思考与行动的起点。做课程不能盲目行动，因为教育时间与学生生命是那样的珍贵，由不得我们浪费。我们总是从企及幸福完整的教育生活这一目的出发，来思考我们如何推进课程，或如何创制某种全新的课程。

课程目标向内顺应的是师生生命的发展，向外体现的是社会的诉求。课程内容是人类进化过程中自然选择的结果。作为教育工作者，应该能够理性地洞察人类进化趋势，即社会发展趋势对人类素质的要求，据此要求组织课程内容。未来社会对人的素质要求重点有四点："服务国家服务人民的社会责任感""勇于探索的创新精神""善于解决问题的实践能力"和"良好的体力"。这些研发课程的要求，也应纳入新教育的话语体系中。

在此基础上，我们研发的具体课程有着怎样的目标指向？如新教育的"每月一事"课程，就是希望能够培养学生良好的行为习惯，教给学生一生有用的东西。按照学校生活的节律和学生行为养成的规律，科学地安排每月活动的主题，组织主题阅读、实践、展示、评价等。在这样的基础上，各个学校充分发挥自己的创造性，形成了自己的若干特色课程。

第四，研发卓越课程，必须充分挖掘和善于利用各种课程资源。在桥西年会上，我们论述学校文化的时候，曾经以浙江省平湖县的广陈镇广陈中学为例，分析过如何利用地方资源的问题。其实，在任何区域任何学校，甚至不同的老师，我们都应该认真考虑课程资源的问题——我们拥有什么？

除非已经开辟出课程，否则课程资源总不可能是全部现成存在的，它总需要一个发掘的过程。一个老师自身喜欢什么，拥有什么，这非常重要。一个老师喜欢歌曲，不仅能唱，而且懂得如何教学生唱，这样开发一个与演唱有关的课程就有了基本前提；若一个老师五音不全或根本不喜欢唱歌，那么想开发合唱、唱诗等课程就丧失了基础。

但是老师没有并不表示父母没有，更不表示附近社区中没有。社区蕴藏着丰富的课程资源，不仅仅是人力资源，还有文化资源、自然资源、科技和经济资源，一个公园，一个沙丘，一个池塘，都可以作为一个内蕴丰富的课程资源，一个普普通通的树林所蕴含的课程资源，甚至远超过一个静态的单调的博物馆。地方的名人，地方的物产，地方的物候，地方的民俗，这些全都可以成为课程资源。在苏霍姆林斯基的学校里，我们看到，学校与社区的融合，彼此的开放，取得了非常好的效果。而新教育实验“聆听窗外声音”的行动，也是出于这样的思考，就是认为社会资源是课程的重要前提。遗憾的是，许多学校还没有这样的意识，缺乏这样的自觉，学校主动开发社区教育资源、尤其是人力资源的意识还普遍不够，亟须加强。

还有一点需要特别强调，民族传统文化资源的挖掘和利用，应该是新教育卓越课程研发的重要内容。在冷战结束后，全球政治走向多极、多元化这一世界秩序重建趋势中，以中国为核心的，以中华文明（或文化）为凝聚力的国家和地区群体将成为未来世界中的重要一极。在这个过程中，努力实现我们的民族文化认同，真正地让新教育人活出中国文化的根本精神，仍然是新教育人重要的文化使命。

第五，研发卓越课程，必须坚持从学生的角度理解课程。卓越课程是师生共同编织的。教师作为卓越课程的研发者，必须清晰地认识到，课程的主体是学生，课程从一个角度讲就是每个学生的生命旅程，是一段并不脱离情感、道德的认知过程。只有从学生的角度理解课程，才有可能筛选出符合学生身心规律的课程资源，才有可能研发出实现知识、生活与生命共鸣的课程。因为课程中最有价值的，不是知识，而是能力。只有共鸣发生之际，才是课程卓越之时。

第六，研发卓越课程，必须充分发挥教师的主动积极性。最后，也是最需要强调的是：虽然课程的主体是学生，但研发课程的主体是教师。再丰富的课程资源，如果没有教师卓越的理解与阐释，也会变得索然无味。再贫瘠的课程资源，如果教师足够卓越，能够大量调动个体生命体验融入课程之中进行二次开发，也会有卓越课程的出现。同样的课程资源，哪怕由同一位教师实施，也不会是无意义的重复，因为教师理解的深入、生命体验的再度丰富、自身欠缺的逐渐弥补，也会将课程推向新的高度。如此，每位教师体悟到卓越课程的魅力，才能从日常的琐碎教育生活中真正把握教育之于自我生命的意义，才会化消极为积极。在课程中成长、成熟，在课程中与学生一起成长、成熟，是教师书写生命传奇的不二法门。

只有当教师将自己的生命体验融入到课程之中，课程才能真正滋润学生的生命。正如斯坦纳所说："那些把自己看成是与课程融为一体，并诚挚地做出努力的教师们，比起那些仅仅传授从最新的教科书中得到的以智力形式出现的、浅显化的科学知识的教师们，更能有效地和学生们交流。"①

因此，教师自身的素质，才是限制卓越课程研发的瓶颈。每个人的直接生命体验总是有限的，间接生命体验却可大至无垠；从纯感性的体验出发，到理论的总结与归纳，在高度的引领下又将促成生命体验的更大丰富——这是一个成长的循环。因此，我们强调教师的"三专发展"，强调对哲学、心理学、教育学经典书籍的啃读，强调观念与经验的互相转化与深化……在所有关于研发的探索中，我们坚守的依然是以教师为起点、以人为中心的原则。

正如新疆奎屯的种子教师张遵香在她刚刚结束的童话剧课程中所展示的那样：因为学校没有演出场地，更谈不上舞台布置等，结合这些实际情况，张老师将童话剧改为了班级电影，并因此自学了摄像、自学人体彩绘来化妆、自学视频剪辑软件等等。最后，这些小学二年级的孩子们在《丑小鸭》的电影课程中的成长，让所有人惊讶，而张老师更由衷地说："成长，是孩子们的，也是我的。"

当然，在研发的具体过程中，个体与个体之间也有所不同。我们发现，在观摩、聆听新教育榜样教师的示范与展示后，作为研发者的教师、教研员往往会摩拳擦掌、跃跃欲试，作为实验区、校的领导往往会

---

① ［英］蔡尔兹著，王荣亭译：《做适合人的教育》，北京：新世界出版社，2012 年，第 69 页。

有一种急迫的心情，想要所有教室、所有教师都来充分、深入地做新教育，来研发卓越课程。

事实上，正像老师研发卓越课程时必须尊重学生的认知规律一样，领导们单方面的推动可能会构成“侵凌主体”：替另一个主体做主。这无论在哲学上还是政治或教育伦理上，都是一种落后的思维方式。这种传统法家式的“我命令，你执行”，既与新教育根本理念相冲突，也与研发卓越课程的逻辑相冲突，卓越课程不可能在这样的方式下产生。

我们也并不赞同道家的管理模式：随你，随便，你爱怎样就怎样。在自然界，大道的运行法则确实是“自然的”，但它的代价是非常高的淘汰率。在人类社会，我们的文明就是要避免这种自然的淘汰。因此，我们建议领导者、管理者不妨采用以下课程管理模式：“我定标准，提供帮助，我来验收；你做承诺，自做课程，我不干预。”

另一种方式我们更不会反对：率先、表率、帮助、成人之美。也就是说，每位课程研发的领导者、管理者，第一身份本身就是课程研发的专家、一线的研发者，首先把自己设计的课程，以最美好的方式研发出来，进而启迪、启发教师在各自的岗位上也积极研发课程、绽放出各自的美丽。这样的垂范之下，再给予教师们自由与自主的宽松条件，足够丰富的资源帮助，必然会激发出一线教师的课程研发热忱。

研发卓越课程是一种不可能从天而降的本领，阅读课程的书籍和实践案例是远远不够的，今天听一场关于研发卓越课程的报告也是不够的。但是，对过一种幸福完整的教育生活的渴望有多强烈，研发卓越课程、缔造完美教室的心愿就会有多深。至于研发课程的能力，归根结底是一种生命的创造力，其实蕴含在我们每个人生命之中，只要行动，就能唤醒。坚持行动，就有奇迹。

课程只能够在课程中学习，研发卓越课程首先需要教师自身穿越相关的课程。研发卓越课程，在相当程度上，首先要担当一个既定课程标准和课程框架的执行者。我们不必担心丧失自己，因为我们已经优先地，同时也是宿命性地注定成为课程最后的决定者。课程的实施一定会受到教师生命体验的影响，一定会地方化、当下化、教室化，才最终得以在学生身上显现。教师应该同时成为卓越课程的执行者和卓越课程的开发者。虽然我们本次讨论的核心是研发卓越课程，但对教师来说，执行卓越课程是更基础的。实施，是一个卓越课程的终点，却正是新的卓越课程的研发起点。

所以，在这个基础上最重要的是，教师应该具有“我就是课程”的胸怀和气魄，认真地理解资源，理解学生，积极地整合课程资源，用心地从一次次小的课程改进、一个个小的课程创造开始，把自己作为课程的重要组成部分，研发卓越课程。

六、结语（萧山宣言）

2013 年 7 月，新教育人汇聚浙江萧山，探讨卓越课程研发。我们形成如下共识：

教室是河道，课程是水流，两者相得益彰，才会涌现教育精彩。课程以人为中心，是师生生命成长的历程。课程的丰富决定着生命的丰富，课程的卓越决定着生命的卓越。

我们认为的课程，是全方位、全过程的，包括学校教育、家庭教育、社会教育和自我教育。师生共同经历的课程，不是一堆知识的罗列，而是让知识拥有生命的温度，通过一组生命体验的过程，让我们成为具有德行、审美、情感、智慧和能力的人。卓越课程，就是最大程度地实现人幸福完整的可能。

我们认为的卓越课程，应该实现新教育实验“让师生过一种幸福完整的教育生活”的使命；应该尊重学生的认知规律，以学生的生命发展为本；应该经历浪漫、精确、综合三个阶段；应该充满惊奇，触及灵魂，生命在场；应该实现知识与生活、生命的深刻共鸣。

我们倡导的卓越课程研发，是指在新教育理念引领下，以国家课程、地方课程、校本课程为基础，鼓励教师对教材进行二次开发和新的整合创造，通过课程的创新使教室成为汇聚美好事物的中心。在课程实施过程中带领学生经历体验、合作探究，建立知识与世界、与自我的内在联系，将所有与知识的遭遇转化为智慧，从而使师生生命更加丰盈。

我们建构的卓越课程体系构架，以民族、国家、人类生存与发展为背景，以生命的幸福完整为终极目的，以哲学、心理学、教育学、社会学及相关学科理论为潜在的理论工具，以活生生的人为中心，以生命课程为基础，以公民课程、艺术课程、智识课程作为主干，并以“特色课程”作为必要补充。

在我们的课程意蕴中，起点处，是人，是人的问题，是人的各种可能性；终点处，还是人，是人的问题的解决，是人的幸福完整的实现。这活生生的人，既是教师也是学生。学生不断成长，教师不断超越，这正是师生以穿越课程来共同书写传奇的新教育生命叙事。

只要行动，就能唤醒，坚持行动，就有奇迹。课程只能在课程中学习，研发课程必须首先穿越课程。研发，不是简单地做加法，而是包含加减乘除在内的整合建构。实施，是一个卓越课程的终点，却正是新的卓越课程研发的起点。

教师应该具有“我就是课程”的胸怀和气魄，从一次次小的改进与创造开始，把自己作为课程的重要组成部分去开发。我们相信，会有越来越多的老师，成为新教育理念的践行者、新教育文化的传播者，成为卓越课程的研发者、完美教室的缔造者。

研发卓越课程，创造卓越人生。虽然路途漫漫，我们且歌且行！

（2013 年 7 月于杭州萧山，第十三届新教育年度研讨会）

附录　新教育实验用书

2014 年，新教育实验重新推出“新教育文库”的通识书系、萤火虫书系、蒲公英书系，均为新教育实验用书。

因版权等原因，另有其他实验用书暂时未能收入“新教育文库”中。特将书目集中推荐如下。

1. 《朱永新教育作品集》16 卷，朱永新著

——新教育发起人朱永新教授的代表作。中国人民大学出版社。各册书名分别为：

卷一《中国古代教育思想史》

卷二《中国近现代教育思想史》

卷三《中国当代教育思想史》

卷四《中国本土心理学研究》

卷五《我的教育理想》

卷六《我的阅读观》

卷七《中国新教育》

卷八《新教育讲演录》

卷九《新教育对话录》

卷十《走在新教育路上》

卷十一《写在新教育边上》

卷十二《中国教育观察》

卷十三《外国教育观察》

卷十四《教育心理学论稿》

卷十五《中国教育评论》

卷十六《中国教育建议》

2. 《朱永新教育小语》，朱永新著

——精练而系统地以格言形式解读新教育。福建教育出版社。

3.《理想课堂的三重境界》，干国祥编著

——构筑理想课堂用书。漓江出版社。

4.《教师阅读地图》，魏智渊编著

——教师专业阅读用书。漓江出版社。

5.《苏霍姆林斯基教育学》（上、下），魏智渊编著

——教师专业发展用书。漓江出版社。

6.《孩子的早期阅读课》，马玲编著

——“读写绘”项目用书。漓江出版社。

7.《一生有用的十二个好习惯——新教育实验“每月一事”项目操作手册》，新教育实验总课题组编著

——“每月一事”项目用书。天津教育出版社。

8.《做新教育的行者》，许新海著

——实验区推动新教育实验的经验总结。福建教育出版社。

9.《教育生活的救赎》，许新海著

——对用新教育理念重建教育生活的理论探究。山西教育出版社。

10.《澳洲课程故事——一位中国著名校长的域外教育体验》，许新海著

——以新教育之眼观照、审视、学习澳洲课程的教学理念和具体做法。福建教育出版社。

11.《生命中最好的语文课》，干国祥著

——深度语文课堂实录，描绘理想课堂蓝图。漓江出版社。

12.《破译教育密码》，干国祥著

——15 年教育教学总结与反思。漓江出版社。

13.《24 节气诵读古诗词》，常丽华著

——“农历的天空下”课程实录。漓江出版社。

14.《教室，在书信中飞翔》，常丽华著

——榜样教师在海外游学时以信件与国内学生的交流。教育科学出版社。

15.《完美教室——中国百合班的故事》，俞玉萍著

——初中榜样教师缔造完美教室的经验。南京大学出版社。

16.《一间可以长大的教室》，海门新教育研究中心编著，许新海主编

——新教育班主任的班级建设经验汇编。南京大学出版社。

17.《改变，从习惯开始》，顾舟群著

——小学低年级段的家校信。教育科学出版社。

18.《小学创新作文教学设计28例》，牛心红主编

——绛县实验区自主研发的习作课程。中国轻工业出版社。

19.《小学学校仪式设计20例》，牛心红主编

——新教育小学与班级的常见仪式设计。中国轻工业出版社。

20.《中学学校仪式设计16例》，张硕果主编

——新教育中学与班级的常见仪式设计。中国轻工业出版社。

21.《新中国教育实验改革》，张荣伟著

——新中国60年的教育实验。天津教育出版社。

22.《与理想同行——新教育实验手册》，新教育理论的实践及推广研究总课题组编

——新教育项目的操作指南。福建教育出版社。

23.《新希望工程——媒体眼中的新教育》，章敬平主编

——新教育实验新闻报道汇编。福建教育出版社。

24.《那些新教育的花儿》，童喜喜著

——新教育人的报告文学集。福建教育出版社。

25.《新教育的一年级》12册，童喜喜著

——小学生、父母、教师共读的综合项目用书。二十一世纪出版社。

26.《新教育小学英语晨诵》8册，海门新教育研究中心编著

——小学3到6年级英语晨诵教材。南京师范大学出版社。

27.《新希望工程》，新教育研究院主编，储昌楼、刘恩樵编著

——新教育实验2000~2006年鉴。文化艺术出版社。

28.《过一种幸福完整的教育生活》，新教育研究院主编，刘恩樵编著

——新教育实验2006~2007年鉴。文化艺术出版社。

29.《共读共写共同生活》，新教育研究院主编，朱寅年编著

——新教育实验2007~2008年鉴。天津教育出版社。

30.《知识、生活与生命的共鸣》，新教育研究院主编，许新海、吴勇、钱珏编著

——新教育实验2008~2009年鉴。文化艺术出版社。

31.《书写教师的生命传奇》，新教育研究院主编，陈连林、杜涛编著

——新教育实验 2009 ~ 2010 年鉴。文化艺术出版社。

32.《文化，为学校立魂》，新教育研究院主编，陈连林、杜涛编著

——新教育实验 2010 ~ 2011 年鉴。文化艺术出版社。

33.《活出中国文化的根本精神》，新教育研究院主编，杜涛、范静、丁洁编著

——新教育实验 2011 ~ 2012 年鉴。文化艺术出版社。

后　记

阿福、阿寿、阿禄三个和尚走进一个陌生的村庄。这里的村民饱经苦难，甚至彼此都不信任，对陌生来者更是大门紧闭。智慧的阿寿决心要教村民学会熬石头汤。他们捡树枝点火，架起装满井水的小铁锅。一个好奇的女孩走过来，帮他们找到所需的三块大石头；女孩的妈妈听了，又借出自己的大铁锅；好奇的村民一个个走出家门，陆续拿出了盐、胡椒、胡萝卜、洋葱……最后，全村人围着石头汤欢宴，收获了失去已久的幸福。

——新教育实验，正是这样一锅教育的石头汤。新教育主报告，也是这样一锅思想的石头汤。

从 2003 年开始，新教育每年都会召开年度研讨会，每次会上我都会做一个演讲，也就是每一年新教育的主报告。其中，2004 年和 2005 年分别召开了两次大会。2006 年，新教育组建了第一个专业团队——新教育研究中心，魏智渊、干国祥、马玲、陈美丽、严盈侠等正式加盟新教育，也正式确定在每年 7 月的第 2 个周末召开年度研讨会。

我永远无法忘记，围绕着永恒的新教育主题，我们奔波在大江南北的旅途中，我和无数新教育同仁的畅谈。是这些围绕实际问题的具体碰撞，成为主报告里的火花。我更是衷心感谢干国祥先生带领的新教育研究中心专业团队，从 2007 年开始负责起草主报告。是这些凝结着汗水也闪烁着智慧的篇章，大大减轻了我的辛劳。当然，我也由衷感谢卢志文、许新海等十几位同仁，他们组成了“网络团队”。因为这些网络上的反复琢磨、推敲、讨论、修订，才有了集体智慧的最终呈现。从2012年起，我们还在每年4月围绕主报告开展专题研讨会和新教育开放周，汇聚全国新教育人的研究成果，邀请国内各界教育专家把脉开方，让新教育能够博采众长。

我已经很多次听到朋友们说，新教育主报告既有理论高度引领，又有一线操作指导，主报告的主题甚至成为当年中国教育界关注的重要话题。如果此言属实，那么，如此的美味，的确因为这是全体新教育人熬制的“石头汤”。如果此言夸张，那么，我必须担负主要责任。因为每年针对年会主题的确定，我不仅会制定个人的详细阅读计划，而且在主报告成稿期间，我会对不同观点进行抉择，亲自反复润色修改，并在文字稿的基础上再次删改与增补，直接进行演讲稿的拟定。

从2000年我的专著《我的教育理想》一书，到2014年我编著的这部《新教育年度主报告》一书，是从书斋到田野、从理想到现实、从我到我们的教育追梦之路。我们新教育人把教育理想扎根在教育田野中，把教育行动深入到教学现场中，进行了认真梳理、精心总结，形成了新教育主报告，思考着，行动着。很遗憾的是，2003年首届研讨会和2005年在吉林召开的第五届研讨会“新教育实验与教师专业成长”的两次演讲记录已经遗失。再次感谢所有新教育同仁，感谢新教育研究中心，感谢干国祥先生，也感谢我们自己创造的新教育，同时在锻造出更好的自己。路漫漫其修远，为了让更多人过一种幸福完整的教育生活，我们还需要继续努力。我也相信，这一路同行，上下求索，我们也因此拥有了幸福完整的教育生活。

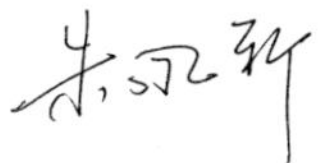

2014年5月1日晨，写于苏州环秀晓筑